邹清泉 著

行为世范
北魏孝子画像研究

Model of Morality:
the Filial Sons Picture
in the Northern Wei Dynasty

|艺术史丛书|

图书在版编目（CIP）数据

行为世范：北魏孝子画像研究 / 邹清泉著.—北京：北京大学出版社，2015.10
（艺术史丛书）
ISBN 978-7-301-26000-5

Ⅰ.①行… Ⅱ.①邹… Ⅲ.①画像石—研究—中国—北魏
Ⅳ.①K879.424

中国版本图书馆CIP数据核字（2015）第143195号

书　　　名	行为世范：北魏孝子画像研究
著作责任者	邹清泉　著
责 任 编 辑	任　慧
标 准 书 号	ISBN 978-7-301-26000-5
出 版 发 行	北京大学出版社
地　　　址	北京市海淀区成府路205号　100871
网　　　址	http://www.pup.cn　新浪官方微博：@北京大学出版社
电 子 信 箱	pkuwsz@126.com
电　　　话	邮购部 62752015　发行部 62750672　编辑部 62745307
印 刷 者	北京中科印刷有限公司
经 销 者	新华书店
	720毫米×1020毫米　16开本　17.75印张　247千字
	2015年10月第1版　2015年10月第1次印刷
定　　　价	49.00元

未经许可，不得以任何方式复制或抄袭本书之部分或全部内容。
版权所有，侵权必究
举报电话：010-62752024　电子信箱：fd@pup.pku.edu.cn
图书如有印装质量问题，请与出版部联系，电话：010-62756370

目 录

序　言 / 001

引　论 / 004

上　篇　北魏孝子画像的历史遗存 / 015

第一章　北魏孝子画像的发现与研究 / 017
　　第一节　文献中的北魏孝子与孝子画像 / 018
　　第二节　北魏孝子画像的发现与研究 / 022

第二章　北魏墓室所见孝子画像与"东园"探考 / 037
　　第一节　关于"东园" / 038
　　第二节　北魏诏赐"东园秘器"历史情况 / 039
　　第三节　洛地北魏画像石葬具上的孝子画像与"东园秘器"
　　　　　　——从元谧石棺谈起 / 043
　　第四节　其他地区出土孝子画像与"东园"之关系 / 052

第三章　图像重组与主题再造——"宁懋"石室再研究 / 057
　　第一节　主属："宁懋"石室质疑 / 059
　　第二节　"宁懋"石室画像的题材与程序 / 064
　　第三节　图像重组与主题再造——"宁懋"石室的再利用 / 074

第四章　北魏孝子画像石榻考辨 / 079
　　第一节　石榻形制 / 081
　　第二节　石榻围屏上的孝子画像 / 083
　　第三节　石榻画像的"图像程序" / 089
　　第四节　石榻时代与主属 / 092

下　篇　《孝经》与北魏孝子画像图像身份的转换 / 097

第五章　先秦汉魏时期的孝道思想与孝子画像 / 099
　　第一节　先秦汉魏时期的孝道思想 / 100
　　第二节　汉魏孝子画像的发现与研究 / 104

第六章　"子贵母死"与北魏中晚期孝风骤盛及《孝子图》的
　　　　刻画 / 115
　　第一节　"子贵母死"之制的设立 / 116
　　第二节　文明太后擅权与"子贵母死"的历史转向 / 118
　　第三节　北魏中晚期《孝子图》的刻画与后宫对权力的把持 / 122

第七章　《孝经》与北魏孝子画像图像内涵的嬗变 / 135
　　第一节　关于《孝经》/ 136
　　第二节　谶纬与《孝经》神秘性的形成 / 137

第三节 《孝经》在北魏社会的播传与影响 / 141
第四节 《孝经》与六朝《孝子传》的成本：以蔡顺为例 / 154

第八章 北魏孝子画像的"叙事性"与"相关性" / 161
第一节 北魏孝子画像"叙事性"的消解 / 162
第二节 大孝题材的选择与刻画位置的转变 / 194
第三节 作为"相关性绘画"的北魏孝子画像与《孝经》之诱导 / 198
第四节 北魏墓室画像装饰中的升仙因素 / 200

第九章 从祠堂到墓室——北魏孝子画像图像身份的转换 / 205
第一节 "神灵归趣"之地——北魏墓室的象征性 / 206
第二节 妥死者之魂，慰生者之望——北魏孝子画像的图像身份 / 208

附　录 / 213

参考文献 / 247

图版索引 / 267

后　记 / 275

后记二 / 277

序言

20世纪以来，山西、宁夏、河南等地出土大量北魏画像葬具，包括彩绘漆木和画像石刻棺椁和棺床。其中彩绘漆木葬具数量不多，山西大同和宁夏固原皆有出土，均为北魏早期遗物，如大同石家寨司马金龙墓出土的石棺床漆围屏、固原雷祖庙出土的漆棺。北魏画像石刻葬具数量巨大，且绝大部分出自河南洛阳，基本为北魏中晚期遗物，如出土于洛阳，现藏美国波士顿美术馆的宁懋石室、纳尔逊美术馆的孝子棺和明尼阿波利斯美术馆的元谧石棺等。这些画像葬具不仅展现了北朝绘画和雕刻的面貌和成就，而且传达出当时知识、思想和信仰等方面的诸多信息，对于中国中古美术史、思想史以及南北美术互动、中外美术交流的研究具有非常重要的价值。

从目前出土的北魏画像葬具看，其图像基本围绕两大主题展开，即反映神仙道教信仰的升仙主题和体现儒家思想的孝子主题，其中孝子主题占有绝对主导地位。此外，部分葬具也融入了佛教等外来宗教的图像与观念。在迄今所见北魏画像葬具中，孝子图画像葬具不仅数量巨大，而且时代特色极为鲜明。20世纪初洛阳孝子棺、元谧石棺和宁懋石室流失海外，很快就引起海外汉学家的兴趣，日本学者奥村伊九良、富田幸次郎早在20世纪上半叶就对此有过探讨。新中国成立后，随着考古材料的不断出土，北魏画像葬具的价值和重要性日益凸显，从而引起学术界广泛关注，孙机、黄明兰、郭建邦、罗丰、赵超、郑岩、林圣智、巫鸿、汪悦进、长广敏雄、加藤直子、黑田彰等国内外学者从图像内涵、形式风格、功能与思想性、文化互动与交融等方面就历年出土的北魏孝子图画像葬具进行了广泛、深入的探讨和研究,取得了重要成果。

近百年来关于北魏画像葬具研究的成果虽然丰硕,但并非完满,仍存有很多悬而未决的问题。如:孝子图像为何在北魏大盛?孝子图为什么大量出现在葬具上?孝子为什么大都出现在山林中?体现儒家思想的孝子图像与佛教等外来宗教图像之间的关系如何?5—6世纪中国绘画和雕刻形式发生了怎样的变化?促成这种变化的原因又是什么?等等。诸如此类的问题都值得我们再思、再探。

基于"孝"在中国古代思想、文化中所具有的特殊意义和永恒价值,南北朝在中国思想、文化中的转型地位以及北朝考古材料和文献史料相对丰富这一条件和该领域研究之现状与存在之问题这一事实等方面综合考量,邹清泉博士选择了"北魏孝子画像研究"这一课题,希望在系统梳理现有考古材料、挖掘已有文献史料,并立足于前人研究的基础上,通过对北魏孝子画像及其研究成果的重新审视和认真检讨,从而达到拓展和深化这一研究课题的目的,其选题的价值和意义不言而喻。

全书系统检视了该课题的学术史和现有考古材料,并在广泛阅读相关文献史料的基础上,对北魏墓葬中的孝子画像进行了较为全面的研究,着重分析了北魏墓葬中孝子画像与"东园"的关系,追溯了古代孝道思想与孝子画像的承传与变迁,揭示了北魏孝风大盛和孝子图流行的社会背景和历史原因,透析了《孝经》的文化内涵及其与北魏孝子图的关系,阐释了北魏墓葬中孝子图大孝题材的选择、刻画空间的变化、表现形式的创新及其所具有的功能和象征意义。

与以往研究相比,本书的创新点和突破点在于作者较为深刻地揭示和阐明了以下几个关键问题:其一,"东园"在北魏孝子画像葬具的制作和孝子图的传播中扮演着重要角色并发挥着重要作用;其二,文明太后擅权后,"子贵母死"之制的历史转向是导致北魏中后期孝风骤盛和孝子图大行的一个重要历史隐因;其三,《孝经》与谶纬神学的结合使北魏孝子图染上了浓重的天人感应思想和神秘主义色彩。把这种图像刻画在棺椁葬具上，其目的在于实现"孝悌之至，通于神明，光于四海，无所不通"的丧葬功能，进而达到"妥死者之魂，慰生者之望"的美好祈愿。

总之，本书是近年来北朝美术史研究中较有深度的一本学术专著，书中不仅反映了作者的学术观点和学术倾向，而且体现出作者良好的学术素养、严谨的治学态度和开拓创新的进取精神。看到邹清泉博士所取得的成绩，我感到特别高兴和由衷欣慰。故书此短文，对该研究课题略作回顾与点评，以为序。

贺西林

中央美术学院教授　博士生导师

2007 年 3 月 20 日

引论

成形于西周早期的孝行思想绵延至今已有三千多年历史，作为儒家思想的重要组成，"孝"的观念一经产生，即备受关注，并与国家政治产生密切联系。自西汉武帝"罢黜百家，独尊儒术"以来，随着儒家思想正统地位的确立，"孝"也受到历代统治者礼遇，在迄今两千多年的漫长历史中，对国家政治、社会生活、思想信仰、文化艺术等产生了深远的影响。20世纪以来，由于先后受到"五四"运动以及"文化大革命"影响（我国20世纪曾发生过两次贬抑孔子思想的运动，其一为"五四"运动中的"打倒孔家店"，其二为"文化大革命"中的"批林批孔"。"打倒孔家店"虽然对当时的思想解放有一定促进作用，却由于过分极端地否定儒家思想，从而影响了孝行思想在当时的传承及发展。"批林批孔"虽然是政治上的斗争，其目的也并非打倒孔子，却也对儒家思想的发展及研究产生了负面影响），"孝"的观念以及与之相关的研究陷入沉寂的状态。20世纪80年代之前的研究乏善可陈，其后，伴随着北朝孝子画像石葬具的陆续发现与出土，孝子画像的研究不断取得新进展。这一时期，尤其是近年来，研究重心主要集中在孝子画像的图像内涵和墓葬功能上。

孙机在对固原彩绘漆棺的研究中，就漆棺所绘孝子像与墓主信仰作了探讨：

> 漆棺上既画孝子像，又画道教的东王父、西王母像及佛教的菩萨像，其中也应包含祈求冥福的用意。从这个角度

考察，则孝子像只不过是迎合时尚的装点殡葬之物而已。[1]

日本学者加藤直子在为吉村怜古稀纪念所撰写的论文中，对北朝墓中的《孝子图》、随葬《孝经》的情况、北朝士大夫中孝的流行状况以及墓葬装饰的社会意义作了讨论，认为：

> 魏晋南北朝墓中产生两种"孝"的表征，即象征着孝的典籍——《孝经》以及《孝子传》的图像。士人们在遗言、丧葬礼仪中使用这些物象来显示孝德，并期待其能够在士大夫中得到积极评价并广为传扬。……在这种心理背景下，显示出为了后代而以宗族为单位来追求美名的态度。
>
> 将《孝经》纳入棺柩之中的行为，就是为了向他人显示自己拥有"孝"这种道德。在士大夫社会中，依照遗言及其指示所营造的墓，被认为是将自己以至宗族的道德昭示于世的一种手段。与象征着"孝"的《孝经》相同，刻画在石棺等葬具上的《孝子图》，也同属这种功能。……士大夫的这种丧葬礼俗，无非是向他人展示自己所具备的孝德。[2]

在《北朝葬具的图像与功能》一文中，林圣智以对1983年河南沁阳出土石围屏的考察为起点，通过对藏于日本天理参考馆和美国旧金山美术馆、中国洛阳古代艺术馆、美国堪萨斯纳尔逊·阿特肯斯艺术博物馆（The Nelson Atkins Museum of Art）以及卢芹斋（C. T. Loo）旧藏四组石围屏的复原，探讨了石榻围屏墓主肖像与孝子画像的关系以及石棺的图像构成和象征性，指出：

> 面向墓主合拢的《孝子图》的构成，既表现出子孙对故

---
[1] 孙机：《固原北魏漆棺画研究》，《文物》1989年第9期，第38—44/12页。
[2]〔日〕加藤直子：《魏晋南北朝墓における孝子伝图について》，载吉村怜博士古稀记念会：《东洋美术史论丛》，东京：雄山阁，2000年，第113—133页。

世父母的尽心孝养，也表现出不愿离开父母的哀伤之情。石棺床围屏上的《孝子图》，既是死者家属所应效法的典范，也是将葬礼中丧家的孝行看作是《孝子图》的现世的体现。丧家通过《孝子图》，表明自己对于死者不忘孝道，另外，人们也可以看到，被称作孝子的丧家正在扮演着《孝子传》中的角色。……就其本质而言，石棺床的图像特征就是生者与死者的接点。子孙们正是通过石棺床围屏上的《孝子图》，展现着被理想化了的生者与死者的关系以及生者对于死者永远的孝心。[3]

贺西林在对北朝画像石葬具所作综合研究中，以元谧石棺为例对北朝画像石葬具孝子画像作了探讨，提出：

元谧石棺上的孝子故事图像并不是孤立的，它的存在不仅仅是为了彰显生人之孝行和颂扬死者之品德，而是与道教、佛教以至祆教的图像紧紧地捆绑在一起，是一种事关墓主命运和归宿的象征性图像。表明墓主人只有崇尚孝行，并具备了"孝"的品德，最终才能进入仙界、天堂，从而达到幸福的永生和不朽的快乐。[4]

郑岩也就北朝孝子画像的图像功能提出个人见解，即：

中原的孝子画像还可能受到高士题材的影响，兼有升仙的色彩。[5]

---

[3] 林圣智：《北朝時代における葬具の図像と机能——石棺床囲屏の墓主肖像と孝子伝図を例として》，《美术史》2003年第154卷第2期，第207—226页。
[4] 贺西林：《北朝画像石葬具的发现与研究》，载〔美〕巫鸿主编：《汉唐之间的视觉文化与物质文化》，北京：文物出版社，2003年，第341—373页。
[5] 郑岩：《南昌东晋漆盘的启示——论南北朝墓葬艺术中高士图像的含义》，《考古》2002年第2期，第84页。

除加藤直子与林圣智外，其余几种观点均将孝子画像与墓主"命运"紧密结合在一起，但两者之间究竟存在何种关系，仍有待深入研究，更为重要的是，原本作为导人向善的《孝子图》因何进入墓葬空间并实现功能转变，从而扮演起另一种角色，尤其引人深思。其中，受谶纬影响的《孝经》在北魏孝子画像图像内涵与时代功能的嬗变中，发生关键性影响，这一论点的提出主要基于以下三方面文献依据：

其一，《孝经》及其宣扬的孝道观念在北魏社会的广泛流行。

一般认为，北魏时期的孝行思想与观念是在文明太后秉政或孝文帝迁洛以后才得以发展起来的，然而事实并非如此，文献表明，至迟在明元帝拓跋嗣永兴元年（409）之前，孝的思想与观念就已经影响到拓跋部族的社会生活，并成为时人道德评判之重要标准。《魏书·太宗纪第三》：

> 帝素纯孝，哀泣不能自胜，太祖怒之。帝还宫，哀不自止，日夜号泣。太祖知而又召之。帝欲入，左右曰："孝子事父，小杖则受，大杖避之。今陛下怒盛，入或不测，陷帝于不义。不如且出，待怒解而进，不晚也。"[6]

文献所记为拓跋嗣立为太子时，其母刘贵人被赐死的史实，拓跋嗣登基在永兴元年（409），所以，此事应发生在永兴元年（409）之前，从"帝素纯孝"及左右侍从"孝子事父，小杖则受，大杖避之"的言论来看，孝的思想及观念在代北已有流传和影响。在北魏迁洛以前，朝廷还曾多次颁诏奖惩孝子和忤逆之人，其中最有代表性的是分别颁布于神麚三年（430）五月和太安元年（455）六月的两个诏令：

> （神麚三年）五月戊戌，诏曰："夫士之为行，在家必孝，

---

[6] 魏收：《魏书》，卷三，北京：中华书局，1974年，第49页。

处朝必忠，然后身荣于时，名扬后世矣。"[7]

（太安元年）六月癸酉，诏曰："其不孝父母，不顺尊长，为吏奸暴，及为盗贼，各具以名上。其容隐者，以所匿之罪罪之。"[8]

此外，皇帝、太子、大臣等还曾宣讲《孝经》。孝文帝迁洛之前，孝的思想与观念在代北已有一定影响，并在迁洛之后有进一步发展。

其二，《孝经》中的天人感应思想对北魏孝行信仰产生影响并使之发生了变化。

《孝经·感应章》：

子曰："昔者，明王事父孝，故事天明；事母孝，故事地察；长幼顺，故上下治。天地明察，神明彰矣。故虽天子，必有尊也，言有父也；必有先也，言有兄也。宗庙致敬，不忘亲也。修身慎行，恐辱先也。宗庙致敬，鬼神著矣。孝悌之至，通于神明，光于四海，无所不通。《诗》云：'自西自东，自南自北，无思不服。'"[9]

早在明元帝泰常四年（419）八月，太庙博士许钟进言时已提及上述内容，言曰：

臣闻圣人能飨帝，孝子能飨亲。伏惟陛下孝诚之至，通于神明。[10]

亦见于太和十四年（490）诏令：

---

[7] 魏收：《魏书》，卷四，第76页。
[8] 同上书，卷五，第115页。
[9] 胡平生：《孝经译注》，北京：中华书局，1996年，第49页。
[10] 魏收：《魏书》，卷一百八之一，第2737页。

> 诏曰:"苟孝悌之至,无所不通。今飘风亢旱,时雨不降,实由诚慕未浓,幽显无感也。所言过哀之咎,谅为未衷,省启以增悲愧。"[11]

《魏书》卷五十更有详载:

> 既而元言曰:"自天地分判,五行施则,人之所崇,莫重于孝顺。然五孝六顺,天下之所先,愿陛下重之,以化四方。臣既衰老,不究远趣,心耳所及,敢不尽诚。"高祖曰:"孝顺之道,天地之经,今承三老明言,铭之于怀。"明根言曰:"夫至孝通灵,至顺感幽,故诗云:孝悌之至,通于神明,光于四海。如此则孝顺之道,无所不格。"[12]

两则文献均为文明太后去世时孝文帝元宏和大臣的对话,表明《孝经》在平城时代上层社会已有广泛流传,迁洛之后更有深入影响,且已为考古发现所证实。

其三,"孝悌之至,通于神明"的孝感故事诱导了北魏孝行信仰的异变。

《魏书·孝感》记载吴悉达和王崇两则至孝感天的孝行故事,此外,《北史·萧祗》:

> 子放,字希逸,随祗至邺。祗卒,放居丧以孝闻。所居庐室前,有二慈乌来集,各据一树为巢,自午以前,驯庭饮啄;午后更不下树。每临时舒翅悲鸣,全似哀泣。家人则之,未尝有阙。时以为至孝之感。[13]

---

[11] 魏收:《魏书》,卷二十七,第669页。
[12] 同上书,卷五十,第1115页。
[13] 李延寿:《北史》,卷二十九,北京:中华书局,1974年,第1059页。

《北史·陆通》：

> 父政，性至孝。其母吴人，好食鱼。北土鱼少，政求之常苦难。后宅侧忽有泉出，而有鱼，遂得以供膳。时人以为孝感所致，因谓其泉为孝鱼泉。[14]

《周书·宗懔》：

> 历临汝、建成、广晋三县令。遭母忧去职。哭辄呕血，两旬之内，绝而复苏者三。每有群乌数千，集于庐舍，候哭而来，哭止而去。时论称之，以为孝感所致。[15]

《周书·柳霞》：

> 霞有志行。初为州主簿，其父卒于扬州，霞自襄阳奔赴，六日而至。哀感行路，毁瘠殆不可识。后奉丧泝江西归，中流风起，舟中之人，相顾失色。霞抱棺号恸，憝天求哀，俄顷之间，风浪止息。其母尝乳间发疽，医云："此病无可救之理，唯得人吮脓，或望微止其痛。"霞应声即吮，旬日遂瘳。咸以为孝感所致。[16]

南朝文献亦可见相关记载，《梁书·陆襄》：

> 昭明太子敬耆老，襄母年将八十，与萧琛、傅昭、陆杲每月常遣存问，加赐珍羞衣服。襄母尝卒患心痛，医方须三升粟浆，是时冬月，日又逼暮，求索无所，忽有老人诣门货

---

[14] 李延寿：《北史》，卷六十九，第2391页。
[15] 令狐德棻：《周书》，卷四十二，北京：中华书局，1971年，第760页。
[16] 同上书，第767页。李延寿：《北史》，卷七十，第2442页。

浆，量如方剂，始欲酬直，无何失之，时以褰孝感所致也。[17]

《梁书·处士》：

（阮孝绪）后于钟山听讲，母王氏忽有疾，兄弟欲召之。母曰："孝绪至性冥通，必当自到。"果心惊而返，邻里嗟异之。合药须得生人参，旧传钟山所出，孝绪躬历幽险，累日不值，忽见一鹿前行，孝绪感而随后，至一所遂灭，就视，果获此草。母得服之，遂愈。时皆叹其孝感所致。[18]

《陈书·徐陵》：

（徐）份性孝悌，陵尝遇疾，甚笃，份烧香泣涕，跪诵《孝经》，昼夜不息，如此者三日，陵疾豁然而愈，亲戚皆谓份孝感所致。[19]

《陈书·文学》：

（阮卓）性至孝，其父随岳阳王出镇江州，遇疾而卒，卓时年十五，自都奔赴，水浆不入口者累日。属侯景之乱，道路阻绝，卓冒履险艰，载丧枢还都。在路遇贼，卓形容毁瘁，号哭自陈，贼哀而不杀之，仍护送出境。及渡彭蠡湖，中流忽遇疾风，船几没者数四，卓仰天悲号，俄而风息，人皆以为孝感之至焉。[20]

---

[17] 姚思廉：《梁书》，卷二十七，北京：中华书局，1973年，第409页。
[18] 同上书，卷五十一，第740页。
[19] 姚思廉：《陈书》，卷二十六，北京：中华书局，1972年，第336页。
[20] 同上书，卷三十四，第471页。

《南史·袁湛》：

> 初顗败传首建邺，藏于武库，以漆题顗名以为志，至是始还之。昂号恸呕血，绝而复苏，以泪洗所题漆字皆灭，人以为孝感。[21]

《南史·江夷》：

> 紑字含絜，幼有孝性，年十三，父蒨患眼，紑侍疾将朞月，衣不解带。夜梦一僧云："患眼者饮慧眼水必差。"及觉说之，莫能解者。紑第三叔禄与草堂寺智者法师善，往访之。智者曰："《无量寿经》云，慧眼见真，能度彼岸。"蒨乃因智者启捨同夏县界牛屯里舍为寺，乞赐嘉名。敕答云："纯臣孝子往往感应，晋时颜含遂见冥中送药，又近见智者以卿第二息梦云'饮慧眼水'。慧眼则五眼之一号，可以慧眼为名。"及就创造，泄故井，井水清冽，异于恒泉。依梦取水洗眼及煮药，稍觉有瘳，因此遂差。时人谓之孝感。[22]

如此等等，不胜枚举。孝感故事的形成与流行显然受各种历史因素影响，但含有天人感应思想的《孝经》在其中所起的重要作用显然不可忽略，这其中也包括对《孝子传》成文的影响。

此外，北魏孝子画像故事内容、图像题材、刻画位置、表现风格等所发生的变化也提供了线索。汉晋时期，《孝子图》主要刻画在宫殿、祠堂、石阙、画像石、画像砖、日常用具如彩箧、漆盘上，墓室虽有发现，但不多见，而且刻画位置离墓主较远。北魏以降，《孝子图》刻画位置发生改变，集中表现于漆棺、石棺、石榻等葬具上。而且，

---

[21] 李延寿：《南史》，卷二十六，北京：中华书局，1971年，第709页。
[22] 同上书，卷三十六，第945页。

叙事题材与内容也发生变化，"义浆羊公""京师节妇""齐继母""三州孝人""鲁义姑姊"等一度流行的节义题材已极少表现，大孝题材则日益增加，并集中到"郭巨埋儿""蔡顺伏棺""董永行孝"等具有天人感应色彩的孝子故事上。孝子画像在刻画位置、叙事题材、图像内容、刻画风格上的转变，表明孝行观念在北魏时期发生了变化，这一变化，同时体现了北魏孝子画像图像功能的改变。

显然，在北魏孝子画像图像内涵与墓葬功能的形成中，《孝经》起到重要的历史作用。然而，《孝经》是在怎样的历史前提下进入北魏并在各个阶层产生如此广泛的社会影响？它怎样影响并改变了北魏孝子画像的图像内涵，而新的时代内涵究竟是什么？"子贵母死"与北魏中后期《孝经》广泛传播和孝风盛炽有怎样的历史联系？孝子画像何以作为重要的丧葬图像进入北魏墓葬图像系统，这与汉晋传统有何不同，又与其内涵有何联系？大孝题材的选择、"叙事性"的消解、图像的升仙气息与其内涵有怎样的联系，两者又是在怎样的历史契机下统一在一起并实现其墓葬功能？上述种种，正是本书力图探究与解答的问题。

北魏孝子画像的历史遗存

上篇

第一章 北魏孝子画像的发现与研究

第一节 文献中的北魏孝子与孝子画像

(一)文献中的北魏孝子

《魏书·孝感》收录赵琰、长孙虑、乞伏保、孙益德等17个以"奉事孝谨""事亲至孝""哀毁过礼"见称于世的北魏孝子事迹(表1)。孝子标准与事迹表述,延续《晋书·孝友传》开创的体例和叙述的方式,其中也包括对孝感神迹的叙述,并在卷首指出,"经云'孝,德之本''孝悌之至,通于神明'。此盖生人之大者。……且生尽色养之天,终极哀思之地,若乃诚达泉鱼,感通鸟兽,事匪常伦,斯盖希矣"[1]。孝子的选择与编撰明显受《孝经》影响,并以之为指导。其中,阎元明、吴悉达、王崇事迹具有明显的天人感应色彩。

阎元明,河东安邑人也。少而至孝,行著乡闾。太和五年,除北随郡太守。元明以违离亲养,兴言悲慕,母亦慈念,泣泪丧明。元明悲号上诉,许归奉养。一见其母,母目便开。刺史吕寿恩列状上闻,诏下州郡,表为孝门,复其租调兵役,令终母年。

吴悉达,河东闻喜人也。弟兄三人,年并幼小,父母为人所杀,四时号慕,悲感乡邻。及长报仇,避地永安。……悉达后欲改葬,亡失坟墓,推寻弗获,号哭之声昼夜不止,叫诉神祇。忽于悉达足下地陷,得父铭记。

王崇,字乾邕,阳夏雍丘人也。兄弟并以孝称。……母亡,杖而后起,鬓发堕落。未及葬,权殡宅西。崇庐于殡所,昼夜哭泣,鸠鸽群至。有一小鸟,素质墨眸,形大如雀,栖于崇庐,朝夕不去。……是年,阳夏风雹,所过之处,禽兽暴死,草木摧折。至崇田畔,风雹便止,禾麦十顷,竟无损落,及过崇地,风雹如初。咸称至行所感。

---

[1] 魏收:《魏书》,卷八十六,第1881—1887页。

崇虽除服，仍居墓侧。于其室前生草一根，茎叶甚茂，人莫能识。至冬中，复有鸟巢于崇屋，乳养三子，毛羽成长，驯而不惊。[2]

史载魏收迷信孝感神迹，"收以子侄少年，申以戒厉，著《枕中篇》，其词曰：……孝悌之至，神明通矣"[3]。故有所收录，同时，反映出时人对孝感神迹的一般心态。

《魏书》所述孝感神迹于前代史料已有出现，而于后代多有重复与转述，《魏书·王崇》所述"鸠鸽群至""栖于崇庐"盖源于汉代"乌还哺母"传说，并在《晋书·许孜》中已有叙述，"俄而二亲没，柴毁骨立，杖而能起，建墓于县之东山，躬自负土，不受乡人之助……每一悲号，鸟兽翔集"。孝子刘殷"后有二白鸠巢其庭树，自是名誉弥显"。[4]《晋书·吴隐之》："事母孝谨，及其执丧，哀毁过礼。家贫，无人鸣鼓，每至哭临之时，恒有双鹤警叫，及祥练之夕，复有群雁俱集，时人咸以为孝感所至。"[5]《晋书·成公绥》记述更为明确："时有孝乌，每集其庐舍，绥谓有反哺之德，以为祥禽。"[6] 母盲而复明的孝行神迹在《晋书·盛彦》中亦有出现："彦见之，抱母恸哭，绝而复苏，母目豁然即开，从此遂愈。"[7] 自东汉以来，孝感神迹不断叙述与附会，主人公千差万别，事迹却几近雷同。

除《魏书·孝感传》《北史·孝行》外，其他人物传记也记述了很多北魏孝子，他们均为真实的历史人物，惟记述简略，往往仅称"性至孝，事父母尽礼""居丧以孝闻""遭父忧，毁瘠过礼""事母孝谨"等。

---

[2] 魏收：《魏书》，卷八十六，第1881—1887页。
[3] 李百药：《北齐书》，卷三十七，北京：中华书局，1972年，第492—493页。
[4] 房玄龄等：《晋书》，卷八十八，北京：中华书局，1974年，第2279、2289页。
[5] 同上书，卷九十，第2341页。
[6] 同上书，卷九十二，第2371页。
[7] 同上书，卷八十八，第2276页。

表1 《魏书·孝感传》所见北魏孝子

孝子名	籍贯	事迹
赵琰	天水	孝心色养,饪熟之节,必亲调之……时禁制甚严,不听越关葬于旧兆。琰积三十余年,不得葬二亲……乃绝盐粟,断诸滋味,食麦而已。
长孙虑	代	乞以身代老父命,使婴弱众孤得蒙存立。
乞伏保	高车	奉事孝谨,初无恨色……申年余八十,伏保手制马舆,亲自扶接,申欣然随之。申亡,伏保解官,奉丧还洛。
孙益德	乐安	其母为人所害,益德童幼为母复仇。
董洛生	代	居父丧过礼。
杨引	乡郡襄垣	母年九十三卒,引年七十五,哀毁过礼。
阎元明	河东安邑	少而至孝,行著乡间。
令狐仕	猗氏县	早丧父,泣慕十载,奉养其母,孝著乡邑。
杨风	河东郡	奉养继亲甚著恭孝之称。
董吐浑	东郡小黄县	事亲至孝。
吴悉达	河东闻喜	父母为人所杀,四时号慕,悲感乡邻。及长报仇……行著乡里。
崔承宗	齐州	性至孝,万里投险,偷路负丧还京师。
王续生	荥阳京县	遭继母忧,居丧杖而后起。及终礼制,鬓发尽落。
李显达	颖川阳翟	父丧,水浆不入口七日,鬓发坠落,形体枯悴,六年庐于墓侧,哭不绝声,殆于灭性。
张升	荥阳	居父母丧,鬓发坠落,水浆不入口,吐血数升。
王崇	阳夏雍丘	兄弟并以孝称。母亡,杖而后起,鬓发堕落。
郭文恭	太原平遥	年逾七十,父母丧亡。文恭孝慕罔极,乃居祖父墓次,晨夕拜跪。跣足负土,培祖父二墓,寒暑竭力,积年不已。
仓跋	荥阳京县	丧母,水浆不入口五日,吐血数升,居忧毁瘠,见称州里。

(二) 文献中的北魏孝子画像

魏晋之后，世风潜变，作为"成教化，助人伦"的典型形象[8]，孝子画像开始以图画形式在南朝社会流传，南齐"武帝时，藩邸严急，诸王不得读异书，五经之外，唯得看《孝子图》而已"[9]。另王慈八岁时拜望外祖宋太宰江夏王，义恭"迎之内斋，施宝物恣所取，慈取素琴石砚及《孝子图》而已"[10]。谢稚、范怀珍与戴蜀是画过《孝子图》的南朝画家，谢稚，陈郡阳夏（河南省太康县）人，初为晋司徒主簿，后入宋为宁朔将军，画有《孝子图》《孝经图》；范怀珍与戴蜀均为南齐人，范怀珍有孝子屏风"行于代"，戴蜀则有《孝子图》传于世。[11]1984年湖北襄阳贾家冲墓出土画像砖上刻画有孝子画像，可见当时南朝地区流行《孝子图》的风格。[12]

据载，后赵石虎太武殿"图画忠臣、孝子、烈女、贞女，皆变为胡状，头缩入肩。虎大恶之"[13]。《晋书·艺术》对此亦有记载："季龙造太武殿初成，图画自古贤圣、忠臣、孝子、烈士、贞女，皆变为胡状，旬余，头悉缩入肩中，……季龙大恶之，秘而不言也。"[14]案石虎于建国十二年（349）自称皇帝，年号太宁，而太武殿是其为大赵王时自襄国徙居邺地所建，故太武殿图画孝子应为建武年间（335—338），至迟不晚于太宁元年（349）。西凉李暠后于庚子二年（402）在敦煌南门外起"靖恭之堂"，"图赞自古圣帝明王、忠臣孝子、烈士贞女，玄盛亲为序颂，以明鉴戒之义，当时文武群僚亦皆图焉"[15]。

北魏图画孝子的文献记载很少，《魏书·礼志》：

> 乾象辇：羽葆，圆盖华虫，金鸡树羽，二十八宿，天阶

---

[8]〔日〕佐原康夫：《汉代祠堂画像考》，《东方学报》1991年第63册，第1—60页。
[9] 李延寿：《南史》，卷四十三，第1088页。
[10] 同上书，卷二│二，第606页。
[11]〔日〕冈村繁译注：《历代名画记译注》，上海：上海古籍出版社，2002年，第299、349—350页。
[12] 襄樊市文物管理处：《襄阳贾家冲画像砖墓》，《江汉考古》1986年第1期，第16—32页。
[13] 魏收：《魏书》，卷九十五，第2052页。
[14] 房玄龄等：《晋书》，卷九十五，第2490页。
[15] 同上书，卷八十七，第2259页。

云罕、山林云气、仙圣贤明、忠孝节义、游龙、飞凤、朱雀、玄武、白虎、青龙、奇禽异兽可以为饰者皆亦图焉。[16]

孝子作为乾象辇上的装饰，与山林云气、仙圣贤明、游龙飞凤等奇禽异兽一同出现，这一描绘形式与元谧石棺孝子画像的图像构成十分近似。

北魏郦道元《水经注》亦有记载：

> 岭上有文明太皇太后陵，陵之东北有高祖陵，二陵之南有永固堂，堂之四隅雉列榭、阶、栏、槛，及扉、户、梁、壁、椽、瓦，悉文石也。檐前四柱，采洛阳之八风谷黑石为之，雕镂隐起，以金银间云矩，有若锦焉。堂之内外四侧，结两石趺，张青石屏风，以文石为缘，并隐起忠孝之容，题刻贞顺之名。[17]

"忠孝之容"应为忠臣孝子之像无疑。另《玉函山房辑佚书》收有北魏常景《鉴戒象赞》一卷，马国翰卷前跋语谓常景"每读书见韦弦之事深薄之危，乃图古昔可以鉴戒指事为象，赞而述之"[18]，此书已遗，"鉴戒指事"或于孝子有指。

第二节　北魏孝子画像的发现与研究

南朝孝子画像遗存主要有邓县学庄与贾家冲画像砖墓。邓县学庄画像砖墓见有两方孝子画像，以对称形式刻于东西两壁第七柱上，东壁为"郭巨埋儿"，西壁为"老莱子娱亲"，画像砖均敷彩。邓县

---

[16] 魏收：《魏书》，礼志四，第2811页。
[17] 郦道元：《水经注》，卷十三，南京：江苏古籍出版社，1989年，第1138—1139页。
[18] 常景：《鉴戒象赞》，卷一，济南：皇华馆书局，清同治十年（1871）补刻。

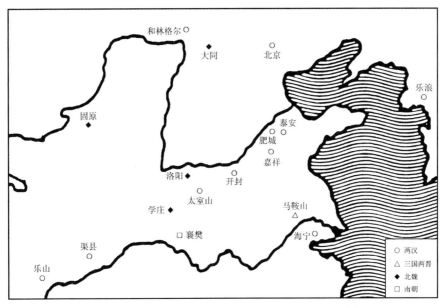

图1　汉至北魏孝子画像遗存分布图　邹清泉 绘

在北魏时为南朝刘宋属地，梁时归西魏，该墓东壁第一柱战马画像砖上侧墨书"家在吴郡"，知墓主为南朝人[19]。湖北襄阳虎头山贾家冲画像砖墓"郭巨埋儿"画像与邓县学庄画像砖风格类似，惟刻画简略，无榜题[20]。邓县学庄与贾家冲孝子画像，具有明显的南朝风格，既是南朝孝子画像的早期形式，也是汉至北魏孝子画像形式演变的中间形态。

北朝孝子画像主要遗存于石棺、石榻（棺床）、漆棺等葬具以及石室之上，数量甚丰（图1），尤以北魏居多，遗存以元谧石棺、孝子棺、"宁懋"石室[21]、升仙石棺足挡、卢芹斋旧藏北魏石围屏、日本和泉久保惣纪念美术馆藏石榻、日本天理参考馆藏石榻、上海博物馆藏石榻、司马金龙漆围屏以及宁夏固原彩绘漆棺为其代表（表2）。

元谧石棺、孝子棺以及"宁懋"石室是北魏孝子画像遗存中最为

---

[19] 河南省文化局文物工作队：《邓县彩色画像砖墓》北京：文物出版社，1958年；柳涵：《邓县画象砖墓的时代和研究》，《考古》1959年第5期，第255—261、263页。
[20] 襄樊市文物管理处：《襄阳贾家冲画像砖墓》，《江汉考古》1986年第1期，第16—32页。
[21] 曹汛主张"宁懋"应为"宁想"，详见曹汛：《北魏宁想石室新考订》，载王贵祥：《中国建筑史论汇刊》第4辑，北京：清华大学出版社，2011年，第77—125页。

表2 魏晋南北朝孝子画像遗存

遗 存	时 代	出土地/藏地	孝子画像
漆盘	三国	安徽马鞍山朱然墓	伯余、原穀等
画像砖	南朝	河南邓县学庄	郭巨埋儿、老莱子
画像砖	南朝	湖北襄阳贾家冲	郭巨埋儿
司马金龙漆屏风	太和八年（484）	山西大同石家寨出土/山西省博物馆与大同市博物馆分藏	舜、李充、李善
元谧石棺	正光五年（524）	洛阳出土/美国明尼阿波利斯美术馆藏	丁兰、韩伯余、郭巨、闵子骞、眉间志、伯奇、董笃父、老莱子、舜、原穀
石榻	正光五年（524）	日本和泉久保惣纪念美术馆藏	眉间赤、老莱子、原穀、丁兰、郭巨
"宁懋"石室	孝昌三年（527）	洛阳翟泉村出土/美国波士顿艺术博物馆藏	董永、丁兰、舜等
固原漆棺	北魏	宁夏固原雷祖庙	舜、郭巨、伯奇、蔡顺
孝子棺	北魏	洛阳出土/美国堪萨斯纳尔逊·阿特肯斯艺术博物馆藏	舜、郭巨、原穀、董永、蔡顺、尉
石榻	北魏	美国堪萨斯纳尔逊·阿特肯斯艺术博物馆藏	郭巨、原穀、老莱子、蔡顺、申明、梁高行、丁兰、董永、王寄
石榻	北魏	洛阳出土/卢芹斋旧藏	郭巨、老莱子、蔡顺、丁兰、舜、董永、原穀
升仙石棺	北魏	洛阳出土/洛阳古代艺术馆藏	孝孙原穀
石榻	北魏	洛阳出土/洛阳古代艺术馆藏	郭巨、丁兰、原穀、老莱子、眉间赤
石榻	北魏	日本天理参考馆藏	未详
石榻	北魏	上海博物馆藏	董永、原穀
石榻	北魏	深圳博物馆藏	郭巨等
石榻	北魏	纽约	郭巨、原穀、王寄、董永、丁兰、蔡顺

典型的三件代表性器物，同时是最早进入现代学术视野的研究个案。元谧石棺为北魏正光四年（523）孝明帝元诩诏赐元谧之"东园秘器"[22]，该器在1930年于洛阳城西李家凹村南出土后流失美国，现藏明尼阿波利斯美术馆（The Minneapolis Institute of Arts）。孝子画像位于石棺左右两帮，左帮刻伯奇、董笃父、董永、老莱子、舜、原榖；右帮刻丁兰、韩伯余、郭巨、闵子骞、眉间赤。[23]美国堪萨斯纳尔逊·阿特肯斯艺术博物馆（The Nelson–Atkins Museum of Art）藏孝子棺是20世纪早期流失海外的另一重要北魏遗物，石棺两帮刻画极为精美的孝子画像，左帮为舜、郭巨、原榖；右帮为董永、蔡顺、王琳（巨尉）[24]。在英国伦敦1936年举办的中国美术国际展览会上，孝子棺引起日本学者奥村伊九良的关注。奥村伊九良在对元谧石棺和孝子棺的研究中[25]，洞察到人物状貌明显脱离现实生活，他认为，人物华贵的衣着、雍容的气质、优雅的举止与人物身份和《孝子传》记载的明显背离，是当时社会崇尚淡泊生活的时代精神的反映，这一富于灼见的研究之于北朝孝子画像思想内涵的探索意义深远，贺西林教授在数年后的研究中，进一步指出其中"看似并不起眼的山林景致，实际上也潜藏着一种升仙的象征意义"[26]，使奥村伊九良的早期发现得到合理解释。

"民国二十年（1931年）二月二十日洛阳故城北半坡出土"[27]的"宁懋"石室（图2），于1937年经日本大阪山中商会落藏美国波士顿艺术博物馆（Museum of Fine Arts, Boston）。石室分屋顶、围板、台基三个部分，为悬山顶房形建筑。左右山墙外壁刻孝子画像，左侧山墙外壁刻"董永看父助时"和"董晏母供王寄母语时"，右侧山墙

---

[22] 魏收：《魏书》，卷二十一，第544页。
[23] 黄明兰：《洛阳北魏世俗石刻线画集》，北京：人民美术出版社，1987年。
[24] 黄明兰：《北魏孝子棺线刻画》，北京：人民美术出版社，1985年。
[25]〔日〕奥村伊九良：《镀金孝子传石棺の刻画に就て》，《瓜茄》1939年第5辑，第359—382页。
〔日〕奥村伊九良：《孝子传石棺の刻画》，《瓜茄》1937年第4辑，第259—299页。
[26]〔美〕巫鸿主编：《汉唐之间的视觉文化与物质文化》，第356页。
[27] 郭玉堂：《洛阳出土石刻时地记》，洛阳：大华书报社，1941年，第35页。

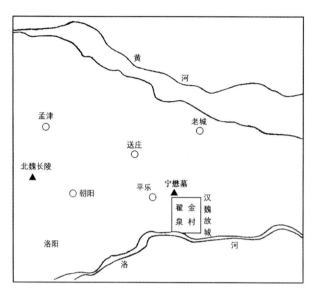

图2 "宁懋"石室出土位置示意 邹清泉 重绘

外壁刻"丁兰事木母"和"舜从东家井中出去时"。[28]西方学界自20世纪40年代以来,对"宁懋"石室一直极为关注,研究焦点最初集中于石室功能,即"宁懋"石室究竟是祠堂,还是葬具,对于"宁懋"石室孝子画像的研究而言,这显然是极为关键的问题。富田幸次郎(Kojiro Tomita)在对"宁懋"石室的研究中,界定其为祠堂(Hall of sacrifice)[29],郭玉堂《洛阳出土石刻时地记》是最早著录"宁懋"石室的文献,此书称"石制阴宅",赵万里后又称之石椁,巫鸿认为"宁懋"石室应为葬具而非祠堂[30],林圣智则坚持"宁懋"石室"为现今唯一仅存的南北朝祠堂遗物"[31]。笔者注意到,"宁懋"石室外部后壁右方刻画一冠饰貂尾的人物[32],汉晋时期,"侍中、常侍则加金珰,附蝉为饰,插以貂毛,黄金为竿,侍中插左,常侍插右"[33]。"宁

---

[28] 郭建邦:《北魏宁懋石室线刻画》,北京:人民美术出版社,1987年。
[29] Kojiro Tomita, A Chinese Sacrifical Stone House of the Sixth Century A.D., *Bullentin of the Museum of Fine Arts*, 1942,Vol.XL,No.242, p.98.
[30] Wu Hung, A case of Cultural Interaction: House-shaped Sarcophagi of the Northern Dynasties, *Orientations*, 2002, Vol.33, No.5, pp.34-41.
[31] 林圣智:《北魏宁懋石室的图像与功能》,《美术史研究集刊》2005年第18期,第54页。
[32] 据文献记载,冠饰貂尾始于赵武灵王,"赵武灵王效胡服,以金珰饰首,前插貂尾,为贵职。秦灭赵,以 其君冠赐近臣"。范晔:《后汉书》,志第三十,北京:中华书局,1982年,第3668页。"此是大臣著貂之始。"叶贵良:《莫高窟220窟〈帝王图〉"貂尾"大臣非中书令、亦非右散骑常侍》,《敦煌学辑刊》2001年第1期,第23页。
[33] 房玄龄等:《晋书》,卷二十五,第768页。

懋"石室饰貂人物之貂尾插于冠右，故此人应为常侍一类的官员。道武帝拓跋珪天兴元年（398）十二月，"置八部大夫、散骑常侍、待诏等官。其八部大夫于皇城四方四维面置一人，以拟八座，谓之八国。常侍、待诏侍值左右，出入王命"[34]。常侍职衔极为尊贵。据墓志记载，宁懋一生历任横野将军、甄官主簿等，均为较低职衔，"宁懋"石室外部后壁之貂尾人物表现的显然并非宁懋。尽管"宁懋"石室与"东园秘器"元谧石棺在表现水平上尚存差距，但"孝"这一人类的永恒主题并未因此抹杀，作为"直接体现丧家孝行的视觉化表征"，林圣智认为，"宁懋"石室"两壁的《孝子传图》为鉴戒故事，但同时也是子孙表达孝心，克尽孝道的图像隐喻"[35]。

北魏时期，除使用画像石棺外，还使用画像石榻（棺床），"目前发现有明确纪年的实物中最早的是北魏太和元年（477）的画像石棺床"[36]。20世纪初叶以来，北魏石榻已发现数例，孝子画像是石榻围屏主体装饰之一。据黑田彰研究，卢芹斋旧藏北魏石榻围屏第一石描绘郭巨，第二石描绘老莱子、蔡顺、丁兰，第三石刻画舜、董永，第四

图3　匡僧安石榻围屏郭巨画像　日本和泉久保惣纪念美术馆藏（线摹）　邹清泉 绘

---

[34] 魏收：《魏书》，卷一百一十三，第2972页。
[35] 林圣智：《北魏宁懋石室的图像与功能》，《美术史研究集刊》2005年第18期，第53页。
[36] 〔美〕巫鸿主编：《汉唐之间的视觉文化与物质文化》，第343页。

石描绘原榖。[37]1977年出土于洛阳的北魏石榻（洛阳古代艺术馆藏）围屏刻数幅人物画像，经考证，确认为孝子故事，但除其中之伯奇图有"蛇"这一较为明显的图像特征外[38]，其余图像中的人物身份甚为模糊，无叙事情节，表现方法与元谧石棺近似。日本和泉久保惣纪念美术馆藏石榻为北魏正光五年（524）匿僧安遗物，石榻正面及左右侧面线刻孝子画像，表现有眉间赤、老莱子、原榖、丁兰、郭巨等[39]，其中，郭巨画像用三幅独立的画面表现郭巨奉母、埋儿、掘金的情节（图3），与孝子棺、元谧石棺的表现方法明显不同，而与卢芹斋旧藏北魏石榻近似，展现出葬具形式之于图像表现的影响。上海博物馆藏石榻刻"东永看父助时"和"孝孙原榖"图像。日本天理参考馆藏北魏石榻围屏亦刻孝子画像，但主题模糊，亦无榜题，无法建立孝子故事与图像之间的链接。升仙石棺足挡（洛阳古代艺术馆藏）原为石榻围屏的一块，后移作足挡，上雕三幅画面（图4），左右两幅被凿残，"中间一幅有树木山林，二青年用平轿（好似现在的担架）抬着一位骨瘦如柴的老人，前者一手指前，脸向后回顾老人"[40]，画面

图4-1 升仙石棺足挡画像 洛阳古代艺术馆藏　图4-2 升仙石棺足挡画像（线摹） 邹清泉 绘

---

[37]〔日〕黑田彰：《孝子伝の研究》，京都：思文阁出版，2001年，第201页。林圣智：《北朝时代における葬具の图像と机能——石棺床围屏の墓主肖像と孝子伝图を例として》，《美术史》2003年第154卷第2期，第216页。
[38] 赵超：《关于伯奇的古代孝子图画》，《考古与文物》2004年第3期，第68—72页。
[39]〔日〕黑田彰：《孝子伝の研究》，第206页。
[40] 洛阳博物馆：《洛阳北魏画象石棺》，《考古》1980年第3期，第230页。

图5 孝孙原穀 石榻围屏画像 北魏 美国纳尔逊·阿特肯斯艺术博物馆藏

图6 董永 石榻围屏画像 北魏 美国纳尔逊·阿特肯斯艺术博物馆藏

有榜无题，有研究认为"这是一组有情节的连环组画式的故事画像，应为孝孙原穀"[41]，据现存遗迹，另两幅凿残的画面亦应为孝子故事。另有一件石榻现藏美国堪萨斯纳尔逊·阿特肯斯艺术博物馆，有十幅线刻（长广敏雄称之KB本），尽管除"不孝王寄"外，余皆有榜无题，但情节表现细腻，明显可见刻画的是郭巨、原穀（图5）、老莱子、蔡顺、丁兰、申明、董永（图6）等。长广敏雄释其中一幅为"梁高行图"（图7），或有不妥。《孝子传》记郭巨掘地获金后，还宅主，"宅主不敢受，遂以闻官，官依券题还巨，遂得兼养儿"[42]。观察此图，其中之官员与小儿正与文献相合，另，此器已有郭巨掘金、奉母图像，此图正可补足其中一环。正如榜题"不孝王寄"所示，王寄并非孝子，敦煌

---

[41] 宫大中：《试论洛阳关林陈列的几件北魏陵墓石刻艺术》，《文物》1982年第3期，第82页。
[42] 李昉：《太平御览》，卷四一一，北京：中华书局，1960年，第1898页。

图 7 "梁高行"石榻围屏画像 北魏 美国纳尔逊·阿特肯斯艺术博物馆藏

本《孝子传》记其"为人不孝,每于外行恶,母常忧怀,形容羸瘦"[43],后为孝子董晏"斩其头持祭于母",此处特所标示"不孝王寄",或有对比衬托之意。

---

[43] 王重民等:《敦煌变文集》,北京:人民文学出版社,1957年,第905页。

2004年3月，美国纽约展出一件画像石榻[44]（简称纽约石榻），榻长210厘米，宽100厘米，高93.5厘米，由榻座、四块围屏及双阙组成，均为石灰石质地，敷红、绿、黑、白诸色，并贴饰金箔[45]，形制完整，保存完好。围屏共刻画12幅图像，由左至右依次为仪列、牛车、"孝子郭巨煞儿养母天金一釜""孝孙将祖还舍来归时""此是王寄日用三牲母食时"、女墓主坐像、男墓主坐像、"此是董永看父助时""丁兰侍木母食时""此是蔡顺临尸灭火不起"、马车、仪列。在目前所见北朝孝子画像石刻葬具中，无论雕作水平，还是身份等级，抑或艺术价值，此器是唯一堪与孝子棺、元谧石棺相提并论的重要实物。元谧石棺为北魏冠军将军元谧于正光四年（523）薨后受赐之"东园秘器"，奥村伊九良在20世纪30年代初见此棺时，发现其"刻画图像的一面还留有金箔的痕迹"[46]，与北魏泰常八年（423）穆观受赐之"通身隐起金饰棺"[47]同为北魏"金饰"葬具，纽约石榻亦明显可见金箔残迹。汉代以来，少府下设"东园"官署[48]，专司皇家陵寝营建与葬具制作，北魏立国之后，延续此制，并时有诏赐"东园秘器"之举[49]。纽约石榻虽来路不明，但就石材质地、形制规范、雕作水平，尤其贴饰金箔来看，规格极高，或为北魏"东园秘器"遗存。

司马金龙漆围屏与固原彩绘漆棺是洛地以外考古所见北魏孝子画像关键遗物。司马金龙墓（太和八年/484）后室甬道西侧发现的木板漆画，"上下分为四层，每层高19～20厘米。每幅有文字题记和榜题，说明内容和人物身份，均为宣扬封建道德，表彰帝王、将相、烈女、孝子、高人、逸士等故事、传说"[50]。孝子画像有舜、李善、李充等，舜位于第一、第二两块漆画拼合后正面最上方（图8），

---

[44] 有研究者认为，此器"有可能属于北周的遗物"，见郑岩：《北朝葬具孝子图的形式与意义》，《美术学报》2012年第6期，第44页，注25。
[45] *Ritual Objects and Early Buddhist Art*, New York, 2004, pp.26-45.
[46] 〔日〕奥村伊九良：《镀金孝子传石棺の刻画に就て》，《瓜茄》1939年第5辑，第359页。
[47] 魏收：《魏书》，卷二十七，第664页。
[48] 班固：《汉书》，卷十九，北京：中华书局，1962年，第731—733页。
[49] 邹清泉：《北魏墓室所见孝子画像与"东园"探考》，《故宫博物院院刊》2007年第3期，第16—39页。
[50] 山西省大同市博物馆、山西省文物工作委员会：《山西大同石家寨北魏司马金龙墓》，《文物》1972年第3期，第25页。

图8 舜 彩绘漆画 北魏太和八年（484）山西大同石家寨司马金龙墓出土

李善、李充相继绘于第三块漆板背面鲁义姑姊下方，人物均用墨线勾勒，施黄、白、青绿、橙红、灰蓝诸色。苏哲认为此器制于平城（山西大同）附近，"内容大约是采用了东晋南朝的粉本，由北魏的画家绘制"[51]。这件以汉代刘向《孝子传》《列女传》为表现内容的漆屏风，尽管在司马金龙墓浓郁的北族文化色彩中显得极不合时宜，却"绝不是偶然的巧合，只能说明屏风的主人不仅欣赏而且提倡屏风画的这样艺术风格"[52]，在一定程度上揭示了司马金龙身为东晋宗室后裔的文化倾向。

宁夏固原雷祖庙所出北魏彩绘漆棺（固原博物馆藏）与司马金龙漆围屏遍髹红漆、榜题涂黄色、题记墨书等装饰手法如出一辙。漆棺两侧绘画均分上中下三栏，上部描绘孝子故事，"均以三角形火焰纹间隔，形成由大小相同的画幅组成的连续画面。每一画面均有竖行墨书榜题，以金色为地，用墨线画出边框"[53]。漆棺右侧残存舜（图9）

---

[51] 苏哲：《北魏孝子伝図研究における問題点》，《美学美术史学》1999年第14号，第70页。
[52] 杨泓：《北朝文化源流探讨之———司马金龙墓出土遗物的再研究》，《北朝研究》1989年第1期，第18页。
[53] 固原县文物工作站：《宁夏固原北魏墓清理简报》，《文物》1984年第6期，第49页。

图 9　固原漆棺侧板漆画（局部）

和郭巨，左侧残存三段，依据榜题，知其中两段为蔡顺和伯奇，另一段残存三幅画面，第一幅残留一人持物跪坐，第二幅绘一人坐席上，一人相向而立，第三幅与之略同，三幅画面仅存两方榜题，均缺损，仅存"供养老母"与"死"，王泷认为"其内容或为丁兰事木母"[54]。除孝子故事区别明显外，固原漆棺与司马金龙漆围屏孝子画像最为殊异之处是固原漆棺所绘孝子"皆变为胡状"，北魏"迁都平城后，属于鲜卑集团的人们也还保留着浓厚的民族特色，但是在统治集团的上层已经开始汲取和应用源自中原的丧葬习俗，并将游牧文化因素融入其中"[55]。固原漆棺鲜卑装孝子画像正是迁都平城后，孝行思想与孝子故事传入代北并与鲜卑文化相结合的产物。考察目前已出土的北朝孝子画像葬具，尽管形制有别，但孝子题材并无明显差异，郭巨、老莱子、蔡顺、丁兰、舜、董永、原谷等始终是通用题材。

奥村伊九良之后，日本学界对中国魏晋南北朝孝子画像的研究一直极为关注，富田幸次郎、长广敏雄、加藤直子、黑田彰等相继而起，于北朝孝子画像之研究尤有拓展。中国学者对魏晋南北朝孝子画像的研究起步较晚，20世纪40年代初，郭玉堂承马叔平、王宏先、徐森玉指示，"遍走亩丘，登涉冈垅"，访查洛地石刻出土经过，著成《洛阳出土石刻时地记》，收录数件洛地出土与流失的北魏画像石葬具。此后直至20世纪80年代末，国内孝子画像研究一直是伴随着考

---

[54] 王泷:《固原漆棺彩画》,《美术研究》1984年第2期,第14页。
[55] 编委会:《宿白先生八秩华诞纪念文集》(上),北京:文物出版社,2002年,第181页。

古新发现作些零星考证[56]，而且仅限于题材、风格、形式、技法等图像本体的研究，长期未有深入开拓。其后，受西方美术史新思潮影响，思想性研究占据主导，并呈现出多维度综合研究之趋势。研究视点日益集中于孝子画像的思想内涵和墓葬功能，经多年研究，形成几种较具代表性的观点。

其一为祈求冥福。孙机在对固原漆棺孝子画像与墓主信仰的研究中，指出"漆棺上既画孝子像，又画道教的东王父、西王母像及佛教的菩萨像，其中也应包含祈求冥福的用意"，但认为"孝子像只不过是迎合时尚的装点殡葬之物而已"[57]，没有注意到以"孝"为代表的儒家思想已对代北鲜卑族社会生活产生实质影响。

其二为彰显孝德。关于这一层面的研究，加藤直子的观点极具代表性，其认为魏晋南北朝墓中产生《孝经》与《孝子图》两种"孝"的表征，即"将《孝经》纳入棺柩之中的行为，就是为了向他人显示自己拥有'孝'这种道德。在士大夫社会中，依照遗言及其指示所营造的墓，被认为是将自己以至宗族的道德昭示于世的一种手段。与象征着'孝'的《孝经》相同，刻画在石棺等葬具上的《孝子图》，也同属这种功能"[58]。林圣智的研究对此有进一步深化，在对北朝画像石葬具图像功能的个案研究中，林圣智认为，到了北魏，"孝子传图自鉴戒故事中独立出来，直接与丧葬活动产生关连，出现了利用孝子传图来体现实际的孝行，藉由孝子传图将孝行概念化的趋势"[59]。石榻围屏上的《孝子图》，"既是死者家属所应效法的典范，也是将葬礼中丧家的孝行看作是《孝子图》的现世的体现。丧家通过《孝子图》，

---

[56] 这一阶段的研究主要有柳涵：《邓县画像砖墓的时代和研究》，《考古》1959年第5期，第255—261/263页；韩孔乐、罗丰：《固原北魏墓漆棺的发现》，《美术研究》1984年第2期，第3—11页；王㳀：《固原漆棺彩画》，《美术研究》1984年第2期，第12—16页；宫大中：《邙洛北魏孝子画像石棺考释》，《中原文物》1984年第2期，第48—53页；孙机：《固原北魏漆棺画研究》，《文物》1989年第9期，第38—44/12页；陈传席：《北魏孝子图石棺》，《文物天地》1990年第6期，第47—48页。
[57] 孙机：《固原北魏漆棺画研究》，《文物》1989年第9期，第12、38—44页。
[58]〔日〕加藤直子：《魏晋南北朝墓における孝子伝図について》，吉村怜博士古稀记念会：《东洋美术史论丛》，第130页。
[59] 林圣智：《北魏宁懋石室的图像与功能》，《美术史研究集刊》2005年第18期，第54页。

表明自己对于死者不忘孝道，另外，人们也可以看到，被称作孝子的丧家正在扮演着《孝子传》中的角色"[60]。

其三为攸关墓主"命运"的象征性图像。贺西林认为，北朝葬具所见孝子画像"不仅仅是为了彰显生人之孝行和颂扬死者之品德，而是与道教、佛教以至祆教的图像紧紧地捆绑在一起，是一种事关墓主命运和归宿的象征性图像。表明墓主只有崇尚孝行，并具备'孝'的品德，最终才能进入仙界、天堂，从而达到幸福的永生和不朽的快乐"[61]。另有研究者则直接指出北朝孝子画像"可能受到高士题材的影响，兼有升仙的色彩"[62]，《孝子图》中的若干变化，"可能意在将故事中的人物转化为与神仙无异的角色，陪伴在死者左右，从而使得葬具和墓葬诗化为死者去往仙境的通道"[63]。

《汉书·礼乐志》谓"孝奏天仪，若日月光"[64]，师古注曰："言以孝道进承于天，天神下降，故有光"[65]，显然，在古人眼中，"孝"确能"启圣通神"。尽管孝子画像无可置疑地具有"成教化，助人伦""显善昭恶，劝戒后人"的鉴戒功能，但在"长就幽冥则决绝，闭圹之后不复发"[66]的墓葬语境中，"'观看'的主体并非是一个外在的观者，而是想像中墓葬内部的死者灵魂"[67]，观者已发生根本改变，在专为逝者设计的"欲人之不得见"[68]的地下封闭空间中，孝子画像已然不再是观赏的图画，而是作为"事关墓主命运和归宿的象征性图像"[69]与"墓主"发生实质性联系，以"孝悌之至，通于神明"[70]的神秘内

---

[60] 林圣智：《北朝时代における葬具の図像と机能——石棺床围屏の墓主肖像と孝子伝図を例として》，《美术史》2003年第154卷第2期，第223页。
[61]〔美〕巫鸿主编：《汉唐之间的视觉文化与物质文化》，第360页。
[62] 郑岩：《南昌东晋漆盘的启示——论南北朝墓葬艺术中高士图像的含义》，《考古》2002年第2期，第84页。
[63] 郑岩：《北朝葬具孝子图的形式与意义》，《美术学报》2012年第6期，第52页。
[64] 班固：《汉书》，卷二十二，第1049页。
[65] 同上。
[66] 山东苍山县汉元嘉元年（151）墓题记，见山东省博物馆、山东省文物考古研究所：《山东汉画像石选集》，济南：齐鲁书社，1982年，第42页。
[67]〔美〕巫鸿：《美术史十议》，北京：三联书店，2008年，第86页。
[68] 房玄龄等：《晋书》，卷五十一，第1417页。
[69]〔美〕巫鸿主编：《汉唐之间的视觉文化与物质文化》，第360页。
[70] 胡平生：《孝经译注》，第34页。

涵与墓主"命运"紧密结合在一起[71]。

基于"孝"这一人类社会的永恒主题，孝子画像在春秋战国时代出现以后，代有盛绘，历两千余年而长兴不衰，成为中国美术史上最重要的图绘题材之一。尽管孝子画像的描绘绵延甚久，但考察汉代至清代的孝子画像遗存，其图绘高峰无疑是汉魏南北朝。作为中国自上古进入中古的转型期，朝代的频繁更迭、民族的广泛融汇、南北的密切互动、文化的剧烈变化、思想的新旧交替，赋予汉魏南北朝历史以高度的"复杂性"，这一"复杂性"在汉魏南北朝孝子画像中，直接体现为多样的视觉构成、庞杂的思想体系以及丰富的观念形态，尤其是北魏中后期的孝子画像，于此有突出表现。这一时期，《孝经》与谶纬结合后的日益神秘化，北魏中晚期围绕"子贵母死"的复杂政争格局，以及儒教、道教、佛教、琐罗亚斯德教（Zoroastuanizm）等的交汇杂糅，赋予北魏孝子画像以深邃的图像内涵与永恒的历史价值，"这种辉煌的石刻线画艺术，上承秦汉的优秀传统而又溶化了外来因素，对我国传统艺术最辉煌灿烂的鼎盛时期的唐代有直接的影响"[72]。20世纪30年代以来，汉魏南北朝（尤其是北魏）孝子画像一直是孝子图像研究的重心，20世纪80年代以后，图像考释与意义阐发并举，令这一古老的学术个案日渐焕发生机，在重构艺术品"原境"（original context）的学术潮流影响下，学界注意到古人创造墓葬艺术时所遵循的并非"视觉"这个概念[73]，基于这一前提，将孝子画像这一实体存在纳入相互关联的"原始语境"，考察其作为事关墓主"命运"和"归宿"的图像意义，无疑是极大的拓展，同时，回归"原境"的孝子画像的"历史性""象征性"与"思想性"也进一步凸显。

---

[71] 邹清泉：《孝悌之至，通于神明——〈孝经〉与北魏孝子画像图像身份的转换》，《艺术与科学》2007年第5卷，第39—51页。
[72] 黄明兰：《北魏石刻艺术中的线刻画》，《美术》1983年第9期，第53页。
[73]〔美〕巫鸿：《美术史十议》，第11页。

第二章

北魏墓室所见孝子画像与「东园」探考

"东园"作为北魏负责丧葬事宜的最高机构,在平城时期与迁洛之后对北魏丧葬思想与观念产生了影响,尤其在高级墓葬中,这一影响更为明显。北魏孝子画像目前主要出土于洛阳邙山等贵族葬区,并且主要刻画在葬具上,从这些葬具的石材质地、制作技艺、雕刻水平及出土情况来看,其墓主身份属于皇室成员或上层贵族。这些孝子画像是否出自"东园"或者受到"东园"影响,两者间存在何种历史联系,对深入认识北魏孝子画像的墓葬内涵与功能具有重要意义。

第一节 关于"东园"

"东园",汉代始设,少府管辖,长官称"东园主章",为将作大匠属下,汉武帝太初元年(前104)更名木工[1]。"东园"专司皇家陵寝以及贵族墓葬制作与供应,该处所作寿器称"东园秘器"。"东园秘器"制作考究、装饰精美,《后汉书·礼仪志》:

> 东园匠、考工令奏东园秘器:表里洞赤,虚文,画日、月、鸟、龟、龙、虎、连璧、偃月,牙桧梓官如故事。[2]

两汉时期,皇帝即诏赐臣下"东园秘器"以为寿寝[3],《汉书·董贤》:"下至贤家僮仆皆受上赐,及武库禁兵,上方珍宝。……及至东

---

[1] 班固:《汉书》,卷十九,第731—733页。
[2] 范晔:《后汉书》,志第六,北京:中华书局,1965年,第3141—3142页。
[3] 东汉时诏赐"东园秘器"的称谓并不固定,有时称"东园梓棺",如《后汉书》,卷二十六,"(蔡茂)二十三年薨于位,时年七十二。赐东园梓棺。"(第908页)有时称"东园画梓寿器",如《后汉书》,卷十:"在位三年,元嘉二年崩。以帝弟平原王石为丧主,敛以东园画梓寿器。"(第442页)有时称"东园画棺",如《后汉书》,卷三十四:"诣京师改殡,赐东园画棺。"(第1174页)有时又称"东园朱寿之器",如《后汉书》,卷三十四:"及薨,帝亲临丧,诸子欲从其诲,朝廷不听,赐以东园朱寿之器。"又有称"东园梓器",如《后汉书》,卷四十四:"年八十二,熹平元年薨。使五官中郎将持节奉策赠太傅、安乐乡侯印绶,给东园梓器。"(第1511页)有时则比较简略,只称秘器,如《后汉书》,卷二十六:"十三年夏,征,勅尚书择拜吏日,未及就位,因謁见中暑,病卒。赐秘器。"(第897页)或称"棺敛",如《后汉书》,卷二十六:"五年,张步平,车驾幸北海,诏隆中弟咸收隆丧,赐给棺敛。"(第900页)

园秘器，珠襦玉柙，豫以赐贤，无不备具。"[4]《后汉书·冯勤》："中元元年，薨，帝悼惜之，使者吊祠，赐东园秘器，赗赠有加。"[5]《后汉书·和熹邓皇后》："赠以长公主赤绶、东园秘器、玉衣绣衾，又赐布三万匹，钱三千万。"[6]《后汉书·刘恺》："岁余，卒于家。诏使者护丧事，赐东园秘器，钱五十万，布千匹。"[7]《后汉书·杨赐》："其月薨，天子素服，三日不临朝，赠东园梓器襚服，赐钱三百万，布五百匹。"[8]《后汉书·盖勋》："（董）卓欲外示宽容，表赐东园秘器赗襚，送之如礼。"[9]《后汉书·单超》："超病，帝遣使者就拜车骑将军。明年薨，赐东园秘器，棺中玉具，赠侯将军印绶，使者理丧。"[10]西晋时仍有诏赐，《晋书·王祥》："泰始五年薨，诏赐东园秘器，朝服一具，衣一袭，钱三十万，布帛百匹。"[11]"东园匠"是这时"东园"工匠称谓。[12]拓跋氏建国后，沿袭汉地下设"东园"及诏赐"东园秘器"传统。《魏书·官氏志》未载北魏"东园"归属及其长官名称，却设有将作大匠一职，为二品官位，"东园"诸事应为其辖管。

第二节 北魏诏赐"东园秘器"历史情况

道武帝拓跋珪身边很早就聚有汉族士人，较早者有燕凤、许谦、张衮，稍后有崔玄伯等。燕凤早在昭成帝什翼犍时已"参决国事"，并与许谦"以经授献明帝"[13]，至于崔玄伯，"太祖常引问古今旧事，王者制度，治世之则。玄伯陈古人制作之礼，及明君贤臣，往代废兴

---

[4] 班固：《汉书》，卷九十三，第3734页。
[5] 范晔：《后汉书》，卷二十六，第911页。
[6] 同上书，卷十上，第424页。
[7] 同上书，卷三十九，第1310页。
[8] 同上书，卷五十四，第1785页。
[9] 同上书，卷五十八，第1883页。
[10] 同上书，卷七十八，第2521页。
[11] 房玄龄等：《晋书》，卷三十三，第989页。
[12] 同上书，卷二十四，第736页。
[13] 魏收：《魏书》，卷二十四，第610页。

之由"[14]。太祖还"曾引玄伯讲《汉书》"[15]，而《汉书》就有少府下设"东园官署"以及诏赐"东园秘器"的记载。《魏书·太祖纪》还载，登国十年（395）十一月，道武帝大破慕容宝军，"于俘虏中擢其才识者贾彝、贾闺、晁崇等，与参谋议宪章故实"[16]。随着道武帝身边汉士的增加，汉晋下设"东园官署"制作秘器并赐予臣属这一传统，亦随之进入北魏宫廷，形成定制，并历北魏而终北齐。

据记载，北朝共赐秘器四十余件，北魏诏赐三十六件，冠名"东园"者二十八件。北魏平城时期与迁洛之初所赐秘器多不加"东园"，仅称"秘器"，太和二十三年（499）以后均称"东园秘器"。据《魏书》记载，北魏诏赐秘器最早者是在明元帝永兴五年（413）赐给直意将军王洛儿的，《魏书·王洛儿》：

> 赠太尉、建平王，赐温明、秘器，载以辒辌车，使殿中卫士为之导从。[17]

其后，安成公叔孙俊于泰常元年（416）、阳平王拓跋熙于泰常六年（421）也相继获赐秘器，均未言"东园"。在北魏史料中，"东园秘器"始见于《魏书·于栗磾》，冠军将军于栗磾卒后，"赐东园秘器、朝服一具、衣一袭。赠太尉公"[18]。按于栗磾卒后"世祖甚悼惜之"，其应卒于太武帝拓跋焘执政年间，即不晚于正平二年（452），"东园"于此之前已设可基本确认。此外，我们从早于于栗磾获赐秘器的王洛

---

[14] 魏收：《魏书》，卷二十四，第621页。
[15] 同上。
[16] 魏收：《魏书》，卷二，第27页。北魏立国初年，由于战争及其他政治因素影响，拓跋氏所据代北等北方地区人口迁移活动十分频繁，规模也很大。皇始三年（398）正月"徙山东六州民吏及徒何、高丽、杂夷、三十六署百工伎巧十万余口，以充京师"。天兴元年（399）十二月，"徙六州二十二郡守宰、豪杰、吏民二千家于代都"。泰常二年（417），刘裕灭后秦后，寇赞率千余家秦雍人投奔北魏。后在晋军东撤，夏军攻入长安之际，又有数万户秦雍人迁入魏境的河南、荥阳、河内一带；泰常三年（418）起，北燕所属人口在魏军的不断袭击下也大量降附。此外，北魏还经常掳掠南朝、高车、柔然等地人口，太平真君十一年（450），迁宋淮北降民七千余户于"兖豫之南"。关于北魏早期人口流动状况可参阅葛剑雄、吴松弟、曹树基：《中国移民史》，卷二，福州：福建人民出版社，1997年，第533—580页；李兴盛：《中国流人史》，哈尔滨：黑龙江人民出版社，1996年，第125—154页。
[17] 魏收：《魏书》，卷三十四，第799—800页。
[18] 同上书，卷三十一，第736页。

儿、叔孙俊、拓跋熙的受赐物中，注意到他们受赐的秘器虽没有冠名"东园"，但都随赐"温明"，"温明"是由"东园"制作的漆面罩[19]（图10），"东园处此器，形如方漆桶，开一面，漆画之，以镜置其中，以悬尸上，大敛并盖之"[20]，江苏扬州平山养殖场一号西汉墓与江苏邗江姚庄101号西汉墓出土漆面罩即为此物[21]。"温明"起于两汉，魏晋盛行，多与秘器同赠，《汉书·霍光》："光薨，上及皇太后亲临光丧。……赐金钱、缯絮、绣被百领，衣五十箧，璧珠玑玉衣，梓宫、便房、黄肠题凑各一具，枞木外臧椁十五具。东园温明，皆如乘舆制度。"[22]

王洛儿、叔孙俊、拓跋熙受赐秘器虽未明言"东园"，但从随赐之"温明"来看，这几件秘器应出自"东园"或类似"东园"的机构，由此可以获见，"东园"在北魏的设立应不晚于永兴五年（413）。北魏在建国至迁洛之初诏赐的秘器中，之所以有的称"东园秘器"，有的仅称"秘器"，究其原因可能是诏赐之初，尚未形成定制，多直称物名而不言制作地，这一情况在后来的诏令中逐渐得到

图10　温明（漆面罩）　江苏邗江姚庄101号西汉墓出土

---

[19] 杨泓、孙机：《寻常的精致》，沈阳：辽宁教育出版社，1996年，第223—229页；孙机："温明"不是"秘器"》，《文物》1988年第3期，第94—95页；高伟、高海燕：《汉代漆面罩探源》，《东南文化》1997年第4期，第37—41页。
[20] 班固：《汉书》，卷六十八，第2949页。
[21] 扬州博物馆：《扬州平山养殖场汉墓清理简报》，《文物》1987年第1期，第26—36页；扬州博物馆：《江苏邗江姚庄101号西汉墓》，《文物》1988年第2期，第19—43页。
[22] 班固：《汉书》，卷六十八，第2948页。

规范，如车骑大将军元羽在景明二年（501）去世后就"诏给东园温明、秘器、朝服一具、衣一袭，钱六十万、布一千匹、蜡三百斤"[23]。后来在赐予穆亮、裴叔业、胡国珍、元澄、崔亮、崔光"东园秘器"的诏令中也均作此称呼。

  从现存史料来看，北魏诏赐"东园秘器"明显有规格等级，主要分为三种情况。第一种在赐予秘器同时随赐"温明"，对逝者而言，"温明"的赐予，象征极高的政治礼遇，受赠此物者往往与皇帝、太后有着十分密切的关系或者具有某种特殊的政治身份。北魏时受赐"温明"的有王洛儿、叔孙俊、拓跋熙、源贺、尉元、刘昶、王睿、元羽、穆亮、裴叔业、胡国珍、元澄和崔光，其中王洛儿曾因几次舍身救过太宗皇帝而"恩宠日隆"。王睿与文明太后关系密切，史载其"内参机密，外豫政事，爱宠日隆，朝士慑惮焉"，"出入帷幄，太后密赐珍玩缯彩，人莫能知"，而其去世后，高祖、文明太后又"亲临哀恸"[24]。胡国珍为灵太后之父，生时位望盛隆，"入决万机"。刘昶与裴叔业均为降魏的南朝上层人士，刘昶为宋文帝刘义隆第九子，于和平六年（465）逃至平城，后至洛阳，"朝廷嘉重之"；裴叔业原为南齐豫州刺史，后于景明元年（500）以寿阳降魏，深受礼遇，是北魏受赐东园"温明""秘器"诸人中身份较为特殊者。第二种情况是不赐温明，但赐"东园第一秘器"，可见"东园秘器"亦分一二等级，终北魏一朝，"东园第一秘器"只赐予过三个人，他们是元霄、于烈和元飏。第三种情况是仅赐"东园秘器"以及其他物帛，人数相对较多，据笔者收录，计约20人，等级与前两种又有所区别。

  在北魏，诸王及大臣去世后，皇帝一般都要赐予朝服、钱帛、绢布和蜡等物，以示皇恩，但在众多宗室王侯与大臣中，受赐"东园秘器"者还是很少的，终北魏一朝仅诏赐过36件，而且，"东园秘器"的受赐者生前均身居要职或具有某种特殊身份，如赵平君即为灵太后

---

[23] 魏收：《魏书》，卷二十一，第551页。
[24] 同上书，卷九十三，第1988—1990页。

之父胡国珍的继室,并借此获赐秘器。在北魏,"东园秘器"是体现受赐者身份与地位的高贵之物,主要赐给宗室成员和位望较高的大臣,那些地位不高或有谋逆之行者则不会受赐"东园秘器",他们或仅受赐帛物,或仅追赠封号,严重的还会"殓以粗棺常服"[25],葬以庶民之礼。

第三节 洛地北魏画像石葬具上的孝子画像与"东园秘器"——从元谧石棺谈起

元谧为赵郡王幹之子,生时任冠军将军、幽州刺史等职,薨逝后受赐"东园秘器",《魏书·赵郡王》:

> (元谧) 正光四年薨。给东园秘器、朝服一具、衣一袭,赗帛五百匹。高阳王雍,幹之母弟,启论谧,故超赠假侍中、征南将军、司州牧,谥曰贞景。[26]

因此,可以确定元谧石棺出自"东园",且为诏赐之"东园秘器"。1930年6月16日,元谧石棺及墓志(图11)在洛阳城西东陡沟村东北李家凹村南被盗掘出土并售往日本,后辗转至美国[27],现存明尼阿波利斯美

图11 元谧墓志 高86厘米 宽86厘米 石灰岩 现藏美国明尼阿波利斯美术馆

---
[25] 魏收:《魏书》,卷二十二,第588页。
[26] 同上书,卷二十一,第544页。
[27] 郭玉堂:《洛阳出土石刻时地记》,第37—38页。

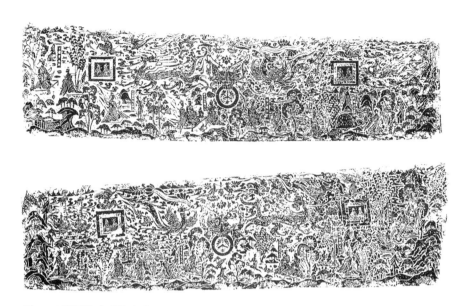

图12 元谧石棺（两帮）拓片

术馆。据奥村伊九良描述，元谧石棺还残存尚未剥落的金箔，可能为"通身隐起金饰棺"[28]。

图13 元谧石棺（头挡）拓片

元谧石棺现存前后挡与左右帮（图12）四部分，刻满精美画像，头挡正中是中亚式尖拱门（图13），门楣装饰双凤头和忍冬纹，门两侧各立一拄剑门吏，门楣正上方刻由莲花托起的摩尼宝珠，宝珠两侧各刻画一畏兽，畏兽下为莲花，空白处饰草叶、云纹及花叶纹样。后挡装饰稍简，正中为一巨大畏兽，上下描绘山林景

---

[28] 魏收：《魏书》，卷二十七，第664页。以金饰棺在此之前已有一定历史，于北魏至迟可溯至泰常八年（423），穆崇子穆观于该年暴薨后，太宗亲临哀恸，"赐以通身隐起金饰棺"，元谧石棺的制作距其已有100年的历史。

致（图14）。左右帮构图紧致繁复，均分上中下三部分，下部描绘连绵山峦，中部描绘孝子。左右两帮各有六幅，均有榜题，左帮为"孝子伯奇母赫儿""孝子伯奇耶父""孝子董笃父赎身""老莱子年受百岁哭内""母欲煞舜焉得活""孝孙弃父深山"；右帮为"丁兰事木母""韩伯余母与丈和颜""孝子郭巨赐金一釜""孝子闵子骞""眉间志妻""眉间志与父报酬"。右帮上部描绘青龙、朱雀、畏兽、流云、莲瓣；左帮上部描绘白虎、朱雀、畏兽、仙人、流云、莲瓣，此外，左右两帮还各在中间刻一衔环铺首和左右两个"窥窗"，"窥窗"中各绘两个人物，或为元谧夫妇。[29]

图14 元谧石棺（足挡）拓片

元谧石棺、墓志与文献记载的完整性，为研究洛地其他北魏画像石葬具及其上孝子画像与"东园"的联系提供了线索。北魏画像石葬具目前发现约三十多件，基本肯定出土于洛地的有十八件，除四个残件（包括三个棺盖一个足挡），相对完整的有十四件，除元谧石棺外，余均无明确主属。据笔者收录，北魏受赐"东园秘器"诸人中，除元谧外，另有八人的墓志及葬具也已出土，他们是广陵王元羽（图15）、文献公穆亮、武宣王元勰、北海王元详、司空公元晖、武庄王元融、文宣王元澄以及献武王元英[30]（表3），出土地均在洛阳邙山等

---

[29] Eugene Y. Wang, Coffins and Confucianism-The Northern Wei Sarcophagus in the Minneapolis Institue of Arts, *Orientation*, Vol.30, No.6, 1997, pp.56-64；贺西林：《北朝画像石葬具的发现与研究》，载巫鸿主编：《汉唐之间的视觉文化与物质文化》，第354—361页。
[30] 除元谧、元羽、元详外，余六位的墓志均见于赵万里：《汉魏南北朝墓志集释》，北京：科学出版社，1956年，元晖墓志在第36页，图版55；元澄墓志在第77页，图版124；元英墓志在第81页，图版133；元勰墓志在第110页，图版185；穆亮墓志在第121页，图版201；元融墓志在第382页，图版575。

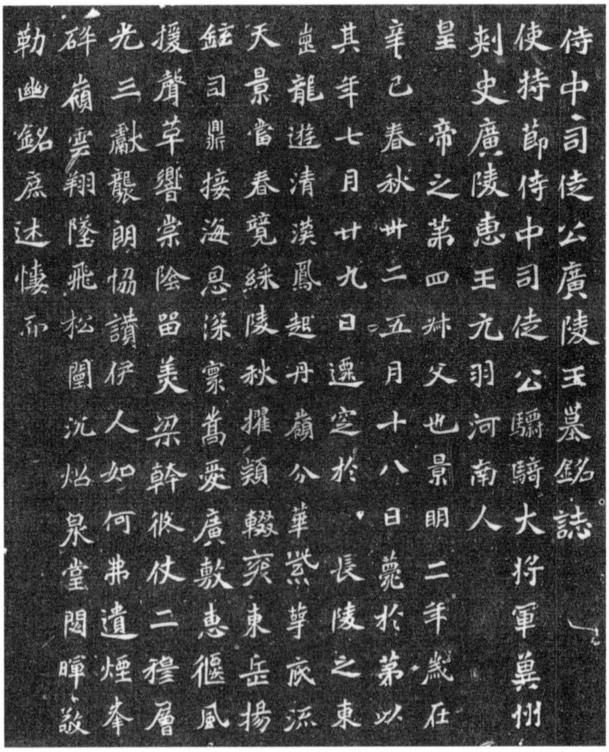

图15　元羽墓志　高55厘米　宽51.2厘米

北魏贵族葬区，符合"迁洛之人，悉可归骸邙岭"的记载。洛地所出的这些画像石葬具中，是否包含他们的秘器呢？据笔者了解，洛地画像石葬具与墓志的盗出主要是近代之事，其目的是迎合日本及某些西方国家对中国古代艺术品的购求而从中谋利，故其损毁之可能甚微，目前海内外各博物馆收藏的北魏画像石葬具中应有他们的"东园秘器"，开封市博物馆藏龙虎升仙画像棺即为其一（图16）。

该棺出土于洛阳邙山下海资村[31]，故属孝文帝长陵之域，而北海王元详墓志即于"民国九年洛阳城北十八里后海资北平冢内出土"，墓志言其葬于"长陵北山"。20世纪二三十年代，洛地曾大兴盗墓之风，而且多为单件盗出，造成大量画像棺与墓志分离或散佚，龙虎升仙棺即为这一情况。该棺头挡刻仙人驾朱雀，足挡为武士御玄武，右帮刻男子乘青龙，左帮为女子骑白虎，青龙与白虎前方各有导引羽

---

[31] 王子云：《中国古代石刻画选集》，北京：中国古典艺术出版社，1957年。

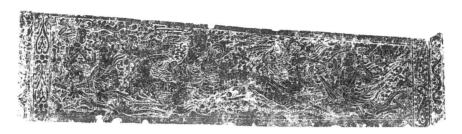

图 16　龙虎升仙石棺（部分）拓片　北魏　洛阳邙山海资村出土　开封市博物馆藏

人，后方有导护仙人，两帮下方均绘连绵山峦。与元谧石棺一样，该棺亦为减地平雕阴线刻，图像风格比较一致，规格等级与之相近，加之又为洛阳邙山"长陵之域"出土，其墓主应具较高身份。从该棺画像来看，图像刻画虽细致精美而不乏严谨法度，构图却无元谧石棺般繁复而稍显简略，图像要素亦欠丰富，元谧石棺上的畏兽、摩尼宝珠、莲花、孝子以及大量山林景致在该棺尚未出现，两帮下部虽也描绘山林，但内容单薄，而且所占画面比例很少，刻画技巧也较元谧石棺生涩许多。笔者据以推测该棺制作早于元谧石棺，应为迁洛初期"东园"制品。

另有一件画像棺现藏洛阳古代艺术馆，该棺在画像布局及主体图像上与开封博物馆藏龙虎升仙棺相同，但前挡和其他装饰图像却显示出与元谧石棺相似的趋向，其上画像雕刻之精美，与元谧石棺相比毫不逊色。该棺又称升仙石棺，于 1977 年 4 月出土于邙山上窑村[32]。与元谧石棺一样，亦为石灰岩质地，其上遍体画像，左右帮描绘羽人引龙飞升，按相同图像程序展开，龙前方均为引龙羽人，中为乘龙仙人，后为乘龙或凤的仙伎及导护仙人，前后及其他空白填饰山林景致、畏兽、流云、莲花等，与开封博物馆藏龙虎升仙棺左右帮图像程序及内容基本相同，尤其是引龙羽人的形象，几无二致。但在具体图像上，升仙石棺出现一些新变，如畏兽、摩尼宝珠等祆教与佛教内容的出现，龙后部导护仙人更加丰富而多样，山林景致所占空间比例明

---

[32] 洛阳博物馆：《洛阳北魏画像石棺》，《考古》1980 年第 3 期，第 229—241 页。

表3 北魏受赐"东园秘器"者已出土墓志辑略

名　称	时　间	尺　寸	行　文	书体	出土时地
元羽墓志	景明二年七月二十九日（501）	高55厘米 宽51.2厘米	十三行 行十五字	正书	民国七年南陈庄西第一塚内出土。
穆亮墓志	景明三年六月二十九日（502）	高65.4厘米 宽58.8厘米	二十行 行二十二字	正书	民国十四年阴历九月二十二日洛阳城东北西山岭头西南出土，有塚。夫妇志石同时出土。
元飙墓志	永平元年十一月六日（508）	高62.5厘米 宽59.5厘米	十七行 行十七字	正书	民国八年洛阳城北张羊村西一里小塚内出土。
元详墓志	永平元年十一月六日（508）	高68.6厘米 宽48.5厘米	十二行 行十六字	正书	民国九年洛阳城北十八里后海资北平塚内出土。
元英墓志	永平四年二月六日（511）	高72厘米 宽36.2厘米	存十三行 行二十三字	正书	民国二十一年洛阳北安驾沟村出土。
元澄墓志	神龟三年（520）	残	残存字五行	正书	柿园村西大塚内出土，民国二十一年六月初七日玉堂赴柿园村，以二元市得二小石，元澄志也，惜已不完。
元晖墓志	神龟三年三月十日（520）	高67厘米 宽67.8厘米	三十一行 行三十一字	正书	民国十五年阴历六月十九日洛阳城北四十里陈凹村西出土，有塚，并出陶器十余件。
元谧墓志	正光五年闰二月三日（524）	高86厘米 宽86厘米	二十行 行二十字	正书	民国十九年阴历又六月十六日洛阳城西东陡沟村东北李家凹村南出土，无塚，与妃冯氏合葬，妃志亦同时出土。
元融墓志	孝昌三年二月二十七日（527）	高83.5厘米 宽83.5厘米	三十五行 行三十六字	正书	与穆氏志同时出土，志云葬于邙山。

图 17　升仙石棺前挡

显增加,这都是开封博物馆藏龙虎升仙棺所不具备的,而较接近于元谧石棺,尤其是两者在前挡图像上的一致性。与元谧石棺前挡一样,该棺前挡中部亦绘一门(图17),朱绘,并有铺首衔环,后因雨水冲刷剥落,门两侧阴刻按剑门吏,门吏长衣冠帻,头向画面中部微倾,门上方亦刻由莲花托起的摩尼宝珠,左右刻朱雀,朱雀下踏莲花,除摩尼宝珠两侧瑞兽形象不一致外,余皆大同小异。此外,两者在龙的形象刻画上也十分一致。

据考古报告描述,该棺发现时,墓已毁,且被盗多次,除剩一棺外,余无他物,墓志于此前已被盗出。从升仙石棺出土地来看,该墓位于景陵东约十里的地方,故属"景陵东阿"之地,为北魏皇室贵族葬区,而其上精美画像及与元谧石棺在材质、内容、风格等方面的基本一致性,表明该棺墓主具有高贵身份,应为"东园秘器"无疑。

该棺后挡刻孝孙原榖画像,不同于其他石棺以武士御玄武或畏兽为后挡的做法,而且是击残的石榻围屏的一部分,可能是缘于某种特殊情况而补以现有画像石材,这一做法,折射出两个历史信息,其一,在时人的观念中,孝子画像与武士御玄武、畏兽及其他图像存在内涵及功能上的"相关性",并非如考古报告所言"与整个石棺画内容无关";其二,升仙石棺的制作地——"东园"在石榻围屏上已装饰有孝子画像,并达相当高的水平。

除元谧石棺、开封博物馆藏龙虎升仙棺、洛阳古代艺术馆藏升仙石棺外,洛地发现的其他画像石葬具由于缺乏墓志、具体出土地点等关键考古信息而难以深究,但这些画像石葬具在石材质地[33]、图像序列、刻画风格、画像题材等方面展现出与元谧石棺、龙虎升仙石棺、升仙石棺相似或相近的气象,并存在着或多或少的图像联系,这种相似性虽有繁简和图像组合的些微差异,但用偶然性显然无法解释。笔者认为,这些画像石葬具应为北魏迁洛之后各个不同时期的丧葬遗物,源出"东园"或在图像刻画上受到"东园"影响。

在这些刻画孝子的石葬具中,堪与元谧石棺媲美者唯有孝子棺。该棺刻画至为精美,法度严谨,笔迹工丽,技巧高超,应为北魏宫廷画师或"东园"良匠名手绘制并雕刻而成。孝子的刻画与六朝《孝子传》以及其他古文献的记载十分吻合,画像完全按照六朝《孝子传》中孝子的先后顺序展开,舜与董永居前,郭巨、原穀、蔡顺、王巨尉(琳)居后,画像内容与情节刻画也严格按照《孝子传》记载,榜题

---

[33] 石头由于质地坚硬,不易损坏并可长久保存的特质而自汉代以来就与永恒的观念联系在一起(Wu Hung, The Prince of Jade Revisited:The Material Symbolism of Jade as Observed in Mancheng Tombs, Rosemary E.Scott ed.*Chinese Jade: Colloquies on Art & Archaeology in Asia*,no.18,pp.147-168),并被用于墓葬之中。用石作棺起于何时已难确考,据《史记·秦本纪》,西周武王时似已出现,"周武王之伐纣,并杀恶来。是时蜚廉为纣石北方,还无所报,为坛霍太山而报,得石棺,铭曰'帝令处父不与殷乱,赐尔石棺以华氏。'"(司马迁:《史记》,北京:中华书局,1982年,第174页)目前考古发现的画像石棺年代最早是在西汉中晚期,1988年山东济宁师专汉墓曾出土数具西汉昭、宣至新莽时期的画像石棺(《汉唐之间的视觉文化与物质文化》,第343页)。北魏时期,除使用画像石棺外,还使用画像石棺床,"目前发现有明确纪年的实物中最早的是北魏太和元年(477年)的画像石棺床"(巫鸿主编:《汉唐之间的视觉文化与物质文化》,第343页)。而于文献,《晋书》记王祥疾笃,著遗令训子孙"置书箱镜奁之具,棺前但可施床榻而已"(房玄龄等:《晋书》,第989页)应为其雏形。北魏的"东园官署"制作秘器是否专用石材,由于史料缺乏,不能罔论,但从元谧石棺仿木棺来看,迁洛之后,"东园秘器"或者说北魏皇帝诏赐的"东园秘器"应主要是用石料制作的,究其原因,其一,显然与石头所具有的永恒意涵有关;其二,则是用之与当时普通庶人所用柏木寿器以示区别,彰显高贵;其三,元谧石棺既为石材,其他诸王所用秘器在材质上应与之相同,以木为材显然降低身份等级;再者,也是更有说服力的一点,如果可以用木料来制作的话,似乎也就没有必要大费周章来雕凿石料以仿木棺了。

虽简,画面描绘却一丝不苟,有的如舜、郭巨、尉等,还以"异时同构"法表现多个情节,尽可能涵盖《孝子传》的记载。该棺等级之高不在元谧石棺之下,两者虽然都表现孝子,但图像程序大相径庭,代表了两种不同的孝子画像的图像形式。元谧石棺与卢芹斋旧藏石围屏在图像布局上基本一致,均为上中下三部分,上部为流云、朱雀等瑞禽,中部于山林间描绘孝子,下部为连绵的山峦。卢芹斋旧藏石围屏亦为减地平雕阴线刻,技艺高超,图像繁复,但画像要素不如元谧石棺丰富,元谧石棺上的飞龙、畏兽、持节仙人、莲花等在该围屏上没有出现,涉及的孝子故事亦较元谧石棺为少,但在内容表现上较为细腻,没有元谧石棺的程式化倾向。孝子棺代表了另一种孝子画像形式,即在葬具上满刻山林与孝子画像,类似元谧石棺中部,较少见到青龙、朱雀、导护仙人、持节仙人、莲花、畏兽等,"宁懋"石室、升仙石棺后挡、洛阳古代艺术馆藏北魏石榻、日本和泉久保惣纪念美术馆藏石榻、日本天理参考馆藏石榻、上海博物馆藏石榻均为此种类型。

仅就"东园"中的孝子画像而言,其应源于晋代传统及南朝早期绘画风格。卒于北魏景明二年(501)的蒋少游生前曾任将作大匠,史载其"敏慧机巧,工书画,善画人物及雕刻"[34],而且曾于太和十五年(491)以副使身份出使过南齐[35],据《历代名画记》,南齐时有两位画家范怀珍与戴蜀曾画过《孝子图》,此前由晋入宋的画家谢稚也创作过《孝子图》[36],而且当时的市井坊间亦有《孝子图》流传,因此,蒋少游在出使南齐之际携回《孝子图》,并以之为稿本创作葬具图样,不失可能。除蒋少游外,当时还有郭善明、侯文和、柳俭、闵文和、郭道兴等,"并以巧思称",洛地目前所见画像石葬具上的孝子及其他画像应为以上述诸位为代表的画家与工匠所共同创作和发展而成。

---

[34]〔日〕冈村繁译注:《历代名画记译注》,第382页。
[35]〔美〕巫鸿主编:《汉唐之间的视觉文化与物质文化》,第361页。
[36]〔日〕冈村繁译注:《历代名画记译注》,第349—350页。

宋文帝第九子刘昶于和平六年（465）逃至平城，后迁洛阳。[37]景明元年（500），南齐豫州刺史裴叔业以寿阳降魏，部属亦随之迁洛。[38]景明二年（501），齐主萧宝卷之弟宝夤逃至洛阳[39]，洛阳城南"归正里"正是南方上层移民住宅区，俗称"吴人坊"，北魏后期，"洛下南人不出一万"[40]，这些迁居洛阳的南朝上层贵族应为洛阳孝子图样的另一可能来源。

第四节　其他地区出土孝子画像与"东园"之关系

除洛地画像石葬具外，大同司马金龙漆围屏、固原漆棺也刻画有孝子。

司马金龙系晋宣帝司马懿弟司马馗九世孙，为东晋宗室后裔，其父司马楚之兵反刘裕败后奔魏，成为拓跋王朝中具有特殊身份的"客"[41]，备受礼待，尚河内公主，封琅琊王，拜侍中、云中镇大将等，卒后陪葬金陵，甚获殊遇。司马金龙为司马楚之与河内公主所生，袭爵后仍为侍中、镇西大将军及云中镇大将，父子前后相袭约五十多年，司马一门甚得拓跋氏信遇由此可见一斑。

司马金龙太和八年（484）卒后，"赠大将军、司空公、冀州刺史，谥康王。赠绢一千匹"[42]。未受赐"温明"或"东园秘器"，因而该墓出土之石榻、漆围屏、武士俑、女乐俑、陶马、陶牛、陶骆驼等不是诏赐之物。但从该墓墓砖横端有"琅琊王司马金龙墓寿砖"[43]阳文铭记来看，包括50000余块墓砖在内的墓中葬品应是由专事制造葬具

---

[37] 魏收：《魏书》，卷五十九，第1307页。
[38] 同上书，卷七十一，第1567页。
[39] 同上书，卷五十九，第1313页。
[40] 姚思廉：《梁书》，卷三十二，第463页。
[41] 康乐：《北魏的司马金龙墓》，《历史月刊》1989年第13期，第119—123页。
[42] 魏收：《魏书》，卷三十七，第857页。
[43] 山西省大同市博物馆、山西省文物工作委员会：《山西大同石家寨北魏司马金龙墓》，《文物》1972年第3期，第21页。

的机构为其特制，而司马金龙的墓葬等级、葬品数量与制作水平，表明这一机构具有较高规格，是一处专为皇家或贵族服务的地方，考察现存北魏史料，笔者判断应为"东园"。

据考古报告，司马金龙墓出土木板漆画每块长约0.8米，宽约0.2米[44]，并发现有四个石雕柱础，其中一个位于石榻上，其他三个散落地上，此外，榻上还发现有木栏等构件，综合上述考古信息，墓中刻画孝子列女的木板漆画应是"东园"为司马金龙制作的石榻上的围屏，之所以发现时"放置在后室东部棺床的前面"，可能是该墓早期被盗所致。漆围屏板面遍髹红漆，题记与榜题处涂黄色，上面墨书黑字，这与固原所出漆棺在装饰手法上如出一辙，与洛地出土石棺、石榻、石室上刻画孝子并加榜题这一做法也比较接近，但图像排布形式与洛地石榻围屏存在较大差异。

司马金龙是司马楚之奔北后与河内公主所生，墓中浓厚的北族文化色彩反映出迁洛之前整个北魏社会中鲜卑民族意识的主导性，也在一定程度上掩盖了墓主的文化倾向。这件以汉代刘向《孝子传》《列女传》为表现内容的漆围屏的出现十分突兀，与整个墓葬环境中的北族文化色彩显得并不协调，而且，这种纯然汉文化风格的漆围屏在目前发现的北魏平城时期的拓跋贵族墓葬中也是很少见的，它的出现应与司马金龙对汉地儒家文化的了解有关。司马金龙虽生长于代北，但其父司马楚之降魏之前为东晋宗室，作为皇室后裔，自小接受儒家文化教育，《孝经》自西汉起即为儿童蒙学读本，东汉时更越过《论语》位于蒙训之首，魏晋时"以孝治天下"，孝道备受尊崇，司马金龙在其父影响下了解甚至学习《孝经》深具可能，而其后代亦可能受到影响。该围屏可能是在墓主或丧家授意下由"东园"制作，如此授意之原因，或与汉代以来孝子等至行之人所代表的丧葬思想观念的变化有关。

---

[44] 山西省大同市博物馆、山西省文物工作委员会：《山西大同石家寨北魏司马金龙墓》，《文物》1972年第3期，第25页。

固原漆棺所绘孝子均着鲜卑装束，与迁洛之后着新服的时风大相违背，太和十九年（495）"六月己亥，诏不得以北俗之语言于朝廷，若有违者，免所居官"[45]。可见当时拓跋王朝对违背汉化改革的惩处极为严厉，而"东园"又是宫廷下设机构，直接秉承和反映上意，故该漆棺极少可能是由迁洛之后的"东园"制作或与之有关。另据夏鼐和孙机研究，该墓出土一枚波斯银币为萨珊波斯卑路斯B式[46]，年代在太安三年（457）至太和七年（483），因此，该漆棺年代上限应不早于太安三年，下限则不晚于太和十八年（494）[47]。

太延二年（436），北魏在固原置高平镇，是当时著名的军镇之一。该墓在形制及陪葬器物上之规格及数量远较司马金龙墓为低，其墓主身份应不高于司马金龙，可能为高平镇首领或当地鲜卑贵族。固原漆棺大面积贴饰金箔并用泥金描绘、遍体施彩的作风与文献中对"东园画棺""东园朱寿之器""东园画梓寿器"的记载十分接近[48]，其于菱形忍冬纹中描绘龙兽的形式又与西汉温明上的图像相近，在制作及图像描绘上明显受到汉族文化传统的影响。虽然北魏在建国初年已有"东园秘器"和"温明"诏赐，至太和十八年（494）前已外赐数件，但由于目前北魏早期高级贵族墓葬发现较少，文明太后方山永固陵漆棺仅剩漆皮，司马金龙石榻上虽有柏木棺遗迹，但已朽毁，尚无确凿证据表明该棺为"东园秘器"。不过该漆棺可能代表了平城中晚期代北造棺一般画像的样式[49]，并被迁洛后的"东园"部分继承，如该棺上多种文化因素的组合方式在洛地发现的石葬具上颇为普遍，而其上开"窥窗"描绘墓主夫妇像的做法在元谧石棺上亦有表现。

"东园"在北魏迁洛之后吸收晋代传统及南朝早期绘画风格，同

---

[45] 魏收：《魏书》，卷七，第177页。
[46] 孙机：《固原北魏漆棺画研究》，《文物》1989年第9期，第41页。
[47] 宁夏固原博物馆编《固原北魏墓漆棺画》（银川：宁夏人民出版社，1988年）以太和十年开始的新服制改革为依据，认为该棺确切年代在太和十年（486）左右，参见该书第15页。
[48] 范晔：《后汉书》，志第六，第3141—3142页。
[49] 从目前有限的资料来看，平城时期的"东园秘器"是否形成样式性的规制尚无法完全确认，但可约略推知几点基本的制作特点，其一是秘器前高宽后低窄的形式，这是平城时期葬具的一般做法，"东园"应不为例外；其二是表面髹漆"表里洞赤"的画棺做法；其三是以鲜卑文化为主导，融合汉及其他多民族文化的图像装饰手法。

时融汇吸纳部分佛教与祆教内容,在平城"东园"基础上发展出具有北魏多样文化特点的葬具图像,该图像汇聚多种文化因素,其中既有汉晋传统中的升仙题材如羽人引龙、导护仙人、四神纹等,也有儒家的孝子、佛教的摩尼宝珠、莲花、祆教的畏兽等。在众多画像题材中,孝子仅为其中一部分,它或者相对独立,或者与其他画像结合,形成两种不同的图像组合形式,一种为上中下三段式布局,上部为流云、青龙、朱雀、畏兽及仙人等,中部于山林间描绘孝子,下部为连绵的远山,元谧石棺与卢芹斋旧藏石围屏为其代表;另一种是在葬具上满刻山林与孝子,类似元谧石棺中部,较少见到青龙、朱雀、导护仙人、持节仙人、莲花、畏兽等其他图像,可以认为是一种专门表现孝子的图像,孝子棺、"宁懋"石室、升仙石棺后挡、洛阳古代艺术馆藏北魏石榻、日本和泉久保惣纪念美术馆藏石榻、日本天理参考馆藏石榻均为此种类型。

第三章 图像重组与主题再造——『宁懋』石室再研究

长期以来,"宁懋"石室[1]一直是中国北朝美术史上的"经典作品",尤其对于北魏墓葬艺术的研究而言,意义非比寻常。但由于"宁懋"石室非经科学发掘出土,早期著录又十分简略,以至学界虽经长期研究[2],但在一些关键问题,尤其是石室的功能,仍未达成共识。郭玉堂最初著录"宁懋"石室时,称之"石制阴宅",赵万里后又称之石椁,显然意指葬具。[3]"宁懋"石室流失海外后,甚为学界见重,20世纪40年代初,富田幸次郎在对"宁懋"石室的研究中,界定为祠堂(Hall of sacrifice)[4],此说在西方学界影响广泛,并一度占据主导地位。近年来,伴随着北魏宋绍祖墓、北魏智家堡墓、北齐库狄廻洛墓、北齐青州傅家石刻、北周史君墓、隋代虞弘墓屋形葬具的陆续发现,主张"宁懋"石室为葬具的看法优势明显。巫鸿在对北朝墓葬材料的反思中,特别注意到"宁懋"石室的功能,并改变其初衷,改定"宁懋"石室应为葬具而非祠堂[5],但其据以认定"宁懋"石室为葬具的理由却遭到林圣智质疑,林圣智研究认为,"宁懋"石室"原来并不是地下墓室中的葬具,而是作为地上的建筑,也就是祠堂"[6],并且"为现今唯一仅存的南北朝祠堂遗物"[7]。对于"宁懋"石室的研究而言,其究竟是祠堂还是葬具,无疑是极为关键的问题,石室功能不同,图像性质亦迥然相异。笔者在对北魏石刻画像的研究中,发现"宁懋"石室、墓志、画像及主属之间存在若干疑点,更有部分矛盾之处迄今未为学界触及。

---

[1] 据郭玉堂《洛阳出土石刻时地记》(洛阳:大华书报供应社,1941年,第35页),"宁懋"石室于1931年2月20日出土于洛阳故城北半坡,后流失海外,现为美国波士顿艺术博物馆藏品。
[2] 郭建邦:《北魏宁懋石室线刻画》;郭建邦:《北魏的宁懋石室和墓志》,《文物参考资料》1980年第2期,第33—40页;林圣智:《北魏宁懋石室的图像与功能》,《美术史研究集刊》2005年第18期,第1—74页。
[3] 郭玉堂:《洛阳出土石刻时地记》,第35页;赵万里:《汉魏南北朝墓志集释》,第262页。
[4] Kojiro Tomita, A Chinese Sacrifical Stone House of the Sixth Century A.D, *Bullentin of the Museum of Fine Arts*, 1942,Vol.XL,No.242, p.98.
[5] Wu Hung, A case of Cultural Interaction: House-shaped Sarcophagi of the Northern Dynasties, *Orientations*, 2002, Vol.33, No.5, pp.34-41.
[6] 林圣智:《北魏宁懋石室的图像与功能》,《美术史研究集刊》2005年第18期,第20页。
[7] 同上书,第54页。

第一节 主属:"宁懋"石室质疑

郭玉堂《洛阳出土石刻时地记》是著录"宁懋"石室及其墓志的最早文本,也是学界将"宁懋"石室与宁懋墓志彼此联系之重要依据。20世纪40年代初,郭玉堂承马叔平、王宏先、徐森玉[8]指示,"遍走亩丘,登涉冈垅",探访洛地石刻出土经过,著成《洛阳出土石刻时地记》,收录数件洛地出土与流失的北魏画像石刻,"宁懋"石室录于"魏横野将军甄官主簿宁懋墓志"中,原文如下:

> 魏横野将军甄官主簿宁懋墓志,孝昌三年十二月十四日,民国二十年二月二十日洛阳故城北半坡出土,无塚,同时出石质阴宅,宅门上刻孝子宁万寿孝子宁双寿,壁上刻有《丁兰事母图》、《舜从东家井中出去时图》、《董永看父助图》、《董宴母供王寄母语时图》,室顶似今人房式。初出价六百元,某客又以七千元市得,售之国外,得二万元。元谧志石亦与此器同时出国。[9]

美国波士顿艺术博物馆藏"宁懋"石室正是郭玉堂著录之"石质阴宅"(图18),并且,郭氏著录此器时,石室之上已有"孝子宁万寿孝子弟宁双寿造"刻铭。

宁懋墓志长42厘米,宽41厘米(图19),以正书书写,墓志内容为:

> 魏故横野将军甄官主簿宁君墓志。君讳懋,字阿念,济阴人也。其先五世属延,秦汉之际,英豪竞起,遂□离邦,

---

[8] 徐森玉(1888—1971),名鸿宝,浙江吴兴人,曾就读白鹿洞书院,1900年入山西大学堂。新中国成立前,历任清史馆纂修、北京大学图书馆馆长、西北科学考察团常务理事、中央博物院理事、故宫博物院古物馆馆长等。新中国成立后,历任华东军政委员会文化部文物处处长、国务院古籍整理三人领导小组成员、上海博物馆馆长等职。
[9] 郭玉堂:《洛阳出土石刻时地记》,第35页。

图18 "宁懋"石室　美国波士顿艺术博物馆藏

图19 "宁懋"墓志拓片

遥寓西凉。既至魏皇，祐之遐方□外。父兴，以西域卒陋，心恋本乡，有意东迁，即便还国，居在恒代，定隆洪业。君志性澄净，湛若水□，少习三坟，长崇（五）典，孔氏百家，睹而尤练。年卅五蒙获起部曹□事郎，在任□恭，朝野祗肃。至太和十三年，圣上珍德，转补山陵军将，抚篡恤民，威而不狙，□食惠下，梨庶择心。至太和十七年，高祖孝（文）迁都中京，定鼎伊洛，营构台殿，以康永杞。复简使右，营戍极军。主官房既就，□除横野将军。天不报善，□此□。春秋册有八，景明二年，遇疾如丧。妻荥阳□女，太武皇时，蒙授服常侍，郑□女遗姬以去。孝昌三年正月六日丧，以今年十二月十五日葬于北芒□和乡，刊石立铭，以述景□。[10]

据墓志记载，宁懋[11]原籍山东济阴，先祖于秦汉之际"遥寓西凉"，北魏时期，父宁兴"以西域卒陋，心恋本乡"，还居代北，太和十七年（493）迁居洛阳，宣武帝景明二年（501），遇疾而丧。宁懋妻荥阳郑氏卒于孝明帝孝昌三年（527）正月六日，是年十二月十五日与宁懋合葬北邙。史料未见宁懋传记，但宁懋墓志所述年代、官爵、事件等并无作伪痕迹。另据墓志表述，宁懋历任起部曹□事郎、山陵军将、横野将军、甄官主薄，属北魏低级官吏。据研究，北魏"四品以及四品以下官员的墓志，外形尺寸多在边长0.50米以下，应该是小于二尺，属于一尺八寸的等级。而且越是官品低下的尺寸越小"[12]，宁懋墓志规格于此有明显反映。美国明尼阿波利斯美术馆藏元谧石棺为北魏散骑常侍、太子中庶子、冠军将军、幽州刺史元谧葬具，元谧

---

[10] 郭建邦：《北魏宁懋石室和墓志》，《文物参考资料》1980年第2期，第39页。赵超：《汉魏南北朝墓志类编》，天津：天津古籍出版社，1992年，第213页。胡顺利认为郭建邦所录"宁懋"墓志中之"太武皇时"应为"宣武皇时"，见胡顺利：《北魏宁懋墓志释补》，《中原文物》1981年第1期，第59页，郭建邦则认为"太"字无疑，见郭建邦：《北魏宁懋墓志再释——答胡顺利同志》，《中原文物》1981年第2期，第62页。
[11] 赵万里曾将"宁懋"释为"宁想"，见赵万里：《汉魏南北朝墓志集释》，第262页。曹汛亦持此见，并有进一步阐发，见曹汛：《北魏宁想石室新考订》，载王贵祥：《中国建筑史论汇刊》第4辑，北京：清华大学出版社，2011年，第77—125页。
[12] 赵超：《试谈北魏墓志的等级制度》，《中原文物》2002年第1期，第62页。

身份显贵，其随棺墓志高86厘米，宽86厘米，而宁懋墓志约为元谧墓志1/2，尺寸差异尽显悬殊身份。相比元谧墓志的工细严谨，宁懋墓志则较为粗率随意，虽然"北朝丧乱之余，书迹鄙陋，加以专辄造字，猥拙甚于江南"[13]，然而，正如邢义田所指，虽然宁懋夫妇墓志书风显得较为率意，但仍存法度，其上明显可见与元谧墓志相同的格线，文字雕琢有章法可循，且颇具古风，显非后世所为。尽管如此，但这并不能佐证"宁懋"石室为宁懋之物。

首先，著录宁懋墓志与石室出土状况的《洛阳出土石刻时地记》不足征信。据郭玉堂自述，《洛阳出土石刻时地记》著录之材料系其"往来南北宏达之士，询以洛阳石刻出土端委"[14]而来，有的甚至"询及童妇"[15]。据郭建邦研究，"在石室和墓志被盗往国外之前，洛阳郭玉堂先生闻讯后，立即赶到洛阳车站，经过洽商，乘列车尚未发车的短暂时机，对全部石刻画像进行了捶拓，幸得完整拓本一份"[16]，"并对宁懋石室和墓的盗掘情况作了采访"[17]，《洛阳出土石刻时地记》"魏横野将军甄官主簿宁懋墓志"中"同时出石质阴宅"等相关记载，实为访求得之，不足为信。

其次，"宁懋"石室外部后壁右方刻一冠饰貂尾人物（图20）。据文献记载，冠饰貂尾始于赵武灵王，"赵武灵王效胡服，以金珰饰首，前插貂尾，为贵职。秦灭赵，以其君冠赐近臣"[18]，"此是大臣著貂之始"[19]。汉晋时期，"侍中、常侍则加金珰，附蝉为饰，插以貂毛，黄金为竿，侍中插左，常侍插右"[20]。"宁懋"石室饰貂人物之貂尾插于冠右，故此人应为常侍一类的官员。道武帝拓跋珪身边很早就聚有燕凤、许谦、张衮、崔玄伯等汉族士人，他们不仅被太祖"引问古

---

[13] 王利器：《颜氏家训集解》，卷七，北京：中华书局，1993年，第575页。
[14] 郭玉堂：《洛阳出土石刻时地记》，序一。
[15] 同上。
[16] 郭建邦：《北魏宁懋石室和墓志》，《河南文博通讯》1980年第2期，第33页。
[17] 同上。
[18] 范晔：《后汉书》，志第三十，舆服下，第3668页。
[19] 叶贵良：《莫高窟220窟〈帝王图〉"貂尾"大臣非中书令、亦非右散骑常侍》，《敦煌学辑刊》2001年第1期，第23页。
[20] 房玄龄等：《晋书》，卷二十五，志十五舆服，第768页。

图 20 "宁懋"石室外部后壁人物画像（线摹） 邹清泉 绘

今旧事，王者制度，治世之则"[21]，还"参决国事"，以至代魏制度多有沿袭汉制者。道武帝拓跋珪天兴元年（398）十二月，"置八部大夫、散骑常侍、待诏等官。其八部大夫于皇城四方四维面置一人，以拟八座，谓之八国。常侍、待诏侍值左右，出入王命"[22]。由是观之，北魏时期的常侍是极为尊贵的职衔。北齐东安王娄睿墓与

图 21 属吏（壁画） 北齐武平元年（570） 山西太原王郭村娄睿墓

《维摩变·帝王问疾图》均见有冠饰貂尾人物（图 21），更证此职身份显贵。黄明兰认为"所有三个画像都描绘了宁懋，叙述了从他精力

---

[21] 魏收：《魏书》，卷二十四，列传第十二崔玄伯，第 621 页。
[22] 同上书，卷一百一十三，官氏志，第 2972 页。

充沛的年轻时代到最后精神觉悟的一生"[23]，显然不确，宁懋一生，历官起部曹□事郎、山陵军将、横野将军、甄官主薄，均为较低职衔，"宁懋"石室外部后壁之貂尾人物表现的显然并非宁懋。

再次，宁懋墓志与"宁懋"石室遍体呈现斑驳痕迹，这在拓片上显现的更为明显，尤其是石室前部左侧石板的自然性裂痕，显示其曝于野外已有经年，这与元谧石棺、元谧墓志、孝子棺等长年埋于地下所呈现的外观迥然不同，因此，郭玉堂《洛阳出土石刻时地记》中所谓"洛阳故城北半坡出土，无塚，同时出石质阴宅"之记载很可怀疑。

第二节 "宁懋"石室画像的题材与程序

"宁懋"石室为悬山顶屋形建筑，分屋顶、围板、台基三部分，通高1.38米，宽2米，进深0.97米，内外阴线刻八幅画像。石室正面左右两侧各有一方石板，对称刻武士像，右侧武士右方竖刻"孝子宁万寿"，左侧武士左方竖刻"孝子弟宁双寿造"铭记。左右山墙外壁刻孝子画像，左侧山墙外壁刻"丁兰事木母"和"舜从东家井中出去时"，右侧山墙外壁刻"董永看父助时"和"董晏母供王寄母语时"。石室外部后壁刻画三组人物，每组均由一男一女组成。石室内部正壁中部为宽约50～60厘米的不规则凹陷型空白，左右为《庖厨图》。石室内部左壁刻《牛车图》，右壁刻《鞍马图》。

"宁懋"石室外壁画像程序从前壁《武士图》开始，绕至左右壁《孝子图》，再至后壁人物画像。前壁《武士图》分刻入口两侧左右石板（图22），身着铠甲，相向而立，其中，左侧武士像高0.85米，宽0.47米，高鼻长脸，短胡猥张，左手持盾，右手执戟；右侧武士像高0.94米，宽0.47米，形象同于左侧武士，左手执剑，右手持盾。魏

---

[23] 黄明兰：《洛阳北魏世俗石刻线刻画》，北京：人民美术出版社，1987年。〔美〕巫鸿：《黄泉下的美术——宏观中国古代墓葬》，施杰译，北京：三联书店，2010年，第184—185页。

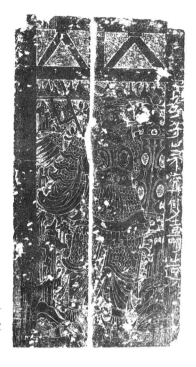

图22 "孝子宁万寿""孝子弟宁双寿造"刻铭

晋以降,《武士图》逐渐普及,北魏时表现广泛,洛阳老城北正光六年(525)清河文献王元怿墓甬道两壁各绘两位武士,升仙石棺前挡与元谧石棺前挡亦见类似形象,这种状似"金刚力士"的武士形象刻画于"宁懋"石室入口,意指其护卫之建筑空间具有不可侵犯的礼仪性质。

石室左山墙外壁与右山墙外壁刻孝子画像,左山墙外壁刻"丁兰事木母"和"舜从东家井中出去时",幅高1.18米,宽0.79米。《太平御览·逸人传》:"丁兰者,河内人也,少丧考妣,不及供养,乃刻木为人,仿佛亲形,事之若生,朝夕定省。"[24] "宁懋"石室左山墙外壁上部丁兰画像于一院落中展开(图23),画面中间倚树而坐者为木母,其前方站立二人,靠右者手执食盘,为丁兰夫妇正在侍奉,三人中间下方榜题"丁兰事木母",画像左侧树林中,一人席地而坐,地上有食盘、杯盏与瓶,应为丁兰正为母准备饭食。元谧石棺丁兰画像

---

[24] 李昉:《太平御览》,卷四一三,人事部五四孝中,第1909页。

图23 "宁懋"石室左侧山墙外壁画像（线摹）
邹清泉 绘

图24 "丁兰事木母"元谧石棺右帮（线摹）
邹清泉 绘

（图24）与卢芹斋旧藏石围屏丁兰画像基本相同，均为母坐榻上，丁兰跪地侍奉，不同的是，后者床榻四周有围帐。洛阳古代艺术馆藏石榻丁兰画像画两人相视对坐于榻上，中间有榜无题。纽约石榻[25]丁兰画像榜题"丁兰侍木母食时"，表现丁兰与妻儿共同奉侍母亲，与汉代传统有所不同，与北魏丁兰画像亦有出入。堪萨斯纳尔逊·阿特肯斯艺术博物馆藏石榻第三石与第四石各有一幅表现奉侍的画像，其中，第四石与纽约石榻丁兰画像略同，长广敏雄判为养母图，第三石较为暧昧，长广氏认为含义不明。追溯汉代以来的丁兰画像，此二图表现的或许正是孝子丁兰。值得注意的是，北魏丁兰画像虽然继续以"事木母"为表现主题，但从木母的形象表现观察，其似乎具有生命的活性，宛若生人。

尽管司马迁《史记》对舜的描述"不仅缺乏一贯性，且有不少暧昧或相互矛盾处"[26]，但文中对焚廪、填井等舜孝迹的记载表明，在司马迁生活的时代，舜已不仅是远古时代的帝王，还是"不失子道"的孝子，《史记·五帝本纪》：

---

[25] 美国纽约于2004年3月举行的"Ritual objects and Early Buddhist Art"展览中，有一方石榻，但来源不明，故称纽约石榻。
[26]〔日〕伊藤清司：《神与神话》，台北：联经出版公司，1988年，第271页。

舜，冀州之人也。舜耕历山，渔雷泽，陶河滨，作什器于寿丘，就时于负夏。舜父瞽叟顽，母嚚，弟象傲，皆欲杀舜。舜顺适不失子道，兄弟孝慈。欲杀，不可得；即求，尝在侧。……瞽叟尚复欲杀之，使舜上涂廪，瞽叟从下纵火焚廪。舜乃以两笠自扞而下，去，得不死。后瞽叟又使舜穿井，舜穿井为匿空旁出。舜既入深，瞽叟与象共下土实井，舜从匿空出，去。瞽叟、象喜，以舜为已死。象曰："本谋者象。"象与其父母分，于是曰："舜妻尧二女，与琴，象取之。牛羊仓廪予父母。"象乃止舜宫居，鼓其琴。舜往见之。象鄂不怿，曰："我思舜正郁陶！"舜曰："然，尔其庶矣！"舜复事瞽叟爱弟弥谨。[27]

北魏时期，舜画像在题材上延续汉晋传统，但内容与形式则较前代明显丰富，并出现前代孝子画像未曾出现的内容。画像主要涉及"焚廪""填井""卖蒿""市上相见"等情节，尤以"焚廪"和"填井"最为常见。"宁懋"石室丁兰画像下方"舜从东家井中出去时"表现的正是"舜既入深，瞽叟与象共下土实井，舜从匿空出"情节，画面右侧有一人正从井中探身而出，应为舜，身旁榜题"舜从东家井中出去时"，右侧屋中刻画一人，可能为舜后母，画面左部刻有四个人物，最左边二人，应为舜父瞽叟和弟象正在"共下土实井"。司马金龙漆围屏、元谧石棺、孝子棺以及卢芹斋旧藏石围屏也刻画有舜，除元谧石棺，其余均表现有"填井"一节。孝子棺舜图像描绘"填井"及舜与二妃两个情节（图25），画面左侧为填井场面，右侧为舜与二妃，图像布局与司马金龙漆围屏舜图像相近。卢芹斋石围屏上的舜位于第三石，右一幅表现的是舜入井后的情节，井口围有两人正在向下俯视，为舜父瞽叟和弟象，井口上题"舜子入井时"，中一幅刻画三个人物，左侧二人拱手而坐，一人跪于他们前方，中间榜题"舜子谢父

---

[27] 司马迁：《史记》，卷一，五帝本纪第一，第32—34页。

图25 "子舜"（线刻画像） 孝子棺左帮

母不死"，跪者为舜，拱手坐者为其父母。元谧石棺舜画像位于左帮老莱子与孝孙之间，图像没有表现填井、焚廪等典型情节，仅刻画两个对坐人物，榜题"母欲煞舜焉得活"，与司马金龙漆围屏、孝子棺、卢芹斋旧藏石围屏以及"宁懋"石室富于情节性的舜画像相比，明显属于两个不同的表现范式。

图26 "宁懋"石室右侧山墙外壁画像（线摹） 邹清泉 绘

右山墙外壁为"董永看父助时"和"董晏母供王寄母语时"（图26），幅高1.18米，宽0.8米。现存汉代董永画像，主要表现董永"以鹿车推父至于畔上"情景，北魏孝子画像延续这一传统，但在内容与形式上出现新变，如"鹿车"改为双轮车、山林背景复杂化、织女形象也开始出现。《太平御览·孝子传》：

> 前汉董永，千乘人。少失母，独养父，父亡无以葬，乃从人贷钱一万，永谓钱主曰："后若无钱还君，当以身作奴。"主甚愍之。永得钱葬父毕，将往为奴，于路忽逢一妇人，求为永妻。永曰："今贫若是，身复为奴，何敢屈夫人之为妻。"妇人曰："愿为君妇，不耻贫贱。"永遂将妇人至钱主，曰："本言一人，今何有二？"永曰："言一得二，理何乖乎！"主问永妻曰："何能？"妻曰："能织耳。"主曰："为我织千定绢，即放尔夫妻。"于是索丝，十日之内千定绢足。主惊，遂放夫妇二人而去。行至本相逢之处，乃谓永曰："我是天之织女，感君至孝，天使我偿之。今君事了，不得多停。"语讫，云雾四垂，忽飞而去。[28]

"宁懋"石室董永画像位于左侧山墙外壁上部，画幅以一树分为左右两个部分，左侧描绘一拄杖老者坐于双轮车内，董永随侍车旁，右侧描绘一老一少正在田间劳作，老者旁题"董永看父助时"，画像表现的正是敦煌本《孝子传》载其"至于农月，永以鹿车推父至于畔上，供养如故"[29]这一内容。上海博物馆藏石榻董永画像榜题与之仅"董"与"东"之差，为"东永看父助时"。孝子棺董永画像亦由中间一树分成左右两个部分，左侧亦描绘"董永看父助时"，布局大致同于"宁懋"石室，右侧描绘董永遇仙场面，织女衣带飘然立于正在锄地的董永面前（图27），与该棺"舜与二妃"略同，卢芹斋旧藏石围屏第三石左侧刻一幅董永画像，榜题"孝子董永与父独居"，但刻画的仍然是"永以鹿车推父至于畔上"。纽约石榻董永画像亦为"董永看父助时"，图像格局相比前几者并无特别迥异。堪萨斯纳尔逊·阿

---

[28] 李昉：《太平御览》，卷四一一、人事部五二孝感，第1899页。
[29] 王重民等：《敦煌变文集》，卷八、孝子传，第904页。

图27 "子董永"（线刻画像） 孝子棺右帮

特肯斯艺术博物馆藏石榻董永画像共有两幅画面，各有殊异之处，一幅表现"董永看父助时"，左侧董永与右侧永父之间增加一个女性形象，她贴近永父，右手擎起，似乎正在照顾永父；另一幅表现屋内纺织，画面中部舍内，一女子正坐于织机旁纺布，右侧一男子手捧布匹向屋外走去，尽管有榜无题，仍可辨明刻画的是"于是索丝，十日之内千定绢足"的织女纺布情景，是迄今所见汉代以来董永画像变化较大的两幅。

在北魏孝子画像中，董晏的刻画不及舜、郭巨、董永等普遍，"宁懋"石室右侧山墙外壁刻画有一幅，位于董永下方，描绘的是董晏与王寄二人之母正在交谈的情景，以间接方式表现了孝子董晏。敦煌本《孝子传》：

> 董晏，字孝理，会越州勾章人也。少失其父，独养老母恭甚敬，每得甘果美味，驰走献母，母常肥悦。比邻有王寄者，其家剧富。寄为人不孝，每于外行恶，母常忧怀，形容羸瘦。寄母谓晏母曰："夫人家贫年高，有何供养，恒常肥悦如是？"母曰："我子孝顺，是故示也。"晏母后语寄母曰："夫人家富，美膳丰饶，何以羸瘦？"寄母答曰："故瘦尔。"寄后闻之，乃杀三牲，致于母前，跋刀胁抑令喫之。专伺候

董晏出外，直入晏家，令他母下母床，苦辱而去。晏寻知之，即欲报怨，恐母忧愁，嘿然含爱。及母寿终，葬送已讫，乃斩其头持祭于母。自缚诣官。会赦得免。[30]

此外，亦见有表现文献所提王寄者，王寄画像见于美国堪萨斯纳尔逊·阿特肯斯艺术博物馆藏线刻画像以及纽约石榻，堪萨斯纳尔逊·阿特肯斯艺术博物馆藏线刻画像共有十幅，刻画王寄、郭巨、原縠、老莱子、蔡顺、申明、董永等，其中，仅王寄画像刻有"不孝王寄"榜题，纽约石榻则刻"此是王寄日用三生母食时"，王寄"为人不孝，每于外行恶，母常忧怀，形容羸瘦"，后为孝子董晏"斩其头持祭于母"，堪萨斯纳尔逊·阿特肯斯艺术博物馆藏线刻画像与纽约石榻特所标示"不孝王寄""此是王寄日用三生母食时"，或有对比衬托之意。

石室外部后壁人物立像是石室画像中内涵最为隐晦的图像。画面高0.9米，宽1.82米，以线刻建筑廊柱分为三组。关于这组画像，富田幸次郎认为是圣贤或历史人物[31]，郭建邦认为是宁懋夫妇画像，"从面容看，右侧画像年岁较轻，有须没胡。左侧画像年岁居中，有胡有须，帽顶中央细绳系着流苏。中间画像年岁较高，胡须较浓"[32]。宁懋之妻"年岁同为右侧较轻，左侧居中，中间较老"[33]。观察其画像格局，男性与女性肖像明显身份有别，从着装、发髻、体量以及组合关系等方面考量，三个女性形象均应为侍女，有研究者认为其应为玉女，"服侍着主人去往彼岸的世界"[34]，黄明兰认为三个画像表现了死者由生到死的转化过程[35]。巫鸿也认为这三组人物象征着宁懋的一生，

---

[30] 王重民等：《敦煌变文集》，卷八，孝子传，第904—905页。
[31] Kojiro Tomita.A Chinese Sacrifical Stone House of the Sixth Century A.D, *Bullentin of the Museum of Fine Arts*, 1942,Vol.XL,No.242, pp.9-110.
[32] 郭建邦：《北魏宁懋石室和墓志》，《河南文博通讯》1980年第2期，第38—39页。
[33] 同上书，第39页。
[34] 郑岩：《魏晋南北朝壁画墓研究》，北京：文物出版社，2002年，第225页。
[35] Wu Hung, *Monumentality in Early Chinese Art and Architecture*, Stanford California, Stanford University Press, 1995, pp.262-264. 黄明兰：《洛阳北魏世俗石刻线画集》，第121页。

并指出中央背对观者的人物似乎正要步入位于画面另一端的死后世界。[36]

笔者认为,这三组人物画像从任何角度而言都不可能是宁懋或宁懋夫妇,宁懋墓志记载宁懋系与其妻荥阳郑氏合葬,而画像中并无荥阳郑氏的形象,而且,按北魏墓葬礼制,墓主夫妇画像一般同绘于正壁,通例表现是以正面姿态坐于榻上,而这三组人物却刻画于石室外部后壁,人物亦均呈侧面或背面形象。林圣智认为宁懋石室中的"人物立像并非承袭表现墓主画像传统,而是采用了北魏时期表现奉养人物的模式"[37],但这一模式在北魏似乎并无先例,即使确如林圣智所言,那画像中饰貂人物则更加确证此"宁懋"石室非彼宁懋石室。

石室内部画像程序由左壁《牛车图》与右壁《鞍马图》同时展开,并呈向正壁围拢之势。正壁中部为不规则凹陷型空白,两侧刻画《庖厨图》(图28),巫鸿认为这一空白之处原来可能有"宁懋"夫妇画

图28 "宁懋"石室内部后壁画像

---

[36] Wu Hung, *Monumentality in Early Chinese Art and Architecture*, Stanford California, Stanford University Press, 1995, p.262.
[37] 林圣智:《北魏宁懋石室的图像与功能》,《美术史研究集刊》2005年第18期,第43页。

像或者是被作为"宁懋"夫妇魂神的"位"[38]，这显然是一个创造性的解释，林圣智则提出另外一种可能性，即"这块空白之前原来安置有用来凭依魂神的祭祀对象。这块空白之所以没有刻意磨平，可能是因为位在祭祀对象的背后，本身并非直接作为礼拜的视觉焦点"[39]。左侧《庖厨图》上部绘茂林远岫，左右各有屋舍一间，舍间丛树之中有一井，二人正在汲水，远望又可见远山与飞鸿。中下部为庭院，帷幔四蔽，中有侍者，或烹或煮，庖厨奉侍（图29）；右侧《庖厨图》亦于庭院中展开，帐幔之中，见有一灶，侍者正在烧火煮饭，帷幔内外，又有侍者数人（图30）。石室内部左壁为《牛车图》（图31），右壁为《鞍马图》，二图均以牛车与鞍马为前导，后有侍从数人，《鞍马图》中甚至可见与孝子棺左帮"子舜"画像中相似的华盖羽葆。

图29 "宁懋"石室内部后壁左侧《庖厨图》（线摹） 邹清泉 绘　　图30 "宁懋"石室内部后壁右侧《庖厨图》（线摹） 邹清泉 绘

---

[38] Wu Hung, A Deity Without Form: The Earliest Representation of Laozi and the Concept of Wei in Chinese Ritual Art, *Orientations*, 2002, Vol.34, No.4, pp.38-45.
[39] 林圣智：《北魏宁懋石室的图像与功能》，《美术史研究集刊》2005年第18期，第34页。

图 31 "宁懋"石室内部左壁《牛车图》（线摹） 邹清泉 绘

第三节　图像重组与主题再造——"宁懋"石室的再利用

1977 年 4 月，洛阳郊区瀍河公社上窑大队村东发现一具北魏石棺（升仙石棺／洛阳古代艺术馆藏），后挡雕刻三幅画面，"左右两幅残缺，内容无法推测，中间一幅有树木山林，二青年用平轿（好似现在的担架）抬着一位骨瘦如柴的老人，前者一手指前，脸向后回顾老人，似乎在问路，老人抬手指前作答"[40]，表现的"应为孝孙原榖"[41]。北魏石棺画像"比较典型的配置同样是把朱雀或门和门神置于头挡，足挡上是玄武或辟邪神"[42]，升仙石棺足挡"三幅画面有二幅被凿残，又画面横置"[43]，显然不是石棺原有后挡，但画面内容却并非如考古报

---

[40] 洛阳博物馆：《洛阳北魏画像石棺》，《考古》1980 年第 3 期，第 230 页。
[41] 宫大中：《试论洛阳关林陈列的几件北魏陵墓石刻艺术》，《文物》1982 年第 3 期，第 82 页。
[42] 〔美〕巫鸿主编：《汉唐之间的视觉文化与物质文化》，第 345 页。
[43] 洛阳博物馆：《洛阳北魏画像石棺》，《考古》1980 年第 3 期，第 230 页。

告所言"与整个石棺画内容无关",而是与"其他图像存在内涵及功能上的'相关性'"[44]的图画,从残存图像布局观察,此石原为石棺床围屏的一部分,后移作足挡,尽管原因不明,但这一做法,透露出北魏洛阳时代的"东园"存在图像重组与主题再造的情况,"宁懋"石室正是这样一件通过重组图像再造主题的遗物。

孝文帝迁洛之后,北魏墓葬制度逐渐完善,以墓主画像(实体)为中心的墓葬图像日趋规范。洛阳古代艺术馆藏石榻、沁阳石榻、纽约石榻等,均可见以墓主画像为中心的图像程序与空间逻辑,尤以纽约石榻最为典型。石榻为石灰石质地,由双阙、榻座及四块围屏组成,敷红、绿、黑、白诸色,并饰金箔。第一石自右至左刻画女墓主坐像、"此是王寄日用三生母食时""孝孙将祖还舍来归时";第二石自左至右刻画男墓主坐像、"此是董永看父助时""丁兰侍木母食时";第三石自左向右刻画仪列、牛车、"孝子郭巨煞儿养母天金一釜";第四石自右向左刻画仪列、马车(图32)、"此是蔡顺临尸灭火不起"。图像以墓主夫妇画像为中心,在空间逻辑上呈现仪列——仪列、牛车——马车、郭巨——蔡顺、原穀——丁兰、王寄——董永的对应格局。引人瞩目的是,"宁懋"石室内部左右侧壁亦可见牛车——马车、仪列——仪列的对应格局,而且是牛车刻画于左侧仪列前部,鞍马刻画于右侧仪列前部,牛车与鞍马的表现,其至有明显相似之处。按图像演进的程序,"宁懋"石室内部后壁应

图32 纽约石榻鞍马图(线摹) 邹清泉 绘

---

[44] 邹清泉:《北魏孝子画像研究》,北京:文化艺术出版社,2007年,第43页。

为墓主画像,方符合石室内部的空间逻辑,然而,呈现在人们面前的,却是被凿残的《庖厨图》,《庖厨图》的出现,令石室内部左右侧壁《牛车图》与《鞍马图》建立起来的空间逻辑戛然而止。当我们把目光转向石室外壁画像时,同样的问题再次出现在石室后壁画像。前壁的《武士图》与左右侧壁的《孝子图》均为北魏时代的墓葬图像,多有遗例,葬具之上尤其多见。武士的出现,意在护卫。《孝子图》的刻画,因石室功能的不同,而有着双重的含义,若视其为祠堂,"无非是向他人展示自己所具备的孝德"[45],"以及生者对于死者永远的孝心"[46]。若视其为葬具,应是以"孝悌之至,通于神明,光于四海,无所不通"的神秘功能,"引导或保护未知世界中的灵魂"[47]。无论"宁懋"石室是祠堂,还是葬具,《武士图》与《孝子图》的刻画均有其合理性。然而,《武士图》与《孝子图》确立的外壁画像的内在逻辑,却无法与后壁人物画像实现有效链接。

"宁懋"石室后部石板内外壁画像与石室其他图像在图像内涵与空间逻辑上的重重矛盾显示,这块石板并非"宁懋"石室原有之物,而是从他处移来的,从内壁图像下端与础石之间有约二十厘米的空白来看,原应为石榻围屏的一部分。实物显示,"宁懋"石室内部后壁画像中部的凹陷型空白,凿痕极不规则,这一重要现象提示我们,石室后壁石板很可能在制作之初或之后,被再次使用过,内部正壁中部的空白应是在再次使用时被凿残,而被凿去的,正是原来刻画在正壁中央的《庖厨图》。三幅一组的《庖厨图》被凿去中间一组,无论其真正目的是否如巫鸿所言是要凿刻一个"位",但可以肯定的是,对《庖厨图》加以改造的根本意图,就是通过重组图像再造主题。正如林圣智所言:"到了北朝,虽然可见供奉墓主的图像,但是庖厨图几乎完全消失。虽然在北朝的随葬品中依然可以见到灶、井等与庖厨

---

[45]〔日〕加藤直子:《魏晋南北朝墓における孝子伝図について》,载吉村怜博士古稀记念会:《东洋美术史论丛》,第113—133页。
[46] 林圣智:《北朝时代における葬具の图像と机能——石棺床围屏の墓主肖像と孝子谷图を例として》,《美术史》2003年第154卷第2期,第223页。
[47]〔美〕巫鸿:《礼仪中的美术》,北京:三联书店,2005年,第176页。

活动有关的明器组合，但是在图像的表现上，庖厨图仅见于宁懋石室。"[48] 尤其是《庖厨图》位于石室内部后壁的中心地位，极大地突出了石室"陈献祭食"的功能，若以葬具论之，石室内部左侧的《牛车图》与右侧的《鞍马图》，恐难与之建立空间逻辑，但若以祠堂论之，则显得十分合理。而石室左山墙外壁"丁兰事木母"朝夕供养的庖厨表现、右山墙外壁"董晏母供王寄母语时"中"日用三生母食时"的视觉意味，或许正是基于"宁懋"石室之献祭主题。

此外，"宁懋"石室的结构[49]，也显现出它的"献祭"功能，祠堂与葬具因礼制功能不同，形制构造区别明显，祠堂亦名"食堂""庙祠""斋祠"，是由古代"庙祭"演变而来的建筑，用以祭祀逝者。考察汉代祠堂遗存，其形制主要有单开间平顶房屋式、单开间悬山顶房屋式、双开间悬山顶房屋式以及双开间悬山顶后壁有龛式四种类型。尽管北魏考古史上见有屋形葬具，但在结构上，"宁懋"石室与汉代单开间悬山顶祠堂极为接近，山东嘉祥武梁祠（元嘉元年/151）是汉代单开间悬山顶祠堂建筑典型遗物，其宽2.41米，深1.57米，高约2.4米，"前面敞开，不设门扉，山墙锐顶，屋顶两面坡，上刻瓦垄，檐头刻出连檐、瓦当"[50]，据林圣智研究，在"宁懋石室的入口，并没有留下任何有关安装门板的构件或痕迹"[51]，这一点与武梁祠"前面敞开，不设门扉"的做法一致。林圣智还注意到，在"宁懋"石室"前侧两块石板，也就是两幅《武士图》的背面，并没有任何刻画"[52]。对于葬具而言，"欲人之不得见"为其根本属性，"半开放"的空间结构

---

[48] 林圣智：《北魏宁懋石室的图像与功能》，《美术史研究集刊》2005年第18期，第29页。
[49] 林圣智注意到，"宁懋"石室在结构上较为完整，组成部分均为完整石板，而考古所见北朝屋形葬具均由许多构件组装而成，"应该是为了下葬时搬运作业上的实际需要"（同上书，第19页）北魏墓葬因墓主身份不同而大小有别，身份高者，墓道长且宽，如宣武帝景陵，墓道上口宽2.85米，底部宽2.7—2.8米；身份低者，墓道窄而狭，如宋绍祖墓，墓道上口宽1.02米，底宽1.14米，智家堡墓墓道则宽0.9—1.2米，故宋绍祖墓屋形葬具"由百余件雕凿精细的青岩构件拼装组合而成"（《文物》2001年第7期，第22—23页），智家堡石椁则由数十块不同形状的砂岩料石拼合而成（同上书，第40页）。"宁懋"石室整石结构虽与之相异，但就北魏墓葬制度而言，如其确为葬具，尺寸与形制应与墓主相适应，不应"组装必定十分困难"，因而，"宁懋"石室的整石结构不能作为认定其为祠堂的有效证据。
[50] 蒋英炬、杨爱国：《汉代画像石与画像砖》，北京：文物出版社，2001年，第87页。
[51] 林圣智：《北魏宁懋石室的图像与功能》，《美术史研究集刊》2005年第18期，第19页。
[52] 同上。

明显与之相悖，而《武士图》背面"没有任何刻画"进一步表明，石室画像并非指向墓主，而是外在的观者。

鉴于上述分析，我们有理由相信，"宁懋"石室并非宁懋遗物，而另有所属。画像程序与空间逻辑之间的矛盾，显示石室后壁石板并非原有组件，而是棺床屏石，后挪而用之。虽原因不明，但可以明确的是，这块石板被移作"宁懋"石室后围板之前，至少曾先后两次被使用过，其外侧人物画像与内侧《庖厨图》画像正是在这一过程中先后刻画的，在移作"宁懋"石室后壁时，虽通过凿残《庖厨图》中部画面隐晦其原有主题，进而契合"宁懋"石室"献祭"语境，因非原石，尽管极力掩饰，终不免拼凑痕迹。此外，我们注意到，"宁懋石室"内部左右侧壁《牛车图》与《鞍马图》下方至础石之间均有高约二十厘米左右的空白，与正壁《庖厨图》正相衔接，这一现象提示我们，这两方石板或与"宁懋"石室后壁石板一样，也是挪移自其他器物，而且是石棺床，换言之，"宁懋"石室实际上是由葬具画像石拼凑而成，故而兼有祠堂和葬具的特点。郭玉堂在"宁懋"石室起运国外之际，于洛阳车站趁"尚未发车的短暂时机"捶拓全部石刻画像，并采访"宁懋石室和墓的盗掘情况"，正是因为石室画像具有葬具图像的特点，而未有质疑，遂于《洛阳出土石刻时地记·魏横野将军甄官主簿宁懋墓志》记"民国二十年二月二十日洛阳故城北半坡出土，无塚，同时出石质阴宅"，并"将墓志与石室视为同属一墓的遗物"。[53]

---

[53] 林圣智：《北魏宁懋石室的图像与功能》，2005年第18期，第7页。笔者认为，"孝子宁万寿""孝子弟宁双寿造"题铭，无论刻画位置，还是书体风格，抑或粗率态度，均与北朝墓葬礼制规范相悖。汉魏南北朝是我国孝行思想发展盛期，丧家多以厚葬宣示孝心，"令先人坟墓俭约，非孝也"（班固：《汉书》，卷九十二，游侠传第六十二，北京：中华书局，1962年，第3716页），"宁懋"石室刻画工细，石室题铭亦应工细严整，仔细观察，可以发现题铭纯以刻刀划写，甚为粗鄙，与"宁懋"石室山墙外壁孝子壁画榜题精谨刻工形成鲜明对比。尤其题铭书风与北魏书风相距甚远，题刻位置更是令人疑窦丛生。长广敏雄在早年的研究中，认为"宁懋"石室为后代刻工伪作（〔日〕长广敏雄：《六朝时代美术の研究》，东京：美术出版社，1969年，第175—184页）。笔者认为，石室本身应为北魏遗物，题铭则较为复杂。若其确为宁懋子书写，则石室重组时间当在北魏孝昌三年（527）左右；另，20世纪上半叶，大量中国文物经古董商之手流失异域，"宁懋"石室正是于1937年经日本大阪山中商会流失海外，从"宁懋"石室"初出价六百元，某客又以七千元时得，售之国外，得二万元"来看，于"宁懋"石室刻"孝子宁万寿""孝子弟宁双寿造"铭记，建立石室与宁懋墓志之联系，从而实现高价出售之目的，不失可能。

第四章

北魏孝子画像石榻考辨

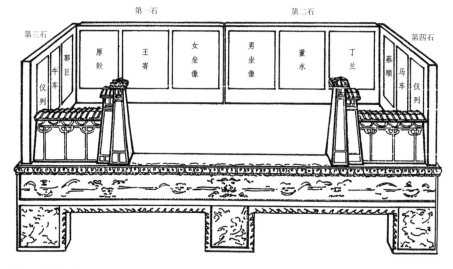

图 33　纽约画像石榻图像示意（线摹）　邹清泉 补绘

在美国纽约于 2004 年 3 月举办之 "Ritual objects and Early Buddhist Art" 展览中，有一件画像石榻极为引人瞩目。[1] 该榻长 210 厘米，宽 100 厘米，高 93.5 厘米，由榻座、四块围屏及双阙组成（图 33），均为石灰石质地，敷红、绿、黑、白诸色，并饰金箔。其形制完整，刻画精美，保存完好，为迄今所见北朝画像石榻佳构。其上除平雕男女墓主坐像及牛车、马车、仪列外，余均雕刻孝子画像。孝子画像是中国古代最为习见的图绘题材之一，从先秦一直绵延至明清，宫殿、祠堂、石阙、彩箧、漆盘、屏风、画像砖（石）、石棺、石榻（棺床）以及墓室壁画等均可见其遗迹。仅就孝子画像石葬具而言，北魏是其雕作盛期，此前已见有 20 世纪初流失海外的孝子棺（The Nelson Atkins Museum of Art）、元谧石棺（The Minneapolis Institute of Arts）、"宁懋" 石室（Museum of Fine Arts,Boston）等重要遗物，但多年来未再有重大发现。美国纽约展出的这件画像石榻（简称纽约石榻），是目前所见北朝孝子画像石葬具中，唯一堪与孝子棺、元谧石

---

[1] Annette L. Juliano and Judith A, Lerner. Stone Mortuary Furnishings of Northern China, *Ritual Objects and Early Buddhist Art*, New York, 2004,pp.14-23.

棺相提并论的重要实物，无论是雕作水平，还是身份等级，抑或是艺术价值，均不言而喻。

第一节　石榻形制

司马金龙石榻、洛阳关林藏北魏石榻、日本奈良滋贺县Miho博物馆秀明藏品石榻、安阳北齐石榻以及西安北周安伽墓石榻[2]，是已知北朝石榻代表遗物，仅就石榻形制而言，纽约这件石榻与前四者较为接近，尤其是该榻正面三腿式榻座，与司马金龙石榻和洛阳关林藏北魏石榻如出一辙。司马金龙石榻仅存榻座，高0.51米，宽1.33米，长2.41米，由六块浅灰色细砂岩石板组成[3]。其正面三腿浮雕"四个力士，中间两个力士的上部雕兽面纹。力士身躯矫健，作承托石床的姿态。三腿之间雕有水波纹壶门，其上以盘绕的忍冬纹作边和地，中央空间雕伎乐以及龙、虎、凤凰、金翅鸟、人头鸟等形象"[4]。关林藏洛阳出土石榻"一般都是正面三腿式，有的上沿为二方连续莲瓣浮雕装饰带，下为线刻神兽或异禽形象，还有一些辅以波浪纹"[5]，纽约石榻正面三腿均为浮雕神兽，其余与之略有异同。

司马金龙石榻围屏为木构，又经盗扰，实际组合情况无法确知。洛阳关林藏北魏石榻上有四件石围屏，两两组合，大的一组居后，上面各雕四幅图像，小的两组分居石榻左右，上面各雕三幅图像，除大的一组围屏较纽约石榻后围屏多两幅画面外（纽约石榻后围屏拼合画面为六幅），该榻未见双阙。"阙，在门两旁，中央阙然为道也"（刘熙：

---

[2] 陕西省考古研究所：《西安发现的北周安伽墓》，《文物》2001年第1期，第4—26页。陕西省考古研究所：《西安北郊北周安伽墓发掘简报》，《考古与文物》2000年第6期，第28—35页。韩伟：《北周安伽墓围屏石榻之相关问题浅见》，《文物》2001年第1期，第90—101页。安伽石榻形制见《文物》2001年第1期，第12页。
[3] 山西省大同市博物馆、山西省文物工作委员会：《山西大同石家寨北魏司马金龙墓》，《文物》1972年第3期，第20—29、64页。
[4] 同上书，第21页。
[5] 宫大中：《试论洛阳关林陈列的几件北魏陵墓石刻艺术》，《文物》1982年第3期，第81页。

《释名》),"是体现封建礼仪的一种装饰性建筑"[6],"象征着死者去往神灵世界的大门"[7]。纽约石榻双阙延续汉代以来的典型阙形,形制亦见于Miho博物馆秀明藏品石榻与安阳北齐石榻(德国科隆东方艺术博物馆藏其双阙),Miho博物馆秀明藏品石榻"左右阙各有高级门吏一人,其后各有低级门吏二人,均佩有长刀,其后又各有马夫一人牵有鞍马各一匹。"[8]科隆东方艺术博物馆藏安阳北齐石榻双阙刻画人物形象约24个,左右阙各12人,组成相对的仪仗行列。[9]纽约石榻双阙形制紧窄,其上未刻画众多人物,而是通过斗拱与廊柱线迹的描绘突出其建筑形态。

Miho博物馆秀明藏品石榻榻座已遗,仅存围屏与双阙,11块屏板大小不一,拼接后参差不齐,与纽约石榻三幅一石的做法区别很大。安阳北齐石榻现散藏美国华盛顿弗利尔美术馆、波士顿艺术博物馆、德国科隆东方艺术博物馆以及法国巴黎吉美博物馆,从吉美博物馆藏侧屏画像石、波士顿艺术博物馆藏后屏左右首画像石均为三幅一铺的整石来看,其围屏组构与纽约石榻相同。科隆东方艺术博物馆藏北齐石榻双阙高71.5厘米,尾部高约30厘米[10],吉美博物馆藏安阳石榻围屏高50厘米,长90厘米[11],"边饰联珠并忍冬(唐草)花纹,自上而下至30厘米处截止,则30厘米之空白边饰处,正好与阙形石板矮墙接口吻合,嵌合成屏风形棺床的一角"[12]。即拼合复原的北齐石榻双阙要明显高出围屏约40厘米,这一点明显异于纽约石榻。而两者的祆教主题[13],则更增其与纽约石榻之时代悬隔。

---

[6] 刘志远、余德章、刘文杰:《四川汉代画像砖与汉代社会》,北京:文物出版社,1983年,第55页。
[7] 〔美〕巫鸿:《礼仪中的美术》,第171页。
[8] Miho Museum, *South Wing*, 1997, pp.247-257. 姜伯勤:《中国祆教艺术史研究》,北京:三联书店,第78页。
[9] *Meisterwerke aus China, Korea and Japan im Museum Fur Ostasiatische Kunst, Koln*,东京,1997年,第33、133页。
[10] 姜伯勤:《中国祆教艺术史研究》,第36页。
[11] *Grand Exhibition of Silkroad Buddhist Art*,东京,1996年,第39页。
[12] 姜伯勤:《中国祆教艺术史研究》,第36页。
[13] 姜伯勤:《北齐安阳石棺床画像石与粟特人美术》,载中山大学艺术学研究中心:《艺术史研究》第1辑,广州:中山大学出版社,1999年,第151—186页。姜伯勤:《图像证史:入华粟特人祆教艺术与中华礼制艺术的互动——Miho博物馆所藏北朝画像石研究》,载中山大学艺术学研究中心:《艺术史研究》第3辑,广州:中山大学出版社,2001年,第241—259页。

第二节　石榻围屏上的孝子画像

纽约石榻围屏共刻画12幅图像，由左至右依次为仪列、牛车、"孝子郭钜煞儿养母天金一釜""孝孙将祖还舍来归时""此是王寄日用三生母食时"、女墓主坐像、男墓主坐像、"此是董永看父助时""丁兰侍木母食时""此是蔡顺临尸灭火不起"、马车、仪列。

郭巨、原毂、董永、丁兰、蔡顺均为汉代以来的大孝子，刘向《孝子传》、郑缉之《孝子传》、逸名《孝子传》、宋躬《孝子传》、孙盛《逸人传》等汉魏六朝《孝子传》均有载述。据刘向《孝子传》，郭巨父亡后，独养母，"妻产男，虑养之则防供养，乃令妻抱儿，欲掘地埋之，于土中得金一釜"[14]。"郭巨埋儿"画像于东汉延光二年（123）已见于河南登封太室山南麓启母阙[15]，南北朝时期骤盛，尤其多见于北魏葬具，固原漆棺、孝子棺、元谧石棺、卢芹斋旧藏北魏石围屏、洛阳古代艺术馆藏石榻、日本和泉久保惣纪念美术馆藏匡僧安石榻、美国堪萨斯纳尔逊·阿特肯斯艺术博物馆藏北魏石榻（长广敏雄称之KB本）可见其形象[16]，河南邓县学庄与湖北襄樊贾家冲画像砖墓亦有表现[17]，是南朝孝子画像早期的形式，同时是汉至北魏孝子画像形式演变的中间形态。北魏郭巨画像遗存较多，表现形式主要有独幅与联幅两种，但情节刻画主要围绕"埋儿掘金"展开。目前所见北魏郭巨画像，除元谧石棺与洛阳古代艺术馆北魏石榻主题略显隐晦外，其余均有明显的叙事表现，图像与故事可作有效链接。不同于日本和泉久保惣纪念美术馆藏匡僧安石榻和卢芹斋旧藏北魏石围屏的联幅表现，纽约石榻郭巨画像为独幅形式（图34），但在叙事表现上，

---

[14] 李昉：《太平御览》，卷四——、第1898页。
[15] 王建中：《汉代画像石通论》，北京：紫禁城出版社，2001年，第195—196页。
[16] 固原县文物工作站：《宁夏固原北魏墓清理简报》，《文物》1984年第6期，第46—56页。黄明兰：《洛阳北魏世俗石刻线画集》，北京：人民美术出版社，1987年。黄明兰：《北魏孝子棺线刻画》，北京：人民美术出版社，1985年。林圣智：《北朝时代における葬具の図像と機能——石棺床囲屏の墓主肖像と孝子伝図を例として》，《美术史》2003年第154卷第2期，第207—226页。
[17] 河南省文化局文物工作队：《邓县彩色画像砖墓》。襄樊市文物管理处：《襄阳贾家冲画像砖墓》，《江汉考古》1986年第1期，第16—32页。

图 34　纽约石榻郭巨画像（线摹）　邹清泉 绘　图 35　孝子棺郭巨画像局部

又与孝子棺"子郭巨"将三个异时情节同构于一幅画面中的做法迥异，而仅选取"掘地得金"这一情节，但画面中，妻子右手携子行走山林之间的景象与文献颇有不符，与其他器物所见郭巨妻"抱子"形象亦有出入（图 35）。

据《太平御览·孝子传》，原穀祖父年老，父母乃作舆升，欲弃之深山，"穀乃随，收舆归，父谓之曰：'尔焉用此凶具。'穀云：'后父老不能更作得，是以取之耳。'"[18]。父愧惧，乃载祖归。原穀画像于东汉时期始见描绘且遗存甚丰，原穀画像于东汉时期始见描绘且遗存甚丰，主要见于河南开封白沙镇东汉墓、朝鲜乐浪彩箧、山东嘉祥武氏祠、内蒙古和林格尔汉墓等，安徽马鞍山朱然墓所出漆盘亦见刻画。北魏时期，原穀画像大量出现在元谧石棺、孝子棺、升仙石棺足挡、日本和泉久保惣纪念美术馆藏匡僧安石榻等画像葬具上。纽约石榻原穀画像未见表现抬舆进山、卸舆弃祖情节，而表现以舆载祖父归家场景（图 36），并用榜题"孝孙将祖还舍来归时"明确标示，在情

---

[18] 李昉：《太平御览》，卷五一九，第 2360 页。

图36 "孝孙将祖还舍来归时"纽约石榻画像（线摹） 邹清泉 绘

图37 "此是董永看父助时"纽约石榻画像（线摹） 邹清泉 绘

节的选取上，与汉代以来原穀画像强调"穀乃随，收舆归"与父子相语的图像传统，有显著不同。

董永为汉代孝子，少时独与父居，"至于农月，永以鹿车推父至于畔上，供养如故"[19]。嘉祥武梁祠、泰安大汶口汉画像石墓、渠县沈府君阙、渠县蒲家湾无铭阙、乐山麻浩一号崖墓、"宁懋"石室、孝子棺、卢芹斋旧藏北魏石围屏、上海博物馆藏石榻以及纽约石榻董永画像均以此为主题。纽约石榻董永画像刻画的是其以鹿车载父耕锄于野的情景（图37），这与汉代以来董永画像的表现主题基本一致，唯图像内容更加丰富。在图像表现上，与孝子棺"子董永"、卢芹斋旧藏北魏石围屏以及堪萨斯纳尔逊·阿特肯斯艺术博物馆藏石榻董永画像近似，但图像形式与细节变化显著，董永与老父完全换位，在孝子棺与卢芹斋旧藏北魏石围屏上，董永居右，老父居左，纽约石榻恰恰相反，虽然在堪萨斯纳尔逊·阿特肯斯艺术博物馆藏石榻董永画像中，董永位于左侧，永父位于右侧，但鹿车旁出现的一位女子令画面形式

---

[19] 王重民等：《敦煌变文集》，第904页。

图38　孝子棺董永画像局部

图39　董永　石榻画像　堪萨斯纳尔逊·阿特肯斯艺术博物馆藏

又有新变。此外，孝子棺"子董永"中衣带飘举的"天之织女"（图38）以及堪萨斯纳尔逊·阿特肯斯艺术博物馆藏石榻董永画像舍内纺织情节（图39），均是对《孝子传》董永故事的真实再现，而这些都是纽约石榻所不具备的。

丁兰为河内人，"少丧考妣，不及供养，乃刻木为人，仿佛亲形，事之若生"[20]。东汉始有图像表现，并形成以武梁祠西壁"丁兰事木母"为范式的典型画像格套，影响广泛而深远。北魏以降，尤其是迁洛以后，受南朝画风影响，北魏画像石葬具所见"丁兰事木母"日见生动，人物形象与背景描绘完全脱离汉代刻板套路。纽约石榻丁兰画像（图40）虽以"丁兰侍木母食时"为主题，但已全然不见汉代传统，"木母"端然而坐，双手指动，显然已非"刻木为人"。画面上部刻画一硕大畏兽形象，与元谧石棺一致，显现出其丧葬内涵，同时对图像功能作了限定。此外，丁兰妻与子的出现，是北魏丁兰画像的新创，这在"宁懋"石室"丁兰事木母"画像中亦有表现，

---

[20] 李昉：《太平御览》，卷四一三，第1909页。

图40 "丁兰侍木母食时"石刻画像（线摹）　邹清泉 绘

图41 "此是蔡顺临尸灭火不起"石刻画像（线摹）　邹清泉 绘

而且人物更多，且有丁兰备食场景，两者虽然风格相近，但似乎各有所本。

关于孝子蔡顺，史籍见有"噬指悟母""伏棺得免""闻雷泣墓""拾葚供母"事迹，其中，"伏棺得免""闻雷泣墓"是北魏时期蔡顺画像习见的表现主题，尤其"伏棺得免"，是北魏画像葬具刻画的重要内容。蔡顺为汉代孝子，以至孝著称："母年九十，以寿终。未及得葬，里中灾，火将逼其舍，顺抱伏棺柩，号哭叫天，火遂越烧它室，顺独得免。"[21] 纽约石榻蔡顺画像表现的正是"蔡顺临尸灭火不起"（图41），画面写实感虽与孝子棺、堪萨斯纳尔逊·阿特肯斯艺术博物馆藏石榻蔡顺画像相同，但彼此间差异明显。纽约石榻之蔡顺刻画于左侧舍内，面向观者，半身隐于棺后，伏棺哀泣，显见"哀毁尽礼"之情，右侧舍下二人正负水救火。孝子棺蔡顺画像为横幅，蔡顺刻画于右侧亭内，背对观者，伏身棺上，左侧邻舍火起，二人正负水救火。

---

[21] 范晔：《后汉书》，卷三十九，第1312页。

图 42 孝子棺蔡顺画像局部

图 43 "此是王寄日用三生母食时"石刻画像（线摹） 邹清泉 绘

两图形式虽明显不同，但从图中负水救火二人均前者执勺、后者背罐来看（图42），应有联系。堪萨斯纳尔逊·阿特肯斯艺术博物馆藏石榻蔡顺画像虽见火起，但无棺椁描绘，仅见蔡顺侧身面向右侧火起屋舍，右有二人正在搬物，对火起伏棺之经典情节的舍弃，令其与纽约石榻、孝子棺蔡顺图像的表现大相径庭。

除上述孝子画像外，纽约石榻还刻画有一幅"此是王寄日用三生母食时"（图43），王寄并非孝子，所以现存诸种《孝子传》无其传记，其事迹见于孝子董晏传文[22]。现存王寄画像遗存凡三见，即"宁懋"石室、堪萨斯纳尔逊·阿特肯斯艺术博物馆藏北魏石榻以及纽约石榻，"宁懋"石室左山墙外壁下部表现的是"董晏母供王寄母语时"，堪萨斯纳尔逊·阿特肯斯艺术博物馆藏线刻画像共

图 44 "不孝王寄"石榻画像
堪萨斯纳尔逊·阿特肯斯艺术博物馆藏

---

[22] 王重民等：《敦煌变文集》，第904—905页。

有十幅,其中,仅王寄画像刻有"不孝王寄"榜题。"宁戚"石室虽涉及王寄,但未刻画王寄形象,而以董晏和王寄二人之母为图像主体。堪萨斯纳尔逊·阿特肯斯艺术博物馆藏北魏石榻"不孝王寄"画像可与《孝子传》董晏事迹对接,图像真实再现了王寄"乃杀三牲,致于母前,跋刀胁抑令喫之"的文本意象(图44)。但纽约石榻王寄画像却颇显暧昧,图像刻画王寄跪于母前,双手捧钵,"刀"则由其身旁侍从捧持,俨然孝子派头。

第三节　石榻画像的"图像程序"

北魏画像石榻出土多件,以孝子为表现主题的主要有司马金龙石榻、卢芹斋旧藏北魏石围屏、洛阳古代艺术馆藏北魏石榻、日本和泉市久保惣纪念美术馆藏石榻、日本天理参考馆藏石榻、上海博物馆藏石榻以及纽约石榻。司马金龙石榻围屏为木构,从拼合后的画像遗存来看,围屏上的图像系分层表现,每一层图像约高19~20厘米,题材除《孝子图》,还见有"周室三母""鲁师春母""班姬辞辇""卫灵夫人""齐田稷母""启母涂山""孙叔敖母""素食赠宾""如履薄冰"等历史故事,与洛地石榻围屏的图像格局及图绘主题明显有别,应另当别论。

卢芹斋旧藏北魏石围屏、洛阳古代艺术馆藏北魏石榻、日本和泉市久保惣纪念美术馆藏石榻、上海博物馆藏石榻、堪萨斯纳尔逊·阿特肯斯艺术博物馆藏石榻以及纽约石榻,均以孝子为图绘主题[23]。卢芹斋旧藏北魏石榻围屏现存四石,第一石描绘马车仪列与郭巨(2幅),第二石描绘老莱子、蔡顺与丁兰,舜(2幅)、董永位于第三

---

[23] 日本奈良天理参考馆藏石榻围屏画像未见榜题,具体内容尚待辨明,美国旧金山美术馆藏石榻围屏、河南沁阳石榻围屏与之类似,故暂不纳入本文讨论范围。

石,第四石表现的是牛车仪列与孝孙原穀(2幅)[24]。洛阳古代艺术馆藏北魏石榻围屏画像计14幅,除中间男女墓主画像外,余均表现人物于山林之中,画像有榜无题,郭巨、丁兰、原穀、老莱子、眉间赤以及伯奇是其中可以辨明的孝子故事。日本和泉市久保惣纪念美术馆藏石榻为北魏正光五年(524)遗物,石榻围屏正面右侧为眉间赤、左侧为老莱子,左侧右二面为孝孙原穀、左一面为丁兰。[25]上海博物馆藏石榻上刻有"东永看父助时"和"孝孙原穀"图像。堪萨斯纳尔逊·阿特肯斯艺术博物馆藏石榻围屏除三幅图像不明,其余九幅表现了董黯、申明、蔡顺、董永(2幅)、丁兰、老莱子、原穀以及郭巨。[26]

洛阳古代艺术馆藏1977年出土于洛阳北郊的升仙石棺足挡原石应为三幅一组的石榻围屏,后因故凿残左右两幅,移作石棺足挡,现存画像为孝孙原穀。[27]这一做法,不仅折射出北魏晚期洛地孝风盛行这一历史事实,还间接反映出北魏晚期洛地画像葬具制作的礼制规范与图像程序,尽管在北魏墓葬礼制语境(ritual context)中,石棺与石榻作为葬具的意涵是相同的,但形制的不同,决定了其图像程序(pictorial program)的差异。

林圣智在对北朝画像石葬具的研究中指出:

> 面向墓主合拢的孝子图的构成,既表现出子孙对故世父母的尽心孝养,也表现出不愿离开父母的哀伤之情。石棺床围屏上的孝子图,既是死者家属所应效法的典范,也是将葬礼中丧家的孝行看作是孝子图的现世的体现。丧家通过孝子图,表明自己对于死者不忘孝道,另外,人们也可以看

---

[24] 林圣智:《北朝时代における葬具の图像と机能——石棺床围屏の墓主肖像と孝子伝图を例として》,《美术史》2003年第154卷第2期,第216页。〔日〕黑田彰:《孝子伝の研究》,京都:思文阁出版,2001年,第201页。
[25] 〔日〕黑田彰:《孝子伝の研究》,第206页。
[26] 林圣智:《北朝时代における葬具の图像と机能——石棺床围屏の墓主肖像と孝子伝图を例として》,《美术史》2003年第154卷第2期,第215页。
[27] 洛阳博物馆:《洛阳北魏画象石棺》,《考古》1980年第3期,第229—241页;宫大中:《试论洛阳关林陈列的几件北魏陵墓石刻艺术》,《文物》1982年第3期,第79—83页。

到，被称作孝子的丧家正在扮演着《孝子传》中的角色。……从本质上来说，石棺床的图像特征就是生者与死者的接点。子孙们正是通过石棺床围屏上的孝子图，展现着被理想化了的生者与死者的关系以及生者对于死者永远的孝心。[28]

图45　纽约石榻女墓主像（线摹）　邹清泉 绘

卢芹斋旧藏北魏石围屏、洛阳古代艺术馆藏北魏石榻、堪萨斯纳尔逊·阿特肯斯艺术博物馆藏石榻以及纽约石榻上的孝子画像，确如林圣智所指，呈"面向墓主合拢"的图像程序，然而，在"闭圹之后不复发"[29]、"欲人之不得见"[30]的墓葬语境中，"'观看'的主体并非是一个外在的观者，而是想象中墓葬内部的死者灵魂"[31]。作为"事关墓主命运和归宿的象征性图像"[32]，石榻围屏画象只有与"墓主"发生实质性联系，才能实现其画像意义，因此，石榻围屏画像图像程序的展开，显然是以"墓主"为中心，而非外在的观者。洛阳古代艺术馆藏北魏石榻与纽约石榻画像均可见男女墓主画像（图45），但卢芹斋旧藏北魏石围屏与堪萨斯纳尔逊·阿特肯斯艺术博物馆藏石榻围屏却未见男女墓主画像，

---

[28] 林圣智：《北朝时代におけゐ葬具の图像と机能——石棺床围屏の墓主肖像と孝子传图を例として》，《美术史》2003年第154卷第2期，第223页。
[29] 山东省博物馆、山东省文物考古研究所：《山东汉画像石选集》，济南：齐鲁书社，1982年，第42页。
[30] 房玄龄等：《晋书》，卷五十一，第1417页。
[31]〔美〕巫鸿：《美术史十议》，第86页。
[32]〔美〕巫鸿主编：《汉唐之间的视觉文化与物质文化》，第360页。

取而代之以牛车和马车仪列（卢芹斋旧藏石围屏）与两幅尚未辨明的孝子画像（堪萨斯纳尔逊·阿特肯斯艺术博物馆藏石榻），墓主画像的缺失，似乎让围屏画像失去了"面向"的对象，然而，当我们"回到"墓葬原境的时候，就会发现，"面向"实际上具有双重含义，即面向墓主与墓主的象征——墓主画像，但最终是面向墓主，孝子石榻围屏图像程序的展开正是基于这一前提。

第四节　石榻时代与主属

汉代以来，少府即下设"东园官署"，专司皇家陵寝与葬具制作，北魏延续此制，时有诏赐"东园秘器"之举，终北魏一朝，共诏赐"东园秘器"28件[33]，现藏美国明尼阿波利斯美术馆的元谧石棺即为其一[34]。元谧石棺于1930年6月于洛阳城西李家凹村南被盗掘出土并售往日本，后落藏美国，奥村伊九良在20世纪30年代初见此棺时，发现其"刻画图像的一面还留有金箔的痕迹"[35]，纽约石榻明显亦可见金箔残迹。以金箔装饰葬具在北魏建国伊始即有作例，北魏道武朝太尉穆崇次子穆观，尚宜阳公主，拜驸马都尉，迁太尉，统摄朝政，深为太宗明元帝赏誉，后于泰常八年（423）病卒，"太宗亲临其丧，悲恸左右。赐以通身隐起金饰棺。丧礼一依安城王叔孙俊故事"[36]。叔孙俊为代廷重臣，卒于泰常元年（416），"赠司空、安成王，谥孝元。赐温明秘器，载以辒辌车，卫士导从，陪葬金陵"[37]。元谧则为魏室宗亲，其父为赵郡王干，元谧生时任冠军将军、幽州刺史等职，正光

---

[33] 邹清泉：《北魏墓室所见孝子画像与"东园"探考》，《故宫博物院院刊》2007年第3期，第16—39页。
[34] Eugene Y. Wang, Coffins and Confucianism—The Northern Wei Sarcophagus in the Minneapolis Institue of Arts, *Orientation*, Vol.30, No.6, 1997, pp.56-64.
[35] 〔日〕奥村伊九良：《镀金孝子传石棺の刻画に就て》，《瓜茄》1939年第5辑，第359页。
[36] 魏收：《魏书》，卷二十七，第664页。
[37] 李延寿：《北史》，卷二十，第750页。

四年（523）薨后，"给东园秘器、朝服一具、衣一袭，赙帛五百匹"[38]。穆观的"通身隐起金饰棺"与元谧的"东园秘器"是文献与考古所见北魏"金饰"葬具典型作例，也是北魏葬制规格等级的体现之一。纽约石榻由于来路不明，亦无墓志参证，尚无法确悉墓主身份，但就石材质地、形制规范、雕作水平，尤其贴饰金箔来看，这件石榻规格极高，应为北魏后期魏廷诏赐"东园秘器"中之金饰葬具遗存。

史载北魏诏赐秘器之最早者在明元帝永兴五年（413）[39]，直至永熙三年（534）北魏分裂[40]，前后相继达121年之久。孝文帝迁洛之后，尤其宣武与孝明朝（500—528）是北魏画像石葬具制作盛期，制作精美的元谧石棺即为孝明帝正光四年（523）遗物。孝明帝元诩于武泰元年（528）二月癸丑崩后，北魏旋即陷入混乱局面，从建义元年（528）至永熙三年（534），五易其主，其间，尔朱兆、魏兰根、宇文黑獭相继为乱，北魏礼制遭到实质性破坏，甚少诏赐秘器，仅于文献见有约卒于太昌至永熙年间（532—534）的太傅斛斯椿获诏赐"东园秘器"[41]。纽约石榻制作规范，造型严整，雕作细腻，显非乱世之物。

尽管北朝"东园秘器"的制作一直延续到北齐[42]，但纽约石榻无论是画像题材，还是形制规范，明显具有北魏遗风。孝子画像是北魏画像葬具典型题材之一，从平城一直绵衍至洛地。其作为传统画像题材在北魏中晚期墓葬大量出现，肇源于北魏后宫围绕"子贵母死"的政争背景，"子贵母死"之制初系防外家为乱，后因文明太后曲意利用，转变为后宫妃嫔政争工具。北魏中后期孝风骤盛，实源于文明太后冯氏出于控制孝文帝元宏之需要对孝风的极力弘扬。"冯太后与献文帝、孝文帝均无血缘关系"[43]，以手铸金人得位的文明太后"出于自保的长远考虑，与其兄冯熙合谋以《孝经》训导孝文帝，

---

[38] 魏收：《魏书》，卷二十一，第544页。
[39] 同上书，卷三十四，第799—800页。
[40] 李延寿：《北史》，卷四十九，第1787页。
[41] 李延寿：《北史》，卷四十九，第1787页。
[42] 李百药：《北齐书》，卷十六，第208—213页。
[43] 田余庆：《拓跋史探》，北京：三联书店，2003年，第60页。

同时通过各种诏孝举措在社会上弘扬孝风，以期通过社会舆论来牵制孝文帝，从而避免祸端。这种出于一己之私的做法实际上导致了北魏延兴之后孝道思想发展趋向的改变"[44]。致使北魏中晚期孝风大盛。北魏覆亡后，"子贵母死"之制随之消失，北魏孝道思想极盛而骤衰，孝子画像的表现也随之式微[45]，作为"一种生产性想像的经验官能的产物"[46]，画像石葬具的母题选择、图像表现及意义赋予，已经被"物化在确定的时代和地区"[47]。

考察北魏孝子画像葬具遗存，纽约石椁与孝子棺、元谧石棺是三件最为成熟的作品，应为北魏画像石葬具制作盛期——宣武至孝明年间遗物。据《魏书》记载，魏廷于宣武帝景明元年（500）至孝明帝武泰元年（528）共外赐"东园秘器"21件，于烈、王肃、元羽、穆亮、裴叔业、源怀、元详、元勰、元英、李平、于忠、胡国珍、元澄、元晖、游肇、崔亮、元谧、崔光、甄琛、元融、赵平君，相继获赐此物。[48]纵观整个北魏历史，获赐秘器者，无不具有举足轻重的社会身份与政治地位，"东园秘器"的赐予，实际上具有独立的政治意涵与象征，未经诏赐，不可擅用。尽管纽约石椁规格极高，但墓主画像显示其并非帝后葬具。[49]宣武与孝明朝受赐秘器诸人中，元羽、穆亮、元详、元勰、元英、元澄、元晖、元谧以及元融墓葬于20世纪

---

[44] 邹清泉：《"子贵母死"与北魏中晚期孝风骤盛及孝子图的刻画》，《文艺研究》2006年第10期，第138页。
[45] 邹清泉：《北魏孝子画像研究》，第88页。
[46] 〔美〕迈克尔·安·霍丽：《帕诺夫斯基与美术史基础》，易英译，长沙：湖南美术出版社，1992年，第109页。
[47] 〔美〕迈克尔·安·霍丽：《帕诺夫斯基与美术史基础》，第8页。
[48] 魏收：《魏书》，第737—740、1407—1411、545—551、667—671、1565—1567、923—928、559—564、571—583、495—502、1451—1454、741—746、1833—1834、462—480、378—380、1215—1218、1476—1485、543—544、1487—1498、1509—1515、514—515、1836页。
[49] 宣武帝石椁长3.86米，宽2.2米，高0.16米，系用15块方形石块拼砌而成，诸石"和墓内其他石件一样无任何纹饰"，但其表面"虽平整但并不光滑，有的地方甚至出现雨打沙滩般的小坑，似因石面被某种物质腐蚀所致。可是，在棺床西南角，却有一片石面，表面依然光滑，颇有一点因为他物覆盖而使其免遭腐蚀的意味"。从穆观、元谧石棺为"通身隐起金饰棺"来看，北魏帝后葬具规格显然更高，据考古报告描述，这一被覆盖的"他物"应为黄金，纹饰或刻于其上。参见中国社会科学院考古研究所洛阳汉魏城队、洛阳古墓博物馆：《北魏宣武帝景陵发掘报告》，《考古》1994年第9期，第801—814页。宣武帝景陵自宋元以来，历经盗扰，破坏严重，具体图绘情况已无从辨析，孝文帝太和十四年诏书于北魏墓葬制度之规定或可依据，但北魏金饰葬具的诏赐与出土，显示其中另有隐情。

初叶已被盗扰，纽约石榻明显具有新出痕迹，故其主属应首先于其他诸位获赐秘器者中寻求。

在北朝画像石葬具中，纽约石榻无论形制规范，还是图像题材，抑或艺术风格，均具有明显的北魏遗风，为北魏画像石葬具的典型作品。与正光四年（523）孝明帝诏赐"东园秘器"——元谧石棺相比，纽约石榻雕刻精湛，风格成熟，是可与之媲美的极少数遗存之一，尤其是同为金饰葬具这一事实，进一步彰显出纽约石榻属主的尊贵身份。尽管纽约石榻与元谧石棺均以孝子画像为表现主体，但两者除表现技艺相当外，图像布局与形象细节并无雷同，这似乎是北魏画像葬具遗存的普遍事实，我们注意到，元谧石棺、孝子棺、卢芹斋旧藏北魏石围屏、洛阳古代艺术馆藏北魏石榻、堪萨斯纳尔逊·阿特肯斯艺术博物馆藏石榻、和泉久保惣纪念美术馆匿僧安石榻以及纽约石榻，虽然均以郭巨、董永、丁兰、原毂、蔡顺等为共同表现对象，相互间亦有相似的时代风格，但互不雷同似乎是北魏高级画像葬具制作的原则之一。继元谧石棺之后，虽然陆续出土多件北魏画像石葬具，但如北周安伽石榻或隋虞弘石椁般完整而精美者，甚是寥寥，纽约石榻，遗存完整，刻画精美，可视为北魏画像石葬具代表作之一，对于北魏晚期，尤其是宣武、孝明两朝墓葬文化与视觉形象的研究，价值不言而喻。

《孝经》与北魏孝子画像
图像身份的转换

下 篇

第五章

先秦汉魏时期的孝道思想与孝子画像

第一节　先秦汉魏时期的孝道思想

据《三代吉金文存》《两周金文辞大系考释》中之商周青铜器铭文[1]，孝的思想在西周已见流行，并成为西周礼制的基本纲领[2]，此时，孝行对象十分宽泛，不仅有神祖考妣，还包括婚媾、兄弟、诸老、朋友、大宗、族人等。据研究，西周时期，"孝"属政治权力范畴，为君德与宗德，而非子德，孝子乃表示政治地位的称谓。西周"孝"的基本内容是尊祖，即通过享孝祖考，强化同出一祖的集体心理认同意识，并由孝祖进而推及敬宗，从而弱化甚至收夺父权。[3]

春秋时代，随着生产力的发展以及社会变革的不断发生，西周宗法制度日益瓦解，其内部以血缘为纽带而形成的约束力日趋式微，小家庭获得解放，父权得以确立。随着父权上升，以奉养父母为内涵的孝道观念开始萌生，"今之孝者，是为能养""以己之所有尽事其亲"（《盐铁论·孝养》）。战国时期，以奉养父母为内涵的孝道观念已具备一定的社会普遍性[4]，战国文献多有记载，《礼记·内则》："孝子之养老也，乐其心，不违其志，乐其耳目，安其寝处，以其饮食忠养之"；《管子·形势解》："正谏死节，臣下之则也；尽力共养，子妇之则也"；《孟子·离娄章句下》还归结当时社会的五不孝，谓"世俗所谓不孝者五：惰其四支，不顾父母之养，一不孝也；博弈好饮酒，不顾父母之养，二不孝也；好货财、私妻子，不顾父母之养，三不孝也；纵耳目之欲，以为父母戮，四不孝也；好勇斗狠，以危父母，五不孝也"。皆以孝养父母为主旨。《周礼·地官·大司徒》记载"乡八刑"，第一便为"不孝之刑"，可见当时社会已十分笃重孝养父母。

秦代遵从法家思想，实行酷政，孝道思想在这一时期相对低落。

---

[1] 罗振玉：《三代吉金文存》，卷二十，日本：上虞罗氏百爵斋，1936年；郭沫若：《两周金文辞大系考释》，东京：田中庆太郎文求堂书店，1935年。
[2] 侯外庐：《中国思想通史》，卷一，北京：人民出版社，1957年，第93页。
[3] 查昌国：《西周"孝"义试探》，《中国史研究》1993年第2期，第143—151页；王慎行：《论西周孝道观的本质》，《人文杂志》1991年第2期，第70—76、120页。
[4] 康德文：《论春秋战国之际"孝"观念的变迁》，《社会科学战线》1997年第4期，第103—109页。

刘邦建汉以后，恢复先秦崇孝传统，诏曰："人之至亲，莫亲于父子，故父有天下传归于子，子有天下尊归于父，此人道之极也"[5]，开汉代崇孝先河。惠帝刘盈续父之政，"举民孝弟力田者复其身"[6]，高后时，"初置孝弟力田二千石者一人"[7]，文帝亦三次发布养老令，诏赐孝悌力田金钱与帛[8]，"孝"日益成为汉代家庭生活基本的道德规范。元光元年（前134）冬十一月，汉武帝纳董仲舒之言："始令郡国举孝廉。制郡口二十万以上，岁察一人；四十万以上，二人；六十万，三人；八十万，四人；百万，五人；百二十万，六人；不满二十万，二岁一人；不满十万，三岁一人。"[9]察举孝廉自此成为两汉选拔官吏的重要途径，同时成为促进社会敦笃孝道的重要手段，马端临《文献通考·选举七》："汉世诸科虽以贤良方正为至重，而得人之盛则莫如孝廉，斯亦后世之所不能及。"[10]行孝成为时人谋取功名与加官晋爵的捷径，蔚为一时风气，据马端临统计，汉代仅靠举孝廉入仕者就有114人之多（表4）。

表4　汉代孝廉史例

时　间	孝　廉	史　实
初元四年（前45）	京房	以孝廉为郎（《汉书》，卷七十五，第3160页）。
汉平帝时期（1—5）	刘良	举孝廉，为萧令（《后汉书》，卷十四，第558页）。
建武五年（29）	刘昆	举孝廉（《后汉书》，卷七十九上，第2550页）。
建武二十七年（51）	第五伦	举孝廉，补淮阳国医工长（《后汉书》，卷四十一，第1396页）
建武（25—57）中	淳于恭	郡举孝廉（《后汉书》，卷三十九，第1301页）。
建武（25—57）中	董钧	举孝廉，辟司徒府（《后汉书》，卷七十九下，第2576页）。
建武（25—57）末	韦彪	举孝廉，除郎中（《后汉书》，卷二十六，第917页）。

---

[5] 班固：《汉书》，卷一，第62页。
[6] 同上书，卷二，第90页。
[7] 同上书，卷三，第96页。
[8] 同上书，卷四，第113、124、132页。
[9] 沈约：《宋书》，卷四十，北京：中华书局，1974年，第1257—1258页。
[10] 马端临：《文献通考》，卷三十四，北京：中华书局，1986年，第320页。

(续 表)

永平三年（60）	姜诗	察孝廉（《后汉书》，卷八十四，第2784页）。
永平八年（65）	张禹	举孝廉（《后汉书》，卷四十四，第1497页）。
永平（58—75）初	江革	举孝廉为郎，补楚太仆（《后汉书》，卷三十九，第1302页）。
永平（58—75）中	徐防	举孝廉，除为郎（《后汉书》，卷四十四，第1500页）。
建初二年（77）	张敏	举孝廉，四迁，五年，为尚书（《后汉书》，卷四十四，第1502页）。
建初三年（78）	程曾	举孝廉，迁海西令（《后汉书》，卷七十九下，第2581页）。
建初（76—84）中	魏霸	举孝廉（《后汉书》，卷二十五，第886页）。
建初（76—84）中	甄承	举孝廉（《后汉书》，卷七十九下，第2580页）。
永初元年（107）	杜根	举孝廉，为郎中（《后汉书》，卷五十七，第1839页）。
永初（107—113）中	葛龚	举孝廉，为太官丞（《后汉书》，卷八十上，第2618页）。
永建五年（130）	唐檀	举孝廉，除郎中（《后汉书》，卷八十二下，第2729页）。
永建（126—132）中	陈龟	举孝廉，五迁五原太守（《后汉书》，卷五十一，第1692页）。
延熹元年（158）	赵咨	大司农陈奇举咨至孝有道，仍迁博士（《后汉书》，卷三十九，第1313页）。
延熹九年（166）	荀爽	太常赵典举爽至孝，拜郎中（《后汉书》，卷六十二，第2051页）。

汉代社会如此重孝，并从孝子中选举官吏的做法与"事亲孝故忠可移于君，是以求忠臣必于孝子之门"[11]的思想联系紧密，贾谊《大政》：

> 事君之道不过于事父，故不肖者之事父也，不可以事君。[12]

---

[11] 范晔：《后汉书》，卷二十六，第917—918页。
[12] 贾谊：《贾谊集校注》，王洲明、徐超校注，北京：人民文学出版社，1996年，第348页。

"家之孝子，国之忠臣"是汉代孝道思想的基本内涵，"忠臣之事君，犹孝子之事父也"[13]，在汉代人眼中，孝于父则忠于君，孝子即为忠臣，"不孝，则事君不忠"[14]，"事君不忠，不孝之大者也"（《盐铁论·孝养》），"且夫孝，始于事亲，中于事君，终于立身"[15]，正如汉代张敞所言，"忠孝之道，退家则尽心于亲，进宦则竭力于君"[16]。

魏晋时期，朝代频繁更迭，往往突不及黔便江山易主，此外，兴起于东汉末年的世家大族于这时迅速崛起，他们拥兵自重，割据一方，成为可左右国家政局的社会力量。《孟子·离娄章句上》："为政不难，不得罪于巨室。巨室之所慕，一国慕之；一国之所慕，天下慕之；故沛然德教溢乎四海。"魏晋诸朝正是处于这样的历史境地，皇室往往通过优待世家大族并给予特权来换取他们对国家政权的把持，汉末曹操与陈群、许褚、李典，刘备与糜竺、霍峻，孙权与鲁肃、吴中四姓，司马昭与蜀地大族，晋与江南大族等皆为此等关系，他们相互依附，共秉朝政。

两汉盛行的忠孝观念至此发生分离，"孝"脱离"忠"而被提升至前所未有的高度，鲁迅在《而已集·魏晋风度及文章与药及酒之关系》中提到："魏晋是以孝治天下的"[17]，同时也尖锐地指出：

> 魏晋时代，崇奉礼教的看来似乎很不错，而实在是毁坏礼教，不信礼教的。表面上毁坏礼教者，实则是承认礼教，太相信礼教。因为魏晋时所谓崇奉礼教，是用以自利，那崇奉不过偶然崇奉，如曹操杀孔融，司马懿杀嵇康，都是因为他们和不孝有关，但实在曹操司马懿何尝是著名孝子，不过将这个名义，加罪于反对自己的人罢了。[18]

---

[13] 范晔：《后汉书》，卷五十八，第1874页。
[14] 班固：《汉书》，卷六十，第2674页。
[15] 同上书，卷六十二，第2716页。
[16] 同上书，卷七十六，第3219页。
[17] 鲁迅：《鲁迅全集》，第三卷，北京：人民文学出版社，1998年，第512—513页。
[18] 鲁迅：《鲁迅全集》，第三卷，第512—513页。

据史料记载，当时确实存在"举秀才，不知书；察孝廉，父别居；寒素清白浊如泥，高策良将怯如鸡"[19]这一事实。这一名实背离的情况自东汉年间已露端倪，魏晋时期，由于社会政治环境的变化，士族强权的膨胀，以孝入仕之途已远不及汉代，然而，由于统治者的提倡以及世家大族对礼法的标榜，孝道仍得以继续流行，并随着与谶纬玄学的结合，日渐脱离实际，演化出大量具有神秘色彩的孝感故事并盛行一时，对南北朝以至宋元明清孝道观念与丧葬思想产生了深远的影响。

第二节 汉魏孝子画像的发现与研究

随着孝道思想的萌生、发展、渐盛，以表现"孝"为主题的绘画——孝子画像随之出现，先秦时代已有孝子像的刻画，孔子适周，于雒邑明堂"睹四门墉，有尧舜与桀纣之像，而各有善恶之状与兴废之诫焉"[20]，舜即为中国古代著名的孝子。另屈原放逐，彷徨山泽，"见楚有先王之庙及公卿祠堂，图画天地山川神灵，琦玮谲诡，及古贤圣，怪物行事"[21]，"古贤圣"或有舜之形象。汉代庙堂图绘甚盛，其中可见孝子像，东汉王延寿曾于西汉鲁恭王刘余灵光殿中见"忠臣孝子，烈士贞女"[22]壁画。

汉代孝子画像除见于文献外，考古也有丰富发现。山东是汉代孝子画像遗存最丰富的地区之一，嘉祥武氏祠、宋山、肥城、南武山、孝堂山小石室、大汶口汉墓等均有发现，而以武梁祠孝子画像数量最多。武梁祠东墙、西墙（图46）和后墙均刻有孝子画像，东墙有三州孝人、魏汤、颜乌、赵□盾、原榖（图47）；西墙从右至左依次为

---

[19] 孙筱：《孝的观念与汉代家庭》，《中国史研究》1988年第3期，第154页。
[20] 王肃注：《孔子家语》，卷三，上海：上海古籍出版社，1990年，第29页。
[21] 洪兴祖：《楚辞章句补注》，北京：中华书局，1983年，第85页。
[22] 周积寅：《中国画论辑要》，南京：江苏美术出版社，1985年，第14页。

曾子、闵子骞（图48）、老莱子、丁兰；后墙有韩柏榆、邢渠、董永、蒋章训、朱明、李善、金日䃅。武氏祠前石室第七石刻闵子骞、老莱子、伯游、邢渠，第十三石刻丁兰、邢渠，左石室第八石刻丁兰、邢渠。宋人赵明诚（1081—1129）《金石录》最早著录了"武梁祠画像石"，其后，洪适于《隶续》"复制了武梁祠画像及'孔子见老子'画像"[23]。宋

图46　山东嘉祥武梁祠西壁画像

代以后，武氏石刻的研究一度沉寂，直至清乾隆五十一年（1786）黄易（1744—1802）发掘武氏祠，武氏石刻才又重回金石学家的视野。清道光元年（1821），冯云鹏与冯云鹓刊行《金石索》，著录几乎全部武氏祠画像，其立足图像本体的考订颇为独到，标志了武氏祠学术史的重要转折。瞿中溶于清道光五年（1825）完成的《武氏祠堂画像考》"是一部纯粹研究武氏墓地石刻铭记和画像的专著"[24]，对包括孝子图

图47　孝孙原毂　武梁祠东壁

图48　闵子骞画像　武梁祠西壁

---

[23]〔美〕巫鸿：《武梁祠：中国古代画像艺术的思想性》，北京：三联书店，2006年，第337页。
[24]〔美〕巫鸿：《武梁祠：中国古代画像艺术的思想性》，第57页。

图 49　泰安大汶口汉画像石墓门楣孝子画像

在内的众多画像有详尽描述与精深考证[25]。容庚后续之《汉武梁祠画像录》（1936）与长广敏雄《汉代画像研究》于武氏祠孝子画像之考释又有深度拓展[26]，尤其后者，甚至被誉为有清以来武氏祠孝子画像研究的顶峰[27]。武氏祠孝子画像虽极为晚清金石学界所重，但长期以来的研究主要囿于图像考释与内容著录，直至巫鸿完成《武梁祠：中国古代画像艺术的思想性》[28]的研究，这一学术传统才发生实质性转变，基于汉代墓葬语境的整体探求逐渐凸显。

大汶口汉墓、肥城、宋山、南武山、孝堂山小石室虽有发现，但较为零星。大汶口汉墓位于汶河北岸，孝子画像刻于该墓西前室通耳室门楣上，画分三段（图49），考古报告认为画像从左至右依次表现赵苟、丁兰、沙公前妇子孝敬后母的故事[29]。东汉建初八年（83）肥城汉墓现存画像石两块，孝子画像刻于前室东壁画像石中部偏下，"自右至左，一人好像坐在砖台上，对面一人跪于地下。再左有二人持笏躬立，其前一人双手持盉，另一人左手持一有柄器物，右手抚一狗。再左为二人对立，一人手握鸠杖"[30]。嘉祥宋山汉墓出土类似格

---

[25] 瞿中溶：《汉武梁祠堂石刻画像考》，北京：文物出版社，1982年。
[26] 容庚：《汉武梁祠画像录》，北平：燕京大学考古学社，1936年；〔日〕长广敏雄：《汉代画像の研究》，中央公论美术出版，1965年。
[27] 〔日〕黑田彰：《孝子伝の研究》，第195页。
[28] Wu Hung, *The Wu Liang Shrine:the Ideology of Early Chinese Pictorial Art*, Stanford: Stanford University Press, 1989.
[29] 程继林：《泰安大汶口汉画像石墓》，《文物》1989年第1期，第49—52页。
[30] 王思礼：《山东肥城汉象石墓调查》，《文物参考资料》1958年第4期，第34—36页。

局画像，宋山一号墓第二石第三层"左边四个男子，三人站立，前面一人跪坐，手拿一物带绶，面向右。对面一男子，躬身伸手接物。在他们二人中间，地上一犬上仰。右方男子后面，又随一儿童和妇女，手均前伸"[31]（图50）。宋山二号墓第一石第三层画面与之相似，唯人数略少，仅有五人，考古报告称之"宰狗图"[32]。

图50 骊姬计杀申生 嘉祥宋山一号墓二号画像石第三层

王恩田在对大汶口汉墓石刻画像的研究中，认为大汶口汉墓耳室门楣最右端、肥城汉墓前室东壁画像石、嘉祥宋山一号墓第二石第三层以及二号墓第一石第三层图像内容，"可确知系历史上著名的骊姬计杀申生的故事"[33]，图像描绘的正是"骊姬与犬肉，犬毙"（《国语·晋语二》）的刹那情景[34]。此外，王恩田还就大汶口汉墓另两幅孝子画像作了辨析，认为中段画像应为赵苟哺父，而左段画像则为董永。[35]

嘉祥宋山一号墓第四石中层与第八石第二层画面基本相同，"左方刻一个单层殿堂，王者面门而坐，柱外一人跪谒。殿堂前有一个斜梯，梯前一人荷物赤足登梯，身后相随一童；其后又有三人，一人亦有一儿童跟随"[36]（图51）。第八石第二层唯跪谒者身在门内，门外楼

---

[31] 嘉祥县武氏祠文管所：《山东嘉祥宋山发现汉画像石》，《文物》1979年第9期，第1—6页。
[32] 济宁地区文物组、嘉祥县文管所：《山东嘉祥宋山1980年出土的汉画像石》，《文物》1982年第5期，第61页。
[33] 王恩田：《泰安大汶口汉画像石历史故事考》，《文物》1992年第12期，第74页。
[34] 刘敦愿：《美术考古与古代文明》，北京：人民美术出版社，2007年，第279页；刘敦愿：《〈山东汉画像石选集〉中未详故事考释》，《东岳论丛》1984年第2期，第80页。
[35] 王恩田：《泰安大汶口汉画像石历史故事考》，《文物》1992年第12期，第77—78页。
[36] 嘉祥县武氏祠文管所：《山东嘉祥宋山发现汉画像石》，《文物》1979年第9期，第2页。

梯下蹲踞一犬。考古报告认为第四石中层画面"似为众臣上朝之图"[37]，而第八石第二层画面则含义不详。黑田彰认为这两幅画像以及嘉祥南武山第二石第三层皆表现"舜后母焚廪"[38]，并指认孝堂山小石室（东京国立博物馆藏）一幅无榜题石刻表现的应为孝子丁兰[39]。

图51 舜后母焚廪画像 嘉祥宋山一号墓四号画像石中层

开封白沙镇汉画像石墓与登封启母阙是河南地区汉代孝子画像的重要遗例。据黑田彰研究，开封白沙镇汉画像石墓共有孝子画像五幅，分别表现邢渠、丁兰、闵子骞（图52）、伯榆、原谷[40]。启母阙为东汉颖川太守朱宠建于东汉延光二年（123）的神道阙，阙身东面自上而下第五层雕"郭巨埋儿"画像[41]，"郭巨埋儿"虽然在魏晋之后表现极盛，但早期遗存极少，启母阙"郭巨埋儿"画像作为其图像演绎的早期形式，弥足珍贵。

四川渠县沈府君阙与太室山启母阙时代相当，"约

图52 闵子骞（线摹） 开封白沙镇出土 东汉

---

[37] 嘉祥县武氏祠文管所：《山东嘉祥宋山发现汉画像石》，《文物》1979年第9期，第2页。
[38]〔日〕黑田彰：《孝子伝の研究》，第204页。
[39] 同上书，第200页。
[40] 同上书，第199—200页。
[41] 王建中：《汉代画像石通论》，第195—196页；河南省博物馆、河南省文物研究所、河南省古代建筑研究所：《中岳汉三阙》，北京：文物出版社，1990年。

为安帝末延光年间（122—125）所建"[42]，蒲家湾无铭阙年代略晚，两阙楼部浅浮雕孝子董永"以鹿车推父至于畔上"[43]，画像中间为一独轮车，车上坐一老者，老者前方即画面右侧雕一人扶锄站立，老者背后有一树，两阙画面布局相当，是北朝"董永看父助（锄）时"的早期画像形式。刘仙洲认为永父所坐独轮车应为文献记载的"鹿车"，由此推断"我国独轮车的创始时期至少应由三国时期上推到西汉晚年"[44]。王建伟则肯定"武梁祠、沈府君阙、蒲家湾无铭阙以及大汶口画像石的图像，应当本于刘向的《孝子传》，其重要标志就是载父的'鹿车'"[45]。渠县沈府君阙与蒲家湾无铭阙董永图式结构，后为北魏孝子画像因袭，并有进一步图像拓展。四川乐山麻浩一号崖墓位于麻浩崖墓群北部，其前室北壁、东壁和南壁刻画十幅墓门画像，其中第八幅甚残，考古报告描述该图左为一株大树，树下为董永父身及所坐独轮车车轮和支架，"似为'董永事父'故事图"[46]。另据研究，四川乐山崖墓还有"老莱子娱亲图"[47]。目前所见汉代"老莱子"画像遗存，除嘉祥武梁祠与乐山崖墓外，浙江海宁长安镇东汉晚期至三国画像石墓亦有一幅，该墓前室北壁第四石下部刻有两人，"西起第一人为一着长袖大袍的老者，手执杖；另一人双臂上举，左手执一鼗鼓，在老人面前起舞"[48]，有研究认为该画像是"老莱子娱亲"[49]。

1971年秋，内蒙古和林格尔新店子发现一座东汉后期壁画墓[50]，墓主"可能为护乌桓校尉公綦稠"[51]。该墓描绘众多孝子，遗存之丰

---

[42] 陈明达：《汉代的石阙》，《文物》1961年第12期，第15页。
[43] 王重民等：《敦煌变文集》，第904页。
[44] 刘仙洲：《我国独轮车的创始时期应上推到西汉晚年》，《文物》1964年第6期，第4页。
[45] 王建伟：《汉画"董永故事"源流考》，《四川文物》1995年第5期，第4页。
[46] 乐山市文化局：《四川乐山麻浩一号崖墓》，《考古》1990年第2期，第113页。
[47] 李复华、曹丹：《乐山汉代崖墓石刻》，《文物参考资料》1956年第5期，第61页。
[48] 嘉兴地区文管会、海宁县博物馆：《浙江海宁东汉画像石墓发掘简报》，《文物》1983年第5期，第7页。
[49] 岳凤霞、刘兴珍：《浙江海宁长安镇画像石》，《文物》1984年第3期，第52页。
[50] 内蒙古文物工作队、内蒙古博物馆：《和林格尔发现一座重要的东汉壁画墓》，《文物》1974年第1期，第8—23页。
[51] 金维诺：《和林格尔东汉壁画墓年代的探索》，《文物》1974年第1期，第50页。

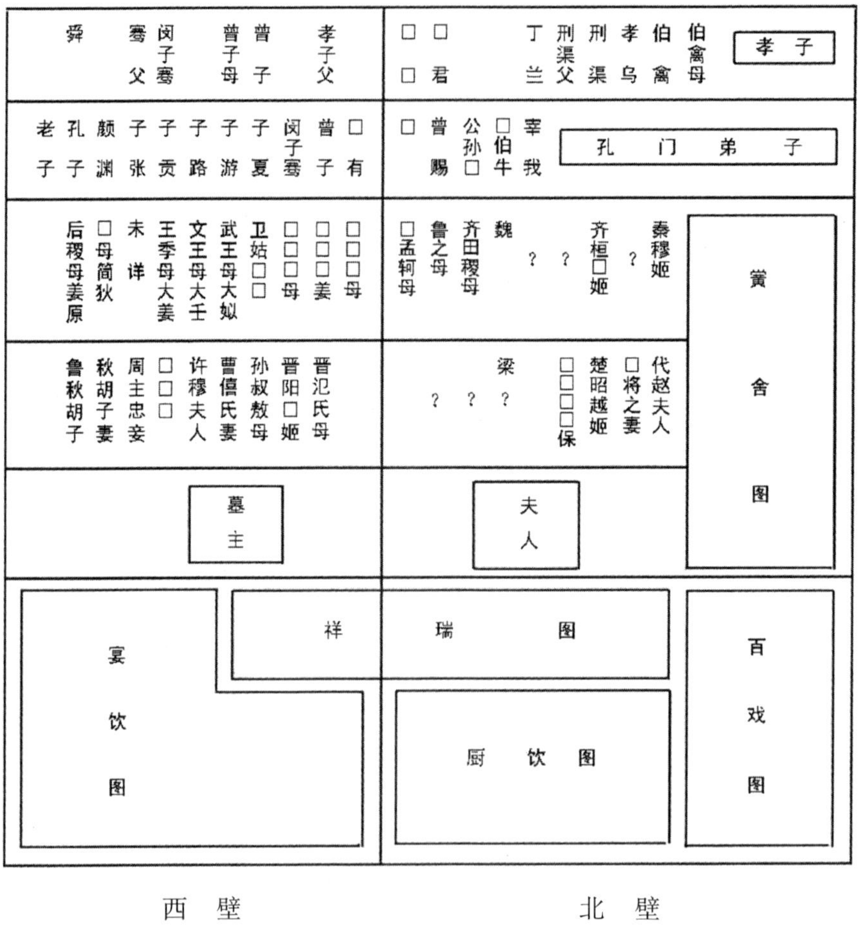

舜父	闵子骞父	曾子母	曾子	孝子父	□□	丁君	刑渠父	刑渠	孝乌	伯禽	伯禽母	孝子		
老子	孔子	颜渊	子张	子贡	子游	子夏	闵子骞	曾□有	□赐	曾孙□	公伯牛	□我	宰	孔门弟子
后稷母姜原	□母简狄	未详	王季母大姜	文王母大妊	武王母大姒	卫姑□母	□□□姜	□□母	□孟轲母	齐田稷母	魏□	？？	齐桓□姬	秦穆姬	赏舍图
鲁秋胡子	秋胡子妻	周主忠妾	许穆夫人	曹僖氏妻	孙叔敖母	晋僖□姬	晋阳□母	梁？？？	楚昭越姬	□□□保	代之赵夫人将之妻			
	墓主			夫人										
宴饮图		祥 瑞 图						百戏图						
		厨 饮 图												

西壁　　　　　　　　　　　　　北壁

图 53　和林格尔汉墓孝子画像分布图　东汉　内蒙古

富，仅次于嘉祥武氏祠。[52] 和林格尔汉墓结构复杂，是由前、中、后室及三耳室组成的多室墓，除"七女为父报仇"位于中室西壁甬道门上外，孝子画像主要绘于中室西壁至北壁。据尚可辨识的榜题，西壁绘有舜、闵子骞、曾子，北壁绘有丁兰、邢渠、孝乌、伯禽、魏昌、原穀、子路以及金日䃅（图53）。[53] 据该墓前室壁画"举孝廉时"题记，知墓主系因察举孝廉入仕，故墓中大量描绘孝子画像，除与汉代崇孝

---

[52] 詹姆斯（J.James）在其博士论文中，对武氏祠与和林格尔汉墓图像作了比较研究，详见 J.M.James. *An Iconographic Study of Two Late Han Funerary Monuments: The Offering Shrines of the Wu Family and the Multichamber Tomb at Holingor*, Ph.D.Iowa University,1983。
[53] 内蒙古自治区博物馆文物工作队：《和林格尔汉墓壁画》北京：文物出版社，1978年。

语境有关外，亦与墓主刻意标榜个人孝德关系密切。

北京石景山与朝鲜乐浪也有发现，1964年6月，北京石景山上庄村发现汉幽州书佐秦君石阙，在八号方柱左侧面中间刻以"乌还哺母"铭文[54]，以"乌还哺母"寓示"子孙奉祠"，该石阙刻于东汉永元十七年（105），正值汉代崇孝盛期，是探索汉代河北地区孝行思想与图像发展的重要材料。朝鲜乐浪汉时为中国属地，该地于1931年出土一件汉代彩箧（平壤国家中央历史博物馆藏），箧身上部沿口下方周绘人物数组（图54），吉川幸次郎通过对其上"孝妇""渠孝子""侍

图 54-1　乐浪彩箧　汉代　朝鲜平壤国家中央历史博物馆藏

图 54-2　乐浪彩箧局部

---

[54] 北京市文物工作队：《北京西郊发现汉代石阙清理简报》，《文物》1964年11期，第16—17页；邵茗生：《汉幽州书佐秦君石阙释文》，《文物》1964年11期，第23—24页；郭沫若：《"乌还哺母"石刻的补充考释》，《文物》1965年4期，第2—5页。

郎""魏汤"、"汤父""丁兰""木丈人""李善""善大家"等题识的文献考察[55]，确认彩箧沿口部位表现的是孝子邢渠、魏汤、丁兰、原穀、李善，这五位孝子亦见于武氏祠、大汶口汉墓以及和林格尔汉墓，画像形式与题材的相似性，以及乐浪彩箧源出蜀郡的来历[56]，进一步显现出两地文化的血脉联系。

目前所见汉代孝子画像遗存（表5），表现手法多样，包括平雕、

表5 汉代孝子画像遗存

遗 存	时 代	出土地/藏地	孝子画像
画像石	建初八年（83）	山东肥城	申生
石阙	元兴元年（105）	北京石景山	乌还哺母
启母阙	延光二年（123）	河南登封太室山	郭巨埋儿
画像石	东汉	河南开封白沙镇	邢渠、丁兰、敏子骞、伯奥、原穀
彩箧	东汉	乐浪出土/平壤博物馆藏	邢渠、魏汤、丁兰、孝孙、李善等
石室	东汉	孝堂山出土/东京国立博物馆藏	丁兰
武梁祠	东汉	嘉祥武宅山	曾子、闵子骞、老莱子、丁兰、韩柏榆、邢渠、董永、蒋章训、朱明、李善、金日磾、魏汤、颜乌、原穀、闵子骞、伯游、邢渠、舜、伯奇等
画像石	东汉晚期	泰安大汶口	赵苟、董永、申生
和林格尔汉墓壁画	东汉晚期	内蒙古新店子	舜、闵子骞、曾子、丁兰、邢渠、孝乌、伯禽、魏昌、原穀、七女为父报仇
画像石	汉	嘉祥宋山一、二号墓	申生、舜

---

[55]〔日〕吉川幸次郎：《吉川幸次郎全集》六，东京：筑摩书房，1968年，第379—399页。
[56] 杨泓：《三国考古的新发现——读朱然墓简报札记》，《文物》1986年第3期，第20页。

浮雕、线刻、彩绘、髹漆等，题材内容丰富，刻画郭巨、董永、丁兰、原穀、老莱子、邢渠、赵苟、柏榆、申生、金日磾等数十位孝子，除孝悌题材外，还涉及忠义内容，如京师节女、鲁义姑姊、义浆羊公、梁高行等，体现了汉代敦崇忠孝的社会风气，而"汉画艺术中很大一部分是汉代忠孝观念的表现形式"[57]。汉代孝子画像遗存广泛的地理分布，反映出汉代社会孝风盛炽的社会景象。

魏晋时代，受厚葬禁令与社会风气影响，"秦汉时代的一整套陵寝制度大为衰落，形制复杂的大型墓葬少见，明器的种类和数量锐减，金银随葬品绝少使用"[58]。墓室建筑装饰日趋俭薄，因汉代厚葬之风兴起的孝子画像急剧减少，安徽马鞍山东吴朱然墓曾发现一件"伯榆悲亲"漆盘，"盘中间画榆母苔子力衰，伯榆悲泣的故事"[59]，为魏晋孝子画像代表性实物遗存，但在艺术水平、分布范围、图绘数量等方面已远逊汉代。

---

[57] 杨爱国：《汉代的忠孝观念及其对汉画艺术的影响》，《中原文物》1993年第2期，第66页。
[58] 魏鸣：《魏晋薄葬考论》，《南京大学学报》1986年第4期，第138—139页。
[59] 安徽省文物考古研究所、马鞍山市文化局：《安徽马鞍山东吴朱然墓发掘简报》，《文物》1986年第3期，第4—5页。

第六章

「子贵母死」与北魏中晚期孝风骤盛及《孝子图》的刻画

"子贵母死"与"离散部落"是北魏早期为防止外家篡权而采取的政治举措，延兴年间（471—476），代北独孤、贺兰、慕容等部落已被离散，后妃已无强大部族背景，两者内外联结形成祸端已无可能，而旨在防止外家为乱的"子贵母死"之制已再无存在之必要，然而，在文明太后执意坚持下，仍继续施行，并成为后妃擅权的政争工具。也就是从这一时期开始，北魏孝风骤盛，而孝子画像也成为北魏墓葬图像的重要内容刻画在葬具上，这在洛地出土画像石葬具上尤为多见。"子贵母死"与北魏中晚期孝风骤盛及孝子图像的大量刻画看似并不相关，实际却隐含微妙而不易被觉察的历史联系。值得注意的是，北魏前期墓葬中曾出现有装饰竹林七贤或高士的个案，如山西大同北魏宋绍祖墓（477）出土石椁正壁即刻画有弹奏琴和阮的人物，这很可能受到南朝墓葬作风的影响，因为这一装饰题材在南朝墓葬十分多见，但后来在北魏并没有发展起来，而是为孝子画像所取代，成为北魏中后期，尤其迁洛之后重要的墓葬图像。这一历史现象的产生，主要应归因于文明太后以"子贵母死"擅权所最终导致的北魏中晚期孝风骤盛以及后宫权力斗争对"孝"的需要。

第一节 "子贵母死"之制的设立

"子贵母死"指皇子将立为储君者，其母皆赐死，是道武帝仿汉武帝杀钩弋所设立君制度，《魏书·皇后传》："钩弋年稚子幼，汉武所以行权，魏世遂为常制"[1]，案《汉书·孝武钩弋赵倢伃传》：

> 钩弋子年五六岁，壮大多知，上常言"类我"，又感其生与众异，甚奇爱之，心欲立焉，以其年稚母少，恐女主颛

---

[1] 魏收：《魏书》，卷十三，第341页。

恣乱国家，犹与久之。钩弋倢伃从幸甘泉，有过见谴，以忧死，因葬云阳。后上疾病，乃立钩弋子为皇太子。[2]

《史记·外戚世家》对钩弋死因记载甚详：

> 其后帝闲居，问左右曰："人言云何？"左右对曰："人言且立其子，何去其母乎？"帝曰："然。是非儿曹愚人所知也。往古国家所以乱也，由主少母壮也。女主独居骄蹇，淫乱自恣，莫能禁也。女不闻吕后邪？"故诸为武帝生子者，无男女，其母无不谴死。岂可谓非贤圣哉！昭然远见，为后世计虑，固非浅闻愚儒之所及也。[3]

"子贵母死"即滥觞于此。或许是这一行为过于残忍之故，"子贵母死"在汉代并未形成定制，汉武以后，历东汉、三国至西晋，未见再行此制者，直至北魏道武帝才再次出现。拓跋珪欲立嗣为帝而杀其母刘贵人即以汉武杀钩弋为依凭，《魏书·太宗纪》："初，帝母刘贵人赐死，太祖告帝曰：'昔汉武帝将立其子而杀其母，不令妇人后与国政，使外家为乱。汝当继统，故吾远同汉武，为长久之计。'"[4]

北魏"子贵母死"的施行深植拓跋氏早期部族背景。"拓跋后妃多有部族背景，后妃部族通过后妃干预拓跋内部事务，特别是影响君位传承和君权行使，带来无穷纠纷。"[5]为摆脱外家部族对拓跋内政的干预，拓跋珪于建国伊始就开始了"离散部落"的征战，先后离散了贺兰、独孤、慕容等强大的外家部落。与"离散部落"之举相同，"子贵母死"的施行在根本上也是迫于后族外家对北魏皇权的潜在威胁，田余庆对此有敏锐洞见：

---

[2] 班固：《汉书》，卷九十七，第 3956—3957 页。
[3] 司马迁：《史记》，卷四十九，第 1986 页。
[4] 魏收：《魏书》，卷三，第 49 页。
[5] 田余庆：《拓跋史探》，第 46 页。

明元帝时禁外家交通后宫，说明后妃与外家部落确有内外联结形成祸端的可能。这种形势，道武生前当有所感觉。所以道武帝从巩固帝国、巩固君权考虑，认为扼制外家部落必须与扼制母后本人同步进行。这样就出现了道武帝死前所行的子贵母死措施。[6]

北魏"子贵母死"之制于拓跋珪始设，后成定制，经明元帝、太武帝、文成帝、献文帝、孝文帝、宣武帝迄于孝明帝元诩，历七代绵延一百余年。这在中国历史上是极为罕见的，其悖违人伦的残酷性在实行之初即备受世人谴责，道武帝后来对此亦深感愧悔，以致临终前"终日竟夜独语不止，若旁有鬼物对扬者"[7]。

第二节　文明太后擅权与"子贵母死"的历史转向

文明太后冯氏，长乐信都人（河北冀县），北燕（407—436）皇室后裔。其父冯朗为北燕王冯弘之子，因北燕内部权力之争，降于拓跋氏，后因事坐诛，文明并入宫中，兴安三年（454）成为文成帝的贵人，随后于太安二年（456）立为皇后。[8]

文明得以利用"子贵母死"擅权根源于北魏后宫特殊的太后制度、"子贵母死"所提供的历史契机及其个人一己之私。与汉地不同，北魏太后有三种类型，其一是依拓跋旧俗手铸金人得位的皇后，新君登位，尊为皇太后；其二为已被赐死的太子生母，新君即位后，追尊为皇太后；其三是太子乳母，在新朝被尊为保太后或皇太后[9]。献文帝生母李氏，"太安二年，太后令依故事，令后具条记在南兄弟及所结宗

---

[6] 田余庆：《拓跋史探》，第46页。
[7] 魏收：《魏书》，卷二，第44页。
[8] 同上书，卷十三，第328页。
[9] 田余庆：《拓跋史探》，第52页。

兄洪之，悉以付托。临诀，每一称兄弟，轧拊胸恸泣，遂薨"[10]。后被尊为文成元皇后，案献文帝于和平六年（465）即位时年十二岁，故其应生于兴安三年（454），太安二年（456）其母赐死时，献文帝拓跋弘已经三岁，无需乳养，而文明冯氏薨于太和十四年（490），终年49岁，其当生于太平真君三年（442），太安二年（456），献文立为太子时，文明15岁，且已于献文立太子前一个月，即太安二年（456）正月立为皇后，无母养献文之可能。文明既非献文生母，对献文又无乳养之恩，其能荣登皇后之位并在献文即位后尊为皇太后只有一个可能，即依拓跋旧俗手铸金人得位，也许这也是文明因何以罪臣之女获至尊位的重要原因，当然，文明身为左昭仪的姑姑和拓跋不重皇后出身的旧俗也不可忽视。[11]

实际上，献文朝只有一个太后——文明太后，据田余庆研究，这种太后"一般是礼仪上的称呼而不涉实权"[12]。文明初擅北魏权柄始于平定乙浑叛乱。献文即位后，朝政大权实由丞相乙浑掌握，"事无大小，皆决于浑"[13]，时隔不久，天安元年（466）二月庚申，"丞相、太原王乙浑谋反伏诛"[14]，文明太后在其中扮演了重要角色，并伺机揽政，史载"丞相乙浑谋逆，显祖年十二，居于谅闇，太后密定大策，诛浑，遂临朝听政"[15]。

文明太后能够参政，主要在于献文帝年纪尚幼，无法就某些事件做出裁定，而后宫仅有其一个太后则是促使文明涉足北魏政权的另一个重要原因。但文明此次临朝时间并不长，前后持续仅一年多即隐退后宫。从献文帝亲政四年即禅位孝文帝、承明元年（476）暴薨及文明于承明元年（476）临朝前后北魏宫廷人事异动等情况，可见文明

---

[10] 魏收：《魏书》，卷十三，第331页。
[11] 田余庆在《拓跋史探》一书中，就"北魏后宫子贵母死之制的形成和演变"作了专门讨论，详见该书第9—61页。李凭在《北魏平城政权研究》（田余庆指导，北京大学历史系博士学位论文，1989年）中提出，文明之所以能登后位，可能与当时权倾后宫的皇帝乳母昭太后有关，详论见第四章第五节"论昭太后与文明太后"，第99—115页。
[12] 田余庆：《拓跋史探》，第52页。
[13] 魏收：《魏书》，卷六，第126页。
[14] 同上。
[15] 同上书，卷十三，第328页。

太后与献文帝之间存在激烈的权力斗争。[16] 这一斗争应肇源于文明在平定乙浑事件后的擅权,而其借抚养孝文帝退隐后宫实是以退为进之策。延兴元年(471)八月,"上迫于太后,传位太子,是为孝文帝"[17],随着元宏的登基,年仅30岁的文明以太皇太后的身份再次临朝,从此掌握北魏政权达19年之久,对北魏历史产生了重要影响。

在与献文帝的权力斗争中能够最终获胜,文明对北魏后宫"子贵母死"旧制的充分把握与利用是至为关键的重要因素,对此,冯氏侄幽皇后说得十分明确。幽皇后为冯熙之女,以姿媚"偏见爱幸",后与高菩萨淫乱事发,甚为忧惧,于是请女巫祷厌:

> 愿高祖疾不起,一旦得如文明太后辅少主称命者,赏报不赀。[18]

皇帝的乳母保太后实际上是北魏后宫掌握实权的人物,其中就包括赐死储君生母,以手铸金人得位的太后虽无实权,但地位要高于保太后,所以,如果以手铸金人得位的太后能同时兼有保太后的权力,那她显然就是北魏的一号人物。要达到这一目的,只能在皇子已经断奶,无需乳母的情况下通过"子贵母死"赐死皇帝生母,据为己有,这样,北魏后宫实际上就没有了保太后,而皇帝生母已依"子贵母死"赐死,北魏的权力就完全掌握在了以手铸金人得位的太后手里。孝文帝元宏生于皇兴元年(467),文明太后则是在天安元年(466)平定乙浑叛乱后一年多即元宏生年退隐宫中躬亲抚养孝文帝,而孝文

---

[16] 承明元年(476)六月甲子,献文帝在下令"中外戒严"的第七日暴薨后,其羽翼万安国即于次日(476年7月21日)被赐死,李訢、李惠分别在一两年内被诛杀,李惠的岳父韩颓于太和四年(480)"削爵徙边",濮阳王拓跋孔雀在政变次月被赐死,京兆王拓跋子推于承明元年(476)十一月戊子迁青州刺史,后于次年七月薨逝,拓跋目辰与拓跋长乐同于太和三年(479)被诛杀。而与文明太后关系较为密切的源贺、拓跋丕、拓跋云、陆定国等在献文帝在世的最后一两年纷纷被解职外放,献文帝于承明元年六月薨逝后,他们很快便被文明恢复官爵,曾协助文明太后推翻丞相乙浑的拓跋丕在文明第二次掌权后几个月,便进爵东阳王,后又相继迁任司徒和太尉,详见康乐:《北魏文明太后及其时代(上篇)》,《食货》1985年第15卷,第11/12期,第461—675页。
[17] 魏收:《魏书》,卷一百五之三,第2412页。
[18] 同上书,卷十三,第333页。

帝生母李夫人被赐死之时，元宏已经三岁，因此已不存在乳母保太后的问题，文明实际上是借元宏生母完成乳养后再行赐死，这样，权力就完全集中到文明身上。文明于皇兴元年（469）隐退后宫"躬亲抚养元宏"，应有预谋，以为将来元宏亲政后借势擅权铺垫，"实际上是要把新生皇子攫取于自己之手，借以发挥前此诸帝的保太后作用"[19]。

文明"深知尽早确定皇储，赐死皇储之母，并把皇储牢牢控制在手加以诱导，就是掌握了未来的北魏统治"。[20] 其女侄幽皇后亦妄图步其后尘，《孝文昭皇后高氏传》："及冯昭仪宠盛，密有母养世宗之意，后自代如洛阳，暴薨于汲郡之共县，或云昭仪遣人贼后也。世宗之为皇太子，三日一朝幽后，后拊念慈爱有加。高祖出征，世宗入朝，必久留后宫，亲视栉沐，母道隆备。"[21] 与其姑文明冯氏作为如出一辙。

"子贵母死"实际上直接导致了保太后的产生以及三种太后制度的形成，保太后因母养关系而权倾后宫造成其与以手铸金人得位的太后之间的无法弥合的矛盾，即使后宫没有保太后，也无法解决以手铸金人得位的太后与皇帝间没有血亲的矛盾。"子贵母死"实际上在防止外家为乱的同时，也建构起各种复杂交错而难以解决的重重矛盾。"子贵母死"的设立原为巩固皇权，却成为日后北魏灭亡的隐患。"子贵母死"之制在文明太后时完全改变了其原为防范外家和后族干政的历史轨迹，转而成为后妃相互倾轧、专擅权柄的政争工具，围绕"子贵母死"的后宫权力之争，腥风血雨，此起彼伏，"椒掖之中，以国旧制，相与祈祝，皆愿生诸王、公主，不愿生太子"[22]。"皇子备受摧残，难以存活，以至北魏皇室后继乏人。"[23] 宣武、孝明"在洛二世，二十余年，皇子全育者，惟肃宗而已"。[24] 周一良对此颇为感慨："北魏虽定此严格残忍之制度，终不免于文明太后与灵胡太后之擅权，卒

---

[19] 田余庆：《拓跋史探》，第53页。
[20] 同上书，第60页。
[21] 魏收：《魏书》，卷十三，第335页。
[22] 同上书，第337页。
[23] 田余庆：《拓跋史探》，第61页。
[24] 魏收：《魏书》，卷十三，第337页。

以亡国,未始非历史之讽刺也。"[25]

第三节　北魏中晚期《孝子图》的刻画与后宫对权力的把持

"子贵母死"实际上直接导致了一种没有血亲的畸形的母子关系,而对权力的渴望及杀母之仇又让这一关系变得更加脆弱。新君与太后均处于危险的边缘,随着储君年龄的增长,太后的危险日益加剧,借"子贵母死"擅权者虽可暂享拥有至上权力的快乐,但同时使自己陷入日后难免杀身之祸的尴尬境地,文明对此当早有警觉,并曾萌生废帝之心,初"文明太后以帝聪圣,后或不利于冯氏,将谋废帝。乃于寒月,单衣闭室,绝食三朝,召咸阳王禧,将立之,元丕、穆泰、李冲固谏,乃止"[26]。文明虽然最终没有废黜元宏,但她实际上已经考虑到如何控制太子以避免日后为祸。《魏书》《北史》有关北魏弘孝诏令及相关言论表明,文明太后求助的是儒家的孝道思想,她主要通过两方面控制孝文帝。

一方面,文明通过兄长冯熙向元宏传授《孝经》,灌输孝道思想。冯熙是文明冯氏的兄长,少时以叔父冯邈之故流离他乡,后文明"使人外访,知熙所在,征赴京师"[27]。冯熙入宫后成为孝文帝的老师,史载冯熙"始就博士学问,从师受《孝经》《论语》,好阴阳兵法"[28]。而冯熙本人也"事魏母孝谨,如事所生。魏母卒,乃散发徒跣,水浆不入口三日。诏不听服,熙表求依赵氏之孤。高祖以熙情难夺,听服齐衰期"[29]。值得注意的是,魏母并非冯熙生母。从孝文帝敬事文明的言行来看,其受冯熙影响甚深。在文明擅权的十九年里,"高祖雅性孝谨,不欲参决,事无巨细,一禀于太后。太后多智略,猜忍,能行

---

[25] 周一良:《魏晋南北朝史札记》,北京:中华书局,1985年,第378—381页。
[26] 魏收:《魏书》,卷七,第186页。
[27] 同上书,卷八十三,第1819页。
[28] 同上书,第1818页。
[29] 同上书,第1819页。

大事，生杀赏罚，决之俄顷，多有不关高祖者"[30]。"宦者先有谮帝于太后，太后大怒，杖帝数十，帝默然而受，不自申明。"[31] 太和十四年（490），文明太后去世后，孝文帝"酌饮不入口五日，毁慕过礼"，"毁瘠，绝酒肉，不内御者三年"[32]，与冯熙如出一辙。而孝文帝与大臣对话多次引用《孝经》，更透露出文明兄妹以《孝经》为思想武器控制元宏的隐秘企图。孝文帝在文明崩后与大臣穆亮对话时说：

> 苟孝悌之至，无所不通。今飘风亢旱，时雨不降，实由诚慕未浓，幽显无感也。所言过哀之咎，谅为未衷，省启以增悲愧。[33]

这是《孝经·感应章》中的内容："孝悌之至，通于神明，光于四海，无所不通。《诗》云：自西自东，自南自北，无思不服。'"[34] 而孝文帝于太和十六年（492）与明根言对话时所引用的"孝顺之道，天地之经"[35] 则源自《孝经·三才章》："夫孝，天之经也，地之义也，民之行也。天地之经，而民是则之。"[36] 可见孝文帝对《孝经》之熟悉。

另一方面，文明太后发布行孝诏令，弘扬孝风，以期通过社会舆论牵制进而牢牢控制孝文帝。从《魏书》的记载来看，延兴（471—476）前后，北魏孝道思想的发展呈现迥异的趋向，虽然在昭成帝什翼犍时已有像燕凤、许谦等汉族士人介入代北拓跋事务，孝行思想也已有所流传，但自道武帝建国到献文帝皇兴五年（471）约八十余年的时间里，有关孝的诏令和相关记载并不多（表6）。据笔者收录，永兴至皇兴年间（409—471）发布的诏令中，与孝有关的共有五次，主要继承了汉代"家之孝子，国之忠臣"的思想，主张"士处家必以

---

[30] 魏收：《魏书》，卷十三，第329页。
[31] 同上书，卷七，第186页。
[32] 同上书，卷十三，第330页。
[33] 同上书，卷二十七，第669页。
[34] 胡平生：《孝经译注》，第34页。
[35] 魏收：《魏书》，卷五十，第1115页。
[36] 胡平生：《孝经译注》，第12页。

表6 北魏永兴至皇兴年间孝令

年 代	史 料
永兴至泰常年间（409—423）	"诏以斤世忠孝，赠其父篁为长宁子。"（《魏书·奚斤》，卷二十九，第698页）
永兴至泰常年间（409—423）	诏曰："士处家必以孝敬为本，在朝则以忠节为先，不然，何以立身于当世，扬名于后代也。"（《魏书·王洛儿》，卷三十四，第799页）
始光四年（427）	"是月壬申，有诏征范阳卢玄等三十六人，郡国察秀、孝数百人，且命以礼宣喻，申其出处之节。"（《魏书·天象志》，卷一百五之三，第2402页）
神䴥三年（430）	五月戊戌，诏曰："夫士之为行，在家必孝，处朝必忠，然后身荣于时，名扬后世矣。"（《魏书·世祖纪》，卷四，第76页）
太安元年六月（455）	癸酉，诏曰："其不孝父母，不顺尊长，为吏奸暴，及为盗贼，各具以名上。其容隐者，以所匿之罪罪之。"（《魏书·高祖纪》，卷五，第115页）

孝敬为本，在朝则以忠节为先"[37]，总体来看，这一时期的孝道思想未有太大发展，仍在延续汉代忠孝传统。这一状况发生骤变是在延兴元年（471）孝文帝元宏登基以后，元宏生于皇兴元年（467），登位时年仅五岁，而禅位后的献文帝事实上已无权力，因而这一时期的诏令实际上秉承的是文明太后的意旨，反映的也是她个人的意愿。文明擅权后，即于延兴三年（473）十一月发布诏令："力田孝悌，才器有益于时，信义著于乡间者，具以名闻。"[38] 此后，又相继于太和五年（481）二月、太和十一年（487）春、太和十一年（487）十月、太和十二年（488）发布孝令，着意弘扬孝风，其中尤以太和十一年（487）春发布的诏令最有代表性，曰："三千之罪，莫大于不孝，而律不逊父母，罪止髡刑。"[39] 这一情况一直持续到其于太和十四年

---

[37] 魏收：《魏书》，卷三十四，第799页。
[38] 同上书，卷七，第139—140页。
[39] 同上书，卷一百一十一，第2878页。

（490）去世（表7）。

表7 北魏延兴至太和十四年孝令

年 代	史 料
延兴三年十一月（473）	诏："……力田孝悌，才器有益于时，信义著于乡闾者，具以名闻。癸巳，太上皇帝南巡，至于怀州。所过问民疾苦，赐高年、孝悌力田布帛（《魏书·高祖纪》，卷七，第139—140页）。
太和五年二月（481）	"二月辛卯朔，大赦天下。赐孝悌力田、孤贫不能自存者谷帛有差；免宫人年老者还其所亲。"（《魏书·高祖纪》，卷七，第150页）
太和十一年春（487）	十一年春，诏曰："三千之罪，莫大于不孝，而律不逊父母，罪止髡刑。于理未衷。可更详改。"（《魏书·刑罚志》，卷一百一十一，第2878页）
太和十一年十月（487）	"孟冬十月，民闲岁隙，宜于此时导以德义。可下诸州，党里之内，推贤而长者，教其里人父慈、子孝、兄友、弟顺、夫和、妻柔。不率长教者，具以名闻。"（《魏书·高祖纪》，卷七，第163页）
太和十二年（488）	诏："犯死罪，若父母、祖父母年老，更无成人子孙，又无期亲者，仰案后列奏以待报，著之令格。"（《魏书·刑罚志》，卷一百一十一，第2878页）

孝文帝元宏真正掌权在太和十四至太和二十三年（490—499），仅九年时间。文明去世后，其党羽盘根错节，势力依然强大，对孝文帝构成强大的政治牵制，因而，在孝文帝实际掌权的九年间，依然延续了文明的传统，北魏孝行思想继续呈现迅速发展态势（表8）。察举孝廉比道武至献文期间明显增加，据《魏书》《北史》记载，孝义之前，北魏仅在始光四年（427）九月有过一次察举秀、孝的活动，"是月壬申，有诏征范阳卢玄等三十六人，郡国察秀、孝数百人，且命以礼宣喻，申其出处之节。"[40] 然而，自孙惠蔚于"太和初，郡举孝廉，对策于中书省"[41] 后，终太和二十多年间，有曹道、冯元兴、徐纥、

---

[40] 魏收：《魏书》，卷一百五之三，第2402页。
[41] 同上书，卷八十四，第1852页。

表8 北魏太和十四至二十三年孝令

年　代	史　料
太和十四年（490）	高祖曰："……而预于孝道简略，朕无取焉。" 高祖曰："既言事殊，固不宜仰匹至德，复称孝章从吉，不受讥前代。朕所以眷恋衰绖，不从所议者，仰感慈恩，情不能忍故也。盖闻孝子之居丧，见美丽则感亲，故释锦而服粗衰。内外相称，非虚加也。今者岂徒顾礼违议，苟免嗤嫌而已。抑亦情发于衷，而欲肆之于外。"（《魏书·礼志》，卷一百八之三，第2782页）
太和十四年（490）	明根对曰："圣慕深远，孝情弥至，臣等所奏，已不蒙许，愿得逾年即吉。……"高闾对曰："昔王孙裸葬，士安去棺，其子皆从而不违，不为不孝。……"李彪亦曰："三年不改其父之道，可谓大孝。今不遵册令，恐涉改道之嫌。"高祖曰："王孙、士安皆诲子以俭，送终之事，及其遵也，岂异今日。改父之道者，盖谓慢孝忘礼，肆情违度。"（《魏书·礼志》，卷一百八之三，第2784页）
太和十四年（490）	高祖曰："恩隆德厚，则思恋自深，虽非至情，由所感发。然曾参之孝，旷代而有，岂朕今日所足论也。……二汉之盛，魏晋之兴，岂由简略丧礼，遗忘仁孝哉。"（《魏书·礼志》，卷一百八之三，第2786页）
太和十四年（490）	亮表曰："以至孝之痛，服期年之丧，练事既阕，号慕如始。统重极之尊，同众庶之制，废越绋之大敬，阙宗祀之旧轨。……则休征可致，嘉应必臻，礼教并宣，孝慈兼备，普天蒙赖，含生幸甚。"（《魏书·穆崇》，卷二十七，第668、669页）
太和十四年（490）	诏曰："苟孝悌之至，无所不通。今飘风亢旱，时雨不降，实由诚慕未浓，幽显无感也。所言过哀之咎，谅为未衷，省启以增悲愧。"（《魏书·穆崇》，卷二十七，第669页）
太和十六年（492）	八月，诏曰："是以天子父事三老，兄事五更，所以明孝悌于万国，垂教本于天下。"（《魏书·尉元》，卷五十，第1114页）
太和十六年（492）	既而元言曰："自天地分判，五行施则，人之所崇，莫重于孝顺。然五孝六顺，天下之所先，愿陛下重之，以化四方。臣既衰老，不究远趣，心耳所及，敢不尽诚。"高祖曰："孝顺之道，天地之经，今承三老明言，铭之于怀。"明根言曰："夫至孝通灵，至顺感幽，故诗云：孝悌之至，通于神明，光于四海。如此则孝顺之道，无所不格。"（《魏书·尉元》，卷五十，第1115页）

(续 表)

太和十六年（492）	"戊辰，帝临思义殿，策问秀、孝。"（《北史·魏本纪》，卷三，第107页）
太和十七年（493）	"诏洛、怀、并、肆所过四州之民：……孝悌廉义、文武应求者，皆以名闻。"（《魏书·高祖纪》，卷七，第173页）
太和十八年（494）	"诏相、兖、豫三州赐高年爵，恤鳏寡孤老各有差，孝悌廉义文武应求者，皆以名闻。"（《北史·魏本纪》，卷三，第111页）
太和十八年春（494）	"诏相、兖、豫三州：百年以上假县令，九十以上赐爵二级，七十以上赐爵一级；孤老鳏寡不能自存者，赐粟五石、帛二匹；孝悌廉义、文武应求者皆以名闻。"（《魏书·高祖纪》，卷七，第173页）
太和十八年十一月（494年）	诏冀、定二州民："百年以上假以县令，九十以上赐爵三级，八十以上赐爵二级，七十以上赐爵一级；鳏寡孤独不能自存者，赐以谷帛；孝义廉贞、文武应求者具以名闻。"（《魏书·高祖纪》，卷七，第175页）
太和十八年十二月（494）	辛亥，车驾南伐。丁卯，诏郢豫二州之民："百龄以上假县令，九十以上赐爵三级，八十以上赐爵二级，七十以上赐爵一级；孤寡鳏老不能自存者，赐以谷帛；缘路之民复田租一岁；孝悌廉义、文武应求以名闻。"（《魏书·高祖纪》，卷七，第176页）
太和十九年六月（495）	"诏济州、东郡、荥阳及河南诸县车驾所经者，百年以上赐假县令，九十以上赐爵三级，八十以上赐爵二级，七十以上赐爵一级；孤老鳏寡不能自存，赐以谷帛；缘路之民复田租一岁；孝悌廉义、文武应求具以名闻。"（《魏书·高祖纪》，卷七，第177页）
太和十七年至二十年（493—496）	（高祖）又诏曰："诚季世之高风，末代之孝节也。"（《魏书·王肃》，卷六十三，第1408页）
太和二十一年四月（497）	"诏雍州士人百年以上假华郡太守，九十以上假荒郡，八十以上假华县令，七十以上假荒县；庶老以年各减一等，七十以上赐爵三级；其营船之夫，赐爵一级；孤寡鳏贫、穷厮废疾，各赐帛二匹，谷五斛；其孝友德义、文学才干，悉仰贡举。"（《魏书·高祖纪》，卷七，第181页）
延兴至太和年间（471—499）	诏曰："祗汝在私能孝，处公必忠，比来勤忧，足布朝野，但可祗膺。"（《魏书·彭城王》，卷二十一，第575页）
延兴至太和年间（471—499）	有司奏策秀、孝，诏曰："秀、孝殊问，经权异策，邢峦才清，可令策秀。"（《魏书·邢峦》，卷六十五，第1438页）

(续 表)

延兴至太和年间（471—499）	诏曰："今洛邑肇构，跂望成劳。开辟暨今，岂有以天子之重远赴舅国之丧？朕纵欲为孝，其如大孝何！纵欲为义，其如大义何！天下至重，君臣道悬，岂宜苟相诱引，陷君不德。令仆已下，可付法官贬之。"（《北史·魏诸宗室》，卷十五，第555页）
延兴至太和年间（471—499）	"孝文戒赞化几甸，可宣孝道，必令风教洽和，文礼大备。自今有不孝不悌者，比其门橛，以刻其柱。"（《北史·魏诸宗室》，卷十五，第573页）

刘献之等多人被举为孝廉，这一盛举在北魏及至北朝也是罕见的，太和之后，举察孝廉仍有继续，如李业兴就在宣武帝时"举孝廉，为校书郎"[42]。北魏之后，察举孝廉日渐式微。延昌四年（515）九月乙巳，灵太后胡氏"亲览万机"后，即发布诏令"孝子、顺孙、义夫、节妇，表其门闾，以彰厥美"[43]。而其子肃宗元诩亦敦笃孝道，并深谙《孝经》，还于正光二年（521）癸亥"车驾幸国子学，讲《孝经》"[44]。基于胡太后和肃宗的弘扬，孝道思想仍有进一步发展（表9），目前所见纪年孝子画像遗品也主要属于这一时期。北魏亡后，举察孝廉和诏孝举措已不多见，仅见北齐天宝年间（562—564）有广平郡孝廉李汉子、勃海郡孝廉鲍长暄、阳平郡孝廉景孙的记载[45]（表10），北朝孝道思想发展至此，已成末势。

文明太后通过《孝经》训育元宏，以及通过诏孝举措在社会上弘扬孝风，实际上完全掌握了主导权，她成功控制了孝文帝，也成功掌握了北魏政权。从"迄后之崩，高祖不知所生"[46]来看，文明太后对孝文帝的控制是十分严厉的，其根本目的还是要孝文帝"爱敬尽于事亲"[47]，从而牢固把持权柄。

以往研究者多将注意力集中在北魏迁洛和其实行的汉化政策，亦

---

[42] 同上书，第1861页。
[43] 同上书，卷九，第222页。
[44] 同上书，第232页。
[45] 李延寿：《北史》，卷八十三，第2789页。
[46] 魏收：《魏书》，卷十三，第330页。
[47] 胡平生：《孝经译注》，第4页。

表9 北魏太和二十三年后孝令

年　代	史　料
景明四年四月（503）	戊戌，诏曰："酷吏为祸，绵古同患；孝妇淫刑，东海燋壤。今不雨十旬，意者其有冤狱乎？"（《魏书·世宗纪》，卷八，第196页）
永平四年（511）	明根对曰："圣慕深远，孝情弥至，臣等所奏，已不蒙许，愿得逾年即吉。……"高闾对曰："昔王孙裸葬，士安去棺，其子皆从而不违，不为不孝。……"李彪亦曰："三年不改其父之道，可谓大孝。今不遵册令，恐涉改道之嫌。"高祖曰："王孙、士安皆诲子以俭，送终之事，及其遵也，岂异今日。改父之道者，盖谓慢孝忘礼，肆情违度。"（《魏书·礼志》，卷一百八之三，第2784页）
	诏曰："萧衍送死，连兵再离寒暑，卿忠规内挺，孝诚外亮，必欲鞭尸吴墓，毁衍江阴。"（《魏书·萧宝夤》，卷五十九，第1315页）
延昌元年十一月（512）	十有一月丙申，诏曰："……其赐天下为父后者爵一级，孝子、顺孙、廉夫、节妇旌表门闾，量给粟帛。"（《魏书·世宗纪》，卷八，第212—213页）
延昌四年九月（515）	九月乙巳，皇太后亲览万机，诏曰："孝子、顺孙、义夫、节妇，表其门闾，以彰厥美。"（《魏书·肃宗纪》，卷九，第222页）
景明至延昌年间（500—515）	勰谢曰："……陛下孝深无改，仰遵先诏，上成睿明之美，下遂微臣之志，感惟今往，悲喜交深。"（《魏书·彭城王》，卷二十一，第580页）
景明至延昌年间（500—515）	世宗劳遣峦于东堂曰："……自古忠臣亦非无孝也。"（《魏书·邢峦》，卷六十五，第1443页）
景明至延昌年间（500—515）	世宗笑曰："……知卿亲老，频劳于外，然忠孝不俱；才宜救世，不得辞也。"（《魏书·邢峦》，卷六十五，第1447页）
正光四年八月（523）	戊寅，诏曰："……若孝子顺孙、廉贞义节、才学超异、独行高时者，具以言上，朕将亲览，加以旌命。"（《魏书·肃宗纪》，卷九，第235页）
孝昌元年十一月（525）	十有一月辛亥，诏曰："大孝荣亲，著之昔典，故安平耄耋，诸子满朝。自今诸有父母年八十以上者，皆听居官禄养，温清朝夕。"（《魏书·肃宗纪》，卷九，第242页）
熙平至武泰年间（516—528）	"（太后）又亲策孝秀、州郡计吏于朝堂。"（《魏书·皇后列传》，卷十三，第338页）

（续　表）

熙平至武泰年间（516—528）	肃宗诏曰："光伯自莅海沂，清风远著，兼其兄光韶复能辞荣侍养，兄弟忠孝，宜有甄录，可更申三年，以厉风化。"（《魏书·崔亮》，卷六十六，第1485页；《北史·崔亮》，卷四十四，第1638页）
熙平至武泰年间（516—528）	太后复遣元叉、贾璨宣令谓普惠曰："朕之所行，孝子之志；卿之所陈，忠臣之道。群公已有成议，卿不得苦夺朕怀。后有所见，勿得难言。"（《北史·张普惠》，卷四十六，第1694页）
普泰至天平年间（531—534）	"及谒魏孝武，哀动左右。帝为之改容，目送曰：'忠孝之道，萃此一门。'即以本官奏门下事。"（《北史·崔挺》，卷三十二，第1174页）

表10　北朝孝廉史例

"修师友之礼，称之于郡，遂举孝廉，至京师馆而受业焉。"（《魏书·李彪》，卷六十二，第1381页；《北史·李彪》，卷四十，第1453页）
"察孝廉唯论章句，不及治道；立中正不考人才行业，空辨氏姓高下。"（《魏书·崔亮》，卷六十六，第1479页；《北史·崔亮》，卷四十四，第1633页）
"刘桃符，中山卢奴人。生不识父，九岁丧母。性恭谨，好学。举孝廉，射策甲科，历碎职。"（《魏书·刘桃符》，卷七十九，第1757页；《北史·刘桃符》，卷四十六，第1702页）
"举孝廉入京，拜校书郎，转主书，颇为高祖所知。"（《魏书·刘道斌》，卷七十九，第1757页）
"领僚孝廉，对策高第，又举秀才。"（《魏书·冯元兴》，卷七十九，第1760页）
"高祖时，有谯郡曹道，颇涉经史，有干用。举孝廉。"（《魏书·冯元兴》，卷七十九，第1761页）
"州举茂异，郡贡孝廉，对扬王庭，每年逾众。"（《魏书·儒林》，卷八十四，第1842页）
"后本郡举孝廉，非其好也，逼遣之，乃应命，至京，称疾而还。"（《魏书·儒林》，卷八十四，第1850页）
"太和初，郡举孝廉，对策于中书省。"（《魏书·儒林》，卷八十四，第1852页）
"祖虬，父玄纪，并以儒学举孝廉。"（《魏书·儒林》，卷八十四，第1861页）
"后为王遵业门客。举孝廉，为校书郎。"（《魏书·儒林》，卷八十四，第1861页）
"后居父丧尽礼。郡举孝廉，补豫州司士。"（《魏书·良吏》，卷八十八，第1905页）
"徐纥，字武伯，乐安博昌人也。家世寒微。纥少好学，有名理，颇以文词见称。察孝廉，对策上第，高祖拔为主书。"（《魏书·恩倖》，卷九十三，第2007页）

（续　表）

"诸郡俱得察孝廉，其博士、助教及游学之徒通经者，推择充举。"（《北齐书·儒林》，卷四十四，第583页）
"……广平郡孝廉李汉子、渤海郡孝廉鲍长暄、阳平郡孝廉景孙……"（《北齐书·文苑》，卷四十五，第614页；《北史·文苑》，卷八十三，第2789页）
"八曰，州举高才博学者为秀才，郡举经明行修者为孝廉，上州、上郡岁一人，下州、下郡三岁一人。"（《周书·宣帝》，卷七，第116页）
"世以文学显，五举秀才，再举孝廉，时人美之。"（《北史·裴佗》，卷三十八，第1383页）
"有平阳廉景孙者，少厉志节，以明经举郡孝廉，为谟所重，至是讼之，台府不为理。"（《北史·房谟》，卷五十五，1993页）
"时人有从献之学者，献之辄谓之曰：'人之立身，虽百行殊途，准之四科，要以德行为首。子若能入孝出悌，忠信仁让，不待出户，天下自知。'……后本郡逼举孝廉，至京称病而还。"（《北史·儒林》，卷八十一，第2713—2714页）
"孙惠蔚，武邑武遂人也。年十五，粗通《诗》《书》及《孝经》《论语》。……太和初，郡举孝廉，对策于中书省。"（《北史·儒林》，卷八十一，第2716页）
"李业兴，上党长子人也。祖虬、父玄纪，并以儒学举孝廉。"（《北史·儒林》，卷八十一，第2721页）
"举孝廉，为校书郎。"（《北史·儒林》，卷八十一，第2722页）
"后居父丧尽礼。郡举孝廉，稍除积弩将军，从征新野。"（《北史·循吏》，卷八十六，第2870页）
"在魏，察孝廉，射策甲科。"（《北史·循吏》，卷八十六，第2883页）

将北魏孝道思想的发展归因于此。但若深究其历史动因，文明太后利用"子贵母死"将年幼储君据为己有，同时通过《孝经》训导以及弘孝诏令、察举孝廉等诏孝举措来宣扬孝道思想，以从个人思想和社会舆论上禁锢太子，应为推动北魏孝道思想于中后期达至盛炽的重要历史隐因。而考古所见这一时期的孝子画像也多以表现大孝子和具有神秘色彩的孝感故事为主，笔者认为，大孝子的选择与孝感故事的描绘并非历史的偶然，其肇源于北魏后宫围绕"子贵母死"的激烈的权力斗争的政治背景，是对这一历史事实最直接的图像体现。

据笔者研究，这些刻画孝子的画像葬具多出自"东园"或与之有关。"东园"始设于汉代，北魏建国后沿袭这一传统，作为北魏负责丧葬事宜的最高机构，"东园"对平城与洛阳两地丧葬观念及葬具制作具有重要影响。作为北魏宫廷下设机构，"东园"势必受到宫廷政治的直接影响，并对此有最为直接的反映，文明太后擅权后，其"威福兼作，震动内外"的强权作风，及其以《孝经》训导孝文帝和多次发布孝令的做法，对"东园匠"产生了影响，从这些孝子画像遗品的制作年代来看，这一影响是很大的。

固原漆棺的制作在太安三年（457）至太和十八年（494），司马金龙漆围屏作于太和八年（484），余均在迁洛以后。之所以在延兴元年（471）至太和十四年（490）文明擅权的时间里没有发现更多的孝子画像遗品，而是主要集中在迁洛之后，笔者认为主要有三点原因：其一，北魏为拓跋氏政权，汉地文化虽在代北有所传播，但影响不大，在迁洛之前，鲜卑文化始终在代北占据主导地位，文明执政之初，虽发布较多孝令，但面对强大的鲜卑势力，要在短时间内完全建立儒家文化的主导影响并非易事；其二，文明以儒家的"孝"为思想工具来巩固个人权势，实属难以公之于众的宫闱秘事，只能逐步渗透，而无法立竿见影；其三，孝文帝在《孝经》训导下，实际上已经完全接受了儒家的孝道思想，并在文明去世后继续弘扬，同时，后宫仍在继续以"子贵母死"为中心的权力斗争，而这时的孝道思想经文明太后的早期弘扬，已具备一定的社会基础，孝风渐趋盛炽，孝子图像的刻画亦随之大增。北魏覆亡后，"子贵母死"之制随之消失，北魏孝道思想极盛而骤衰，盖缘于其赖以存在的政治背景已不复存在。这也是北魏以后，墓室中孝子画像骤然减少并被其他图像所取代的极佳注脚。

"子贵母死"之所以成为北魏中晚期孝风骤盛及孝子图得以大量刻画的历史隐因，主要在于它建构了一种没有血亲的畸形的母子关系，在权力的旋涡中，这一关系变得极为脆弱。以"子贵母死"擅权的始作俑者——文明太后出于自保的长远考虑，与其兄冯熙合谋以《孝经》训导孝文帝，同时通过各种诏孝举措在社会上弘扬孝风，以期通过社会舆论来牵制孝文帝，从而避免祸端。这种出于一己之私的隐晦做法，实际上直接导致了北魏延兴（471—476）之后孝道思想发展趋向的改变。文明去世后，后宫嫔妃群起仿效，使这一做法得到延续，致使北魏中晚期孝风大盛。在这一特殊的宫廷政治背景下，北魏皇家丧葬机构"东园"不可避免地受到直接影响，同时，由于这时孝子画像的图像内涵在《孝经》的诱导下发生改变，由汉代的"家之孝子，国之忠臣"变为"孝悌之至，通于神明"，符合了北魏视墓葬为"神灵归趋之地"的墓葬观念，同时迎合了上层统治阶级权力斗争的需要，因而得以进入"东园"，成为墓葬图像之一，刻画在葬具上并埋藏于地下。

第七章

《孝经》与北魏孝子画像图像内涵的嬗变

第一节　关于《孝经》

《孝经》成书及作者，自汉迄今，代有争议，是我国古代学术史上一大公案，各家自持己见，持论纷纭，代表性观点主要有"孔子""曾子""曾子门人""子思""七十子之徒""齐鲁间儒者及汉儒""孟子门人"等看法[1]，据蔡汝堃考证，《孝经》在先秦之际已经成书，但因当时传习未广，知者不多以及后来秦代焚书而散佚，现存《孝经》应为汉初儒生篡袭诸书而成，蔡汝堃指出：

> 《孝经》一书，先秦定已有之，惟其地位则较六经为低，时代亦较六经为晚。因此无人注意，传抄者少，一经秦火，或告绝亡。迄汉初诏求旧籍，当时陋儒或慨于古经之佚亡，或图供以于利禄。因而原袭《吕览》，杂篡他籍，以成今文《孝经》一书也。[2]

《孝经》在西汉武帝、昭帝时期已分今文与古文两种，今文《孝经》称郑注，古文《孝经》称孔传。今文《孝经》分十八章，计1999字，依次为《开宗明义》《天子章》《诸侯章》《卿大夫章》《士章》《庶人章》《三才章》《孝治章》《圣治章》《纪孝行章》《五刑章》《广要道》《广至德》《广扬名》《谏诤章》《感应章》《事君章》《丧亲章》，古文《孝经》比今文《孝经》多四章，为二十二章，计1740字，一至六章两者相同，古文《孝经》第七章为《孝平章》，第十一章为《父母生》，第十二章为《孝优劣》，第十九章为《闺门章》（表11）。今文郑注与古文孔传的真伪问题争论已有千余年，由于缺乏有力论据，迄今未有定论，"今古文《孝经》所不同者大部为字之改头换面，意义绝无相异也"[3]。

---

[1] 蔡汝堃：《孝经通考》，台北：台湾商务印书馆，1970年，第3—41页。
[2] 同上书，第34页。
[3] 同上书，第66页。

表 11　今古文《孝经》章目

今文《孝经》	古文《孝经》	今文《孝经》	古文《孝经》
章第一	开宗明义	开宗明义	章第十二	广要道	孝优劣
章第二	天子章	天子章	章第十三	广至德	纪孝行章
章第三	诸侯章	诸侯章	章第十四	广扬名	五刑章
章第四	卿大夫章	卿大夫章	章第十五	谏诤章	广要道
章第五	士章	士章	章第十六	感应章	广至德
章第六	庶人章	庶人章	章第十七	事君章	感应章
章第七	三才章	孝平章	章第十八	丧亲章	广扬名
章第八	孝治章	三才章	章第十九		闺门章
章第九	圣治章	孝治章	章第二十		谏诤章
章第十	纪孝行章	圣治章	章第二十一		事君章
章第十一	五刑章	父母生	章第二十二		丧亲章

自西汉武、昭以来，《孝经》备受敦重，传播阶层与流传地域十分广泛，注释与研究代不乏人，版本流传有序，保存情况较好，虽经历代传抄，个别字词未免讹误，但今文《孝经》（十八章）、古文《孝经》（廿二章）仍基本保留古貌，经汉至今两千余年，没有较大改变。

第二节　谶纬与《孝经》神秘性的形成

"谶，验也"[4]，指神的预言；"纬，围也。反覆围绕以成经也"（《释名·释典艺》），是相对"经"而言，"纬者经之纬也，亦称谶"（王鸣盛《蛾术编》）。谶与纬两者异名同实，并无质的区别，共指依附古典经义以预示征验的神学预言。关于谶纬的起源，汉代张衡在其奏疏中已有指出，《后汉书·张衡传》：

---

[4] 许慎：《说文解字》，北京：中华书局，1963 年，第 51 页。

> 立言于前，有征于后，故智者贵焉，谓之谶书，谶书始出，盖知之者寡。自汉取秦，用兵力战，功成业遂，可谓大事，当此之时，莫或称谶。若夏侯胜、眭孟之徒以道术立名，其所述著，无谶一言。刘向父子，领校秘书，阅定九流，亦无谶录。成哀之后，乃始闻之。……至于王莽篡位，汉世大祸，八十篇何为不戒？则知图谶成于哀、平之际也。[5]

唐代孔颖达、五代徐锴、宋代郑樵、明代朱载堉、顾起元、王夫之等均主此说。形成于西汉哀、平之际的谶纬至新莽时已呈大兴之势，王莽时征通"天文、图谶、钟律、月令、兵法"等"天下异能之士，至者前后千数"[6]。由于光武帝刘秀是借"汉当复兴，李氏为辅"谶语起兵，并应《赤伏符》谶语即位，因而他大力提倡谶纬，并于中元元年（56）"宣布图谶于天下"，将过去的"秘经"公之于世，以至时人研习谶纬蔚然成风，"自中兴之后，儒者争学图纬"[7]，盛极一时。

正是在这一历史语境中，《诗》《书》《礼》《易》《春秋》《乐》以及《孝经》为汉代方士儒生依傍造作，衍生七经纬三十六种。据《后汉书·樊英传》李贤注解，汉代《孝经纬》分《援神契》（七卷）和《钩命决》（六卷）两种，两者在东汉初年即已流行。《孝经纬》以言天人感应、符瑞灾异为主，《孝经·援神契》包括天文、地理、历史、时令、五德之运、明堂制度以及《春秋》三世、三科九旨等，以"孝通神明，天人契合，援引众义，山藏海纳"（赵在翰：《七纬·孝经纬叙目》）名曰《援神契》。《孝经·钩命决》旨在说明天人相通，孝感天地，孝无所不容，"天命流行，孝正情性，钩效援度，用孝格命"（《七纬·孝经纬叙目》）因称《钩命决》。除《援神契》与《钩命决》外，

---

[5] 范晔：《后汉书》，卷五十九，第1911—1912页。关于谶纬的起源，历代说法多有分歧，除张衡等人的主张外，还有十一种不同观点，详见钟肇鹏：《谶纬论略》，沈阳：辽宁教育出版社，1991年，第11—26页。
[6] 班固：《汉书》，卷九十九，第4069页。
[7] 范晔：《后汉书》，卷五十九，第1911页。

另有《孝经》杂谶纬几十种[8]，这些浩繁篇帙所透露出的"孝通天地、感于神明"的观念皆源于谶纬以阴阳五行为主导的天人感应思想。

"谶纬是以阴阳五行说为骨架，附会经义与儒学相结合构成一个复杂而庞大的神学体系"[9]，其内容庞杂，包罗万象，既有对儒家经典、文字的解说，也包含古代典礼制度、天文学、历法、气象、地理、符瑞、灾异、古史和神话传说，但其思想核心与主体却是以阴阳五行为基本骨架的天人感应论，其所有内容均笼罩于这一神学迷雾之中。

天人感应并非汉代谶纬始有，其在殷周时即已出现，《易·系辞》："天垂象，见吉凶"，《周礼·春官·保章氏》："掌天星以志星辰日月之变动，以观天下之迁，辨其吉凶"，依据天象——日月星辰的变化来判定吉凶祸福，是古人惧天以至崇天的反映。天人感应后经西汉董仲舒阐发，开始蒙上神秘色彩，董仲舒认为，天、地、人之间与人体之内都存在着阴阳五行之气，这些气是可以彼此相通的，因而，天地与人之间是可以相互感应的，天与人实为一体，"天亦有喜怒之气、哀乐之心，与人相副。以类合之，天人一也"[10]。甚至君主的喜怒哀乐与天也是会通的，"喜则为暑气而有养长也；怒则为寒气而有闭塞也。人主以好恶喜怒变习俗，而天以暖清寒暑化草木。喜怒时而当则岁美，不时而妄则岁恶。天地人主一也"[11]。这些天人感应思想在《孝经》《孝经·援神契》《孝经·钩命决》中均有体现。如：

曾子曰："甚哉！孝之大也。"子曰："夫孝，天之经也，

---

[8]《隋书·经籍志》即见有《孝经内事》（一卷）、《孝经内事星宿讲堂七十二弟子图》（一卷）、《孝经内事图》（二卷）、《孝经口授图》（一卷）、《孝经元命包》（一卷）、《孝经分野图》（一卷）、《孝经古秘援神》（二卷）、《孝经雌雄图》（三卷）、《孝经古秘图》（一卷）、《孝经异本雌雄图》（二卷）、《孝经左右握》（二卷）、《孝经元辰决》（九卷）、《孝经杂纬》（十卷）、《孝经内记》（二卷）、《孝经左右契图》（一卷）、《孝经元辰》（四卷）、《孝经元辰会》（九卷）等《孝经》杂谶纬约五十二卷。
[9] 钟肇鹏：《谶纬论略》，第83页；陈槃：《谶纬释名》，《历史语言研究所集刊》1943年第十一本，第297—316页；陈槃：《谶纬溯原上》，《历史语言研究所集刊》1943年第十一本，第317—335页；陈槃：《论早期谶纬及其与邹衍书说之关系》，《历史语言研究所集刊》1948年第二十本，第159—187页。
[10] 苏舆：《春秋繁露义证》，卷十二，北京：中华书局，1992年，第341页。
[11] 同上书，卷十一，第333页。

地之义也，民之行也。天地之经，而民是则之。则天之明，因地之利，以顺天下。"（《孝经·三才章》）

子曰："昔者，明王之以孝治天下也。不敢遗小国之臣，而况于公侯伯子男乎？……夫然故生则亲安之祭则鬼享之。是以天下和平，灾害不生，祸乱不作，故明王之以孝治天下也如此。"（《孝经·孝治章》）

子曰："昔者，明王事父孝，故事天明；事母孝，故事地察；长幼顺，故上下治。天地明察，神明彰矣。故虽天子，必有尊也，言有父也；必有先也，言有兄也。宗庙致敬，不忘亲也。修身慎行，恐辱先也。宗庙致敬，鬼神著矣。孝悌之至，通于神明，光于四海，无所不通。《诗》云：'自西自东，自南自北，无思不服。'"（《孝经·感应章》）[12]

受天人感应思想影响的《孝经》在东汉时影响颇大，甚至被人们当做感通神明以退兵革的武器，《后汉书·独行》：

会张角作乱，栩上便宜，颇讥刺左右，不欲国家兴兵，但遣将于河上北向读《孝经》，贼自当消灭。[13]

这些杂含谶纬思想的《孝经》典籍，由于将孝与天结合在一起，使孝更加成为人们必须遵循的行为准则，同时，由于孝动天地这一谶纬思想的影响与导引，从东汉开始，与孝道思想有直接关联的丧葬观

---

[12] 胡平生：《孝经译注》，第12、16、34页。陈槃在其研究谶纬的系列文章中，对"孝经中黄谶"、"孝经援神契""孝经左契""孝经右契""左右契""孝经左右契图""左契图""孝经中契"作了深入研究，参见陈槃：《古谶纬书录解题（三）》，《历史语言研究所集刊》1948年第十七本，第59—129页；陈槃：《古谶纬书录解题（四）》，《历史语言研究所集刊》1950年第二十二本，第85—120页；陈槃：《孝经中黄谶解题改写本》，《历史语言研究所集刊》1988年第五十九本第4分，第891—897页。
[13] 范晔：《后汉书》，卷八十一，第2694页。

念也逐渐发生了变化。

谶纬神学在东汉盛极一时，成为当时居统治地位的社会思潮，然而，魏晋以后，由于受到统治者的禁毁，大量散佚，于是日渐衰颓，但谶纬中的一些神仙与方术思想却为初兴的道教融会吸收，并成为其主要内容。北魏时期，深受谶纬浸染的《孝经》在当时特殊的政治背景下，为后宫妃嫔所利用，来控制储君思想，从而大盛，对人们的孝道观念产生广泛影响，同时，这一时期也是道教获致发展的重要历史阶段，在道教神仙思想的参与和附加影响下[14]，北魏孝子画像的内涵与功能随之发生了改变。

第三节 《孝经》在北魏社会的播传与影响

《孝经》于西汉武帝复现于世后，很快成为帝王及普通民众学习之重要典籍，汉昭帝即"通《保傅传》、《孝经》、《论语》、《尚书》"[15]，宣帝亦"师受《诗》、《论语》、《孝经》"[16]，至平帝时，"序、庠置《孝经》师一人"[17]，并"征天下通知逸经、古记、天文、历算、钟律、小学、史篇、方术、木草及以五经、《论语》、《孝经》、《尔雅》教授者，在所为驾一封轺传，遣诣京师。至者数千人"[18]。到东汉时，"期门羽林介胄之士，悉通《孝经》"[19]。

---

[14] 与《孝经》一样，道教在其发展、形成的早期也经历了东汉谶纬的影响，并大量吸纳谶纬中的阴阳五行与天人感应思想，甚至还受到当时影响甚巨的《孝经》的影响，《抱朴子内篇·对俗》："欲求仙者，要当以忠孝和顺仁信为本。若德行不修，而但务方术，皆不得长生也。"（王明：《抱朴子内篇校释》，北京：中华书局，1985年，第53页）在《太平经》卷一百八"忠孝上异闻决第一百七十五"、卷一百一十四"不孝不可久生戒第一百九十四"中亦有记载，参见王明：《太平经合校》，北京：中华书局，1960年。北魏时期，在寇谦之等人的传播下，道教与佛教、儒家思想一样，在北魏有所发展，当时北魏"置仙人博士官，典煮炼百药"（《魏书》，第2973页）应是接受道教神仙思想的影响。贺西林在《北朝画像石葬具的发现与研究》中，从画像石棺上的山林景致的象征性入手，研究了这一体现神仙信仰的象征性与道教的关系，详见巫鸿主编：《汉唐之间的物质文化与视觉文化》，第341—376页。

[15] 班固：《汉书》，卷七，第223页。

[16] 同上书，卷八，第238页。

[17] 同上书，卷十二，第355页。

[18] 同上书，第359页。

[19] 范晔：《后汉书》，卷三十二，第1126页。

《孝经》的出现，既顺应了汉代崇孝的风气时势，又更加助长与推动了这一风气的流行。东汉时期，《孝经》在社会上广为流传并成为蒙学读本，西汉时的《诗经》《论语》《孝经》序次转而为"《孝经》、《论语》篇章、小学"[20]，孩童于九至十一二岁左右即通《孝经》，《孝经》中的孝道思想随之播传到社会各个阶层。魏晋时期，由于统治者与世家大族对孝的弘扬，《孝经》继续得以提倡，并有深入发展与广泛传播，正是在这一时期，《孝经》中带有天人感应色彩的谶纬思想，继东汉以来对人们的孝道观念又产生进一步影响，并使之发生了改变。

北魏太平真君九年（448），崔玄伯长子崔浩向太武帝拓跋焘上书《五寅元历》，表曰：

> 太宗即位元年，敕臣解《急就章》、《孝经》、《论语》、《诗》、《尚书》、《春秋》、《礼记》、《周易》，三年成讫。[21]

可知《孝经》在5世纪初叶已进入北魏宫廷，并成为皇帝与太子学习的重要典籍。实际上，《孝经》在北魏的流传，无论是民间还是宫廷，时代都要早于崔浩在《五寅元历》中所提及的时间。汉至魏晋一直实行"以孝治天下"，对《孝经》推崇备至，其在民间的广为流传自西汉已经开始，经几百年发展，已有深厚的民间基础，至北魏仍有流传。北魏政权始自代北的代人集团，昭成帝什翼犍建国年间，燕凤、许谦以博通史籍见幸，燕凤"博综经史，明习阴阳谶纬"[22]，许谦则"少有文才，善天文图谶之学"[23]，两人俱以经授献明帝，虽然文献没有明言授何经，但以《孝经》的地位及其作为七纬之一与谶纬的密切联系，其在4世纪中叶已进入北魏宫廷应有可能，《隋书·经籍志》所载《国语孝经》（鲜卑语）一卷当在此时已有译出。

---

[20] 孙机：《固原北魏漆棺画研究》，《文物》1989年第9期，第39页。
[21] 魏收：《魏书》，卷三十五，第825页。
[22] 同上书，卷二十四，第609页。
[23] 同上书，第610页。

从《魏书》中几则公元 5 世纪初年的诏令和臣僚的言论中，也可探得《孝经》在北魏初年的流行情况。《魏书·王洛儿》："诏曰：'士处家必以孝敬为本，在朝则以忠节为先，不然，何以立身于当世，扬名于后代也。'"[24]《魏书·世祖纪》："五月戊戌，诏曰：'夫士之为行，在家必孝，处朝必忠，然后身荣于时，名扬后世矣。'"[25] 这两则诏令在《孝经》中均可寻得依据，《孝经·广扬名章》：

> 子曰："君子之事亲孝，故忠可移于君；事兄悌，故顺可移于长；居家理，故治可移于官，是以行成于内，而名立于后世矣。"[26]

拓跋氏于公元 5 世纪初或早至 4 世纪中叶时已接受中原汉族文化，其中即包括经汉魏而有很大发展的孝道思想及阐述、宣扬该思想的典籍——《孝经》，明元帝拓跋嗣于 5 世纪初或 4 世纪末叶被立为太子时，其母刘贵人依"子贵母死"之制被赐死，拓跋嗣"素纯孝，哀泣不能自胜"，太祖拓跋珪为此十分恼怒，拓跋嗣身边的谋士为防不测，规荐其曰："孝子事父，小杖则受，大杖避之。今陛下怒盛，入或不测，陷帝于不义。不如且出，待怒解而进，不晚也。"[27] 这段荐词在《后汉书》中也有出现，该书卷五十二：

> 烈骂曰："死卒，父杖而走，孝乎？"钧曰："舜之事父，小杖则受，大杖则走，非不孝也。"[28]

孝的思想随着孝的言论从汉经魏晋而传至北魏。据现存文献，《孝经》及孝道思想播及代北后，迅速对社会政治产生影响。始光四年

---

[24] 魏收：《魏书》，卷三十四，第 799 页。
[25] 同上书，卷四、第 76 页。
[26] 胡平生：《孝经译注》，第 31 页。
[27] 魏收：《魏书》，卷三，第 49 页。
[28] 范晔：《后汉书》，卷五十二，第 1731—1732 页。

（427），太武帝拓跋焘"诏征范阳卢玄等三十六人，郡国察秀、孝数百人，且命以礼宣喻，申其出处之节"[29]。太安元年（455）六月，文成帝拓跋濬又下诏曰："其不孝父母，不顺尊长，为吏奸暴，及为盗贼，各具以名上。其容隐者，以所匿之罪罪之。"[30]以政令强化孝德，孝道思想于此在北魏社会又有进一步发展。

据《魏书》记载，北魏早期，随着拓跋鲜卑日渐统一北方，忠君思想在经过魏晋百余年的压抑后，再次抬头，《魏书·奚斤》："诏以斤世忠孝，赠其父箪为长宁子"[31]，《魏书·王洛儿》："士处家必以孝敬为本，在朝则以忠节为先"[32]，《魏书·世祖纪》："夫士之为行，在家必孝，处朝必忠"[33]，继承汉代忠孝思想以为治国之策。北魏中期文明太后执政后，北魏早期孝道发展轨迹发生了由隐至显的巨大变化，孝道思想远超忠君思想，呈现昂扬的发展势头。文明太后出于一己之私，为确保冯氏一门世代把持北魏权柄，永享富贵，于是曲意利用拓跋旧俗"子贵母死"之制，在太子尚处襁褓时处死其生母，据为己有，施以母养，兼擅保太后之权，假借母养之恩，并用《孝经》诱导以至禁锢储君思想使之为其所用，以确保其永不背叛，文明太后与孝文帝元宏即为此等之关系。曾为孝文帝老师的冯熙为文明太后兄长，后来又成为孝文帝的岳丈，其两个女儿亦先后成为孝文帝的皇后。史载冯熙：

从师受《孝经》、《论语》，好阴阳兵法。[34]

孝文帝显然深受其影响，他不仅熟记《孝经》，了解过往时代的孝道思想与孝子，而且言语中明显含有阴阳谶纬思想，与其师冯熙所

---

[29] 魏收：《魏书》，卷一百五之三，第2402页。
[30] 同上书，卷五，第115页。
[31] 同上书，卷二十九，第698页。
[32] 同上书，卷三十四，第799页。
[33] 同上书，卷四，第76页。
[34] 同上书，卷八十三，第1818页。

学无不契合,《魏书·穆崇》含有《孝经·感应章》的内容并带有明显的谶纬思想:

> (孝文帝)诏曰:"苟孝悌之至,无所不通。今飘风亢旱,时雨不降,实由诚慕未浓,幽显无感也。所言过哀之咎,谅为未衷,省启以增悲愧。"[35]

孝文帝不仅深谙《孝经》,言行也十分恭谨,对其父献文帝和文明太后十分孝顺:"帝幼有至性,年四岁,显祖曾患痈,帝亲自吮脓。五岁受禅,悲泣不能自胜。显祖问帝,帝曰:'代亲之感,内切于心。'显祖甚叹异之。"[36]《魏书·天象志》:"冯太后将危少主者数矣,帝春秋方富,而承事孝敬,动无违礼,故竟得无咎。"[37] 也正是因为孝文帝的"孝",才使之得以保全性命及皇位。文明太后以其兄冯熙为孝文老师,用意在众史实中极为显明。文明之后,北魏后宫妃嫔竞相仿效,以至北魏中晚期孝风大盛。

正始三年(506),宣武帝元恪于式乾殿为诸王讲《孝经》,开北魏以至北朝帝王宣讲《孝经》传统,此后,正光三年(522),肃宗孝明帝元诩于国子学,熙平至武泰年间(516—528)于释奠之礼,永熙(532—534)中孝武帝元修于显阳殿,多次宣讲《孝经》,"时论美之",北魏帝王除自己宣讲《孝经》外,还多次饬令大臣讲颂《孝经》(表12)。正是在这样的提倡下,北魏社会从上至下,学习《孝经》蔚然成风,时论对《孝经》甚为赞誉,《北史·儒林》:

> 苏威尝言于上曰:"臣先人每诫臣云:唯读《孝经》一卷,足可立身经国,何用多为。"上亦然之。[38]

---

[35] 魏收:《魏书》,卷二十七,第669页。
[36] 同上书,卷七,第186页。
[37] 同上书,卷一百五之三,第2414页。
[38] 李延寿:《北史》,卷八十二,第2754页。

表 12　北魏宣讲《孝经》情况

年代	史料
正始三年（506）	"十有一月甲子，帝为京兆王愉、清河王怿、广平王怀、汝南王悦讲《孝经》于式乾殿。"（《魏书·世宗纪第八》，卷八，第 203 页）
正光二年（521）	"正光二年，乃释奠于国学，命祭酒崔光讲《孝经》，始置国子生三十六人。……永熙中，复释奠于国学；又于显阳殿诏祭酒刘廞讲《孝经》，黄门李郁说《礼记》，中书舍人卢景宣讲《大戴礼·夏小正篇》；复置生七十二人。"（《魏书·儒林》，卷八十四，第 1842 页）
正光二年（521）	"癸亥，车驾幸国子学，讲《孝经》。三月庚午，帝幸国子学祠孔子，以颜渊配。"（《魏书·肃宗纪》，卷九，第 232 页）
正光二年（521）	"二年春正月，南秦州氐反。二月，车驾幸国子学，讲《孝经》。"（《北史·魏本纪》，卷四，第 148 页）
正光三年（522）	"正光三年，乃释奠于国学，命祭酒崔光讲《孝经》，始置国子生三十六人。" "永熙中，孝武复释奠于国学，又于显阳殿诏祭酒刘廞讲《孝经》。"（《北史·儒林上》，卷八十一，第 2704—2705 页）
熙平至武泰年间（516—528）	"琛以肃宗始学，献金字《孝经》。"（《魏书·文成五王列传第八》，卷二十，第 529 页）
熙平至武泰年间（516—528）	"及光为肃宗讲《孝经》，遵业预讲，延业录义，并应诏作《释奠侍宴诗》。"（《魏书·列传第二十六》，卷三十八，第 879 页）
熙平至武泰年间（516—528）	"肃宗行释奠之礼，讲《孝经》，侪辈之中独蒙引听，时论美之。"（《魏书·羊深》，卷七十七，第 1703 页）
熙平至武泰年间（516—528）	"光为孝明讲《孝经》，遵业预讲，延业录义，并应诏作《释奠侍宴诗》。"（《北史·王慧龙》，卷三十五，第 1291 页）
不晚于永安三年（530）	"太尉、清河王怿辟参军事，怿亲为《孝经解诂》，命伟伯为难例九条，皆发起隐漏。"（《魏书·崔逞》，卷三十二，第 766 页）
永熙三年（534）	"三年春释菜，诏延公卿学官于显阳殿，敕祭酒刘廞讲《孝经》，黄门李郁讲《礼记》，中书舍人卢景宣解《大戴礼》，《夏小正篇》。"（《魏书·李顺》，卷三十六，第 848—849 页）
太昌至永熙年间（532—534）	"出帝于显阳殿讲《孝经》，廞为执经，虽讽答论难未能精尽，而风彩音制足有可观。"（《魏书·刘芳》，卷五十五，第 1227—1228 页）
永熙三年（534）	"三年春，释菜，诏延公卿学官于显阳殿，敕祭酒刘廞讲《孝经》，黄门李郁讲《礼记》，中书舍人卢景宣解《大戴礼·夏小正篇》。"（《魏书·儒林》，卷八十四，第 1860 页）

大臣上疏、议政、举荐、褒美他人时多引用《孝经》或与孝有关的文辞，如：

> （泰常四年八月）太庙博士许钟上言曰："臣闻圣人能飨帝，孝子能飨亲。伏惟陛下孝诚之至，通于神明。"[39]

> （太和十六年）高祖曰："孝顺之道，天地之经，今承三老明言，铭之于怀。"明根言曰："夫至孝通灵，至顺感幽，故诗云：孝悌之至，通于神明，光于四海。如此则孝顺之道，无所不格。"[40]

> （光）因以致谏曰："……伏惟皇太后含圣履仁，临朝阐化，肃雍恺悌，靖徽齐穆，孝祀通于神明，和风溢于区宇。"[41]

> （普惠）上疏曰："……孝悌可以通神明，德教可以光四海，则一人有喜，兆民赖之。"[42]

上引四则疏奏皆源于《孝经·感应章》及《孝经·援神契》《孝经·钩命决》。《魏书·李孝伯》："于时民多绝户而为沙门，玚上言：'礼以教世，法导将来，迹用既殊，区流亦别。故三千之罪，莫大不孝，不孝之大，无过于绝祀。然则绝祀之罪，重莫甚焉。……若复听之，恐捐弃孝慈，比屋而是。'"[43]这则疏奏源于《孝经·五刑章》。《魏书·高闾》："闾进曰：'臣闻：大夫行孝，行合一家；诸侯行孝，声著一国；天子行孝，德被四海。今陛下圣性自天，敦行孝道，称觞上寿，

---

[39] 魏收：《魏书》，卷一百八之一，第2737页。
[40] 同上书，卷五十，第1115页。
[41] 同上书，卷六十七，1492页。
[42] 同上书，卷七十八，第1737页。
[43] 同上书，卷五十三，第1177页。

灵应无差，臣等不胜庆踊，谨上千万岁寿。'"[44] 这则疏奏源于《孝经·天子章》《诸侯章》《士大夫章》。有人还直接引用《孝经》，如《魏书·乐志》：

> 稚、莹表曰："……《孝经》言：'严父莫大于配天。'宗祀文王于明堂，以配上帝，即五精之帝也。"[45]

此外，与孝道有关的奏言也有很多，兹举三例。《魏书·崔玄伯》：

> 僧渊复书曰："……且君子在家也不过孝于其亲，入朝也不过忠于其君。主上之于兄，恩则不可酬，义则不可背。身可杀也，故非其酬；功不逮也，故非其报。今可以效矣而又弗为，非孝也。……今执志不寤，忠孝两忘，王晏之辜，安能自保，见机而作，其在兹乎。"[46]

《魏书·穆崇》：

> 亮表曰："……以至孝之痛，服期年之丧，练事既阕，号慕如始。统重极之尊，同众庶之制，废越绋之大敬，阙宗祀之旧轨。……则休征可致，嘉应必臻，礼教并宣，孝慈兼备，普天蒙赖，含生幸甚。"[47]

《魏书·高允》：

> （太和二年）允上《酒训》曰："……遵孝道以致养，显父母而扬名。蹈闵曾之前轨，遗仁风于后生。仰以答所授，俯以保其成。"[48]

---
[44] 魏收：《魏书》，卷五十四，第1203页。
[45] 同上书，卷一百九，第2840页。
[46] 同上书，卷二十四，第632—633页。
[47] 同上书，卷二十七，第668—669页。
[48] 同上书，卷四十八，第1088页。

表 13 北魏孝子辑录

姓名	出处	姓名	出处	姓名	出处
拓跋嗣	《魏书》49 页	拓跋弘	《魏书》125 页	元宏	《魏书》135 页
元恭	《魏书》273 页	元昌	《魏书》419 页	尒朱荣	《魏书》256 页
元彧	《魏书》420 页	元云	《魏书》461 页	元澄	《魏书》462 页
元顺	《魏书》481 页	元桢	《魏书》493 页	元子直	《魏书》585 页
元飀	《魏书》571 页	崔衡	《魏书》625 页	崔伯骥	《魏书》633 页
张白泽	《魏书》615 页	奚斤	《魏书》698 页	高真	《魏书》753 页
高猛虎	《魏书》755 页	崔隆宗	《魏书》759 页	宋隐	《魏书》773 页
宋琼	《魏书》774 页	贾祯	《魏书》794 页	李敷	《魏书》834 页
王宝兴	《魏书》877 页	李柬	《魏书》895 页	陆丽	《魏书》908 页
常山公主	《魏书》909 页	寇臻	《魏书》947 页	刘文颢	《魏书》969 页
韦儁	《魏书》1009 页	裴修	《魏书》1021 页	房景伯	《魏书》977 页
裴宣	《魏书》1023 页	辛绍先	《魏书》1025 页	辛少雍	《魏书》1027 页
卢义僖	《魏书》1053 页	李秀之	《魏书》1102 页	辛子馥	《魏书》1028 页
宋繇	《魏书》1152 页	张怀义	《魏书》1154 页	索孟贵	《魏书》1163 页
高谅	《魏书》1263 页	崔挺	《魏书》1264 页	李安世	《魏书》1175 页
崔孝芬兄弟	《魏书》1271 页	崔振	《魏书》1272 页	韩麒麟	《魏书》1334 页

(续 表)

李平	《魏书》1451页	李奖	《魏书》1455页	程骏	《魏书》1345页
崔光韶	《魏书》1482页	曹氏	《魏书》1513页	甄宣轨	《魏书》1519页
崔延儁	《魏书》1528页	裴谭	《魏书》1567页	崔休	《魏书》1526页
裴衍	《魏书》1574页	江漾	《魏书》1591页	辛雄	《魏书》1691页
刘桃符	《魏书》1757页	冯熙	《魏书》1819页	高谦之	《魏书》1708页
陈奇	《魏书》1846页	刁冲	《魏书》1857页	门文爱	《魏书》1893页
宋世景	《魏书》1901页	杜纂	《魏书》1905页	张琛	《魏书》1901页
眭夸	《魏书》1930页	贞孝女宗	《魏书》1984页	河东姚氏	《魏书》1985页
李承	《魏书》886页	羊皮	《魏书》2883页	叶延	《魏书》2234页
穆绍	《北史》743页	崔浩	《北史》776页	崔休	《北史》871页
王晞	《北史》885页	王晧	《北史》891页	王昭	《北史》885页
刁柔	《北史》950页	韦子粲	《北史》956页	韦荣亮	《北史》956页
寇祖训兄弟	《北史》991页	寇颙	《北史》993页	李兰	《北史》979页
陆卬	《北史》1018页	陆彦师	《北史》1019页	卢义僖	《北史》1080页
崔昂	《北史》1179页	李士谦	《北史》1232页	李元忠	《北史》1202页
张湛	《北史》1265页	李辑兄弟	《北史》1235页	李秀之	《北史》1209页
李平	《北史》1600页	孟贵	《北史》1270页	裴延儁	《北史》1377页
王宝兴	《北史》1290页	薛裕	《北史》1330页	宋游道	《北史》1271页

（续　表）

裴谭	《北史》1647 页	崔伯骥兄弟	《北史》1640 页	裴衍	《北史》1651 页
念贤	《北史》1805 页	斛斯征	《北史》1787 页	李漾	《北史》1657 页
元晞	《北史》2004 页	赵彦深	《北史》2006 页	段绍	《北史》1963 页
魏兰根	《北史》2046 页	魏恂	《北史》2047 页	雷绍	《北史》1807 页
窦毅	《北史》2178 页	韦世康	《北史》2273 页	窦炽	《北史》2176 页
柳桧	《北史》2279 页	若干惠	《北史》2303 页	韦孝宽	《北史》2268 页
蔡祐	《北史》2309 页	申徽	《北史》2389 页	王德	《北史》2306 页
韦祐	《北史》2328 页	泉仚	《北史》2331 页	柳敏	《北史》2357 页
柳遐	《北史》2442 页	达奚长儒	《北史》2521 页	陆政	《北史》2391 页
樊逊	《北史》2788 页	杜整	《北史》2627 页	黎景熙	《北史》2747 页
李棠	《北史》2850 页	杜纂	《北史》2870 页	郭琰	《北史》2849 页
庾季才	《北史》2946 页	彦光	《北史》2880 页		

"上既崇之，下弥企尚"，中晚期以后的北魏社会行孝成风，涌现出大量孝子（表 13），他们少习《孝经》，三五岁即能成诵，而且"少有孝行""事亲以孝闻""哀毁尽礼"，成为当时孝道思想的忠实信徒与实践者，他们如此作为，显然希冀"若能入孝出悌，忠信仁让，不待出户，天下自知"[49]。此外，随着《孝经》的流传，孝道思想广为播及，对谥号、年号、姓名、字号、地名等也产生影响，其中多有孝

---
[49] 魏收：《魏书》，卷八十四，第 1850 页。

字出现[50]，反映出北魏孝道发展的一般状况。

随着人们诵阅《孝经》成风，《孝经》对北魏社会的丧葬思想也产生了影响，《魏书·逸士》：

> （冯）亮时出京师。延昌二年冬，因遇笃疾，世宗敕以马舆送令还山，居嵩高道场寺。数日而卒。诏赠帛二百匹，以供凶事。遗诫兄子综，敛以衣帢，左手持板，右手执《孝经》一卷，置尸盘石上，去人数里外。积十余日，乃焚于山。以灰烬处，起佛塔经藏。[51]

《北史·隐逸》所载此事较《魏书》略详：

> （亮）遗诫兄子综，殓以衣帢，左手持板，右手执《孝经》一卷，置尸盘石上，去人数里外，积十余日，乃焚于山，灰烬处，起佛塔经藏。初，亮以盛冬丧，连日骤雪，穷山荒涧，鸟兽饥窘，僵尸山野，无所防护。时有寿春道人惠需，每旦往看其尸，拂去尘霰，禽虫之迹，交横左右，而初无侵毁。衣服如本，唯风吹帢巾稍侧。又以亮识旧南方法师信大栗十枚，言期之将来十地果报，开亮手，以置把中。经宿，

---

[50] 谥号有孝者如孝文（魏收：《魏书》，230页）、孝明（同上书，第221页）、孝庄（同上书，第268页）、孝武、孝静（同上书，第313页）、孝昭、孝闵、孝穆（同上书，第1300页）、孝（同上书，第1434页）、孝惠（同上书，第2030页）、孝昭王（同上书，第2229页）、孝贞（同上书，第889页）、孝妃（同上书，第833页）、孝宣（同上书，第762页）、孝简（同上书，第1054页）等；年号有孝字者如孝基（同上书，第565页）、孝昌（同上书，第238页）；名字有孝字者如殷孝祖（同上书，第1132页）、李孝伯（同上书，第1167页）、崔孝伯（同上书，第1342页）、刘孝仪（同上书，第1874页）、崔孝芬（同上书，第2177页）、陈孝孙（同上书，第2832页）、高孝干（同上书，第2332页）、李孝怡（同上书，第1030页）、孝章（同上书，第1054页）、孝琬（同上书，第762页）、孝琰（同上书，第762页）、孝怡（同上书，第847页）、孝通（同上书，第945页）、孝绅（同上书，第943页）、孝儒（同上书，第892页）、孝绪（同上书，第637页）、孝亮（同上书，第2244页）、裴孝才（同上书，第1873页）、孝邕（同上书，第1294页）、崔孝忠（同上书，第1274页）、崔孝芬（同上书，第1266页）、崔孝直（同上书，第1267页）、崔孝演（同上书，第1267页）、怀孝（同上书，第1245页）等；字号有孝字者如孝宗（同上书，第1251页）、孝虞（同上书，第1870页）、孝则（同上书，第1092页）、孝友（同上书，第645页）、孝和（同上书，第1822页）、孝征（同上书，第1800页）、孝礼（同上书，第1713页）等；地名有孝字者如孝子谷（同上书，第2249页）、孝义里（同上书，第2323页）等。
[51] 同上书，卷九十，第1931页。

乃为虫鸟盗食，皮壳在地，而亦不伤肌体。焚燎之日，有素雾蓊郁，回绕其傍，自地属天，弥朝不绝。山中道俗营助者百余人，莫不异焉。[52]

随葬《孝经》，《南齐书·张融》也有记载，齐明帝萧鸾建武四年（497），张融"病卒。年五十四。遗令建白旐无旒，不设祭，令人捉麈尾登屋复魂。曰：'吾生平所善，自当凌云一笑。'三千买棺，无制新衾。左手执《孝经》、《老子》，右手执小品《法华经》。"[53]延昌二年（513）与建武四年（497）仅相差六年，南朝与北朝在几近相同的时间出现随葬《孝经》的情况，绝非偶然，从《北史》对冯亮事迹的记载中，可隐约观察到，《孝经》在当时丧葬中的功能已露端倪。此外，《孝经》所具有的通感神明的神秘性，还使其具有祛除病邪的神奇功能，《南史·隐逸》：

> 山阴白石村多邪病，村人告诉求哀，欢往村中为讲《老子》，规地作狱。有顷，见狐狸鼍鼋自入狱中者甚多，即命杀之。病者皆愈。又有病邪者问欢，欢曰："家有何书？"答曰："唯有《孝经》而已。"欢曰："可取《仲尼居》置病人枕边恭敬之，自差也。"而后病者果愈。[54]

《南史·徐摛》：

> （徐份）性孝弟，陵尝疾笃，份烧香泣涕，跪诵《孝经》，日夜不息，如是者三日，陵疾豁然而愈，亲戚皆谓份孝感所致。[55]

---

[52] 李延寿：《北史》，卷八十八，第 2910—2911 页。
[53] 萧子显：《南齐书》，卷四十一，北京：中华书局，1972 年，第 728—729 页。
[54] 李延寿：《南史》，卷七十五，第 1875 页。
[55] 同上书，卷六十二，第 1526 页。

西汉哀、平之际始受谶纬浸染的《孝经》，经东汉、魏晋至北魏时，已具有浓重的天人感应色彩，《孝经·援神契》《孝经·钩命决》等纬书所宣扬之"孝悌之至，通于神明"的天人感应思想，对人们的孝道观念产生了广泛的影响。北魏中后期，基于后宫妃嫔蓄意利用"子贵母死"擅权这一特殊的政治背景，《孝经》作为控制幼主思想的教育工具，得以在北魏中后期获得更进一步传播，"孝悌之至，通于神明，光于四海，无所不通"的影响更为深入，并成为北魏孝道思想的核心内涵。

先秦以来，孝道思想的核心内涵随着历代政治语境的改变，也在不断发生着变化，作为孝道思想的图像呈现，历代孝子画像的图像内涵，均以其所处时代的孝道思想为依归，北魏孝子画像的图像内涵亦与世所盛行之孝道思想——以"孝悌之至，通于神明，光于四海，无所不通"为核心的天人感应思想——紧密联系在一起，图像的刻画也是围绕这一内涵展开，孝子画像进入北魏墓室图像系统，并大量刻画在石棺、石榻等葬具上，亦与这一神秘内涵联系密切。

第四节 《孝经》与六朝《孝子传》的成本：以蔡顺为例

与孝子画像一样，《孝子传》的成本，包括孝子的选择与事迹的编排，也与以《孝经》为主导的孝道思想与观念联系密切。目前所知最早的一部《孝子传》（《孝子图》或《说苑》）系由西汉刘向编定，而刘向同时是今文《孝经》（十八章）的整理者，《隋书·经籍志》：

> 至刘向典校经籍，以颜本比古文，除其繁惑，以十八章为定。[56]

---

[56] 魏征：《隋书》，卷三十二，北京：中华书局，1973年，第935页。

六朝时，随着《孝经》的传布，行孝之风此起彼伏，孝子迭出，《孝子传》的编撰也较前代为盛，从《太平御览》《法苑珠林》《艺文类聚》等类书保存的部分六朝《孝子传》来看，六朝时期的孝子故事多以通感天地的孝行神迹为主，正体现"孝悌之至，通于神明"的内涵，可见《孝子传》与《孝经》之历史依附关系。

西汉中期至南北朝时共编有《孝子传》十余种，分别为刘向《孝子传》、王韶之《孝子传》、王歆《孝子传》、萧广济《孝子传》、师觉授《孝子传》、宋躬《孝子传》、周景式《孝子传》、郑缉之《孝子传》、虞盘佑《孝子传》以及佚名《孝子传》等，除刘向《孝子传》为汉代作品外，余均为六朝著作。但在我国现存古典文献中，却难以见到一部完整的汉至六朝时期的《孝子传》，传中内容大部分散见于《初学记》《太平御览》《艺文类聚》《法苑珠林》等类书中。

据吉川幸次郎、黑田彰、西野贞治、东野治之等日本学者的研究[57]，日本现存两种古《孝子传》抄本，其一为船桥本（船桥家旧藏），是清原枝贤抄录于天正八年（万历七年/1580）的本子，又称清家本或清原本，现为日本京都大学附属图书馆收藏；另一个本子为阳明文库收藏，因称阳明本，抄写年代早于船桥本。关于船桥本与阳明本所据之稿本或称祖本是否为六朝时期的本子，尚存争议。船桥本抄录于天正八年（1580），接近明代晚期，距六朝已有1000多年历史，而阳明本则无书写年代，但这两个本子较多地保留了古貌是基本确定的。

蔡顺为东汉孝子，事迹出《后汉书》，据《太平御览》《法苑珠林》，西汉刘向《孝子传》有舜、郭巨、董永、丁兰，无蔡顺事迹。在目前两汉时期的孝子画像中，迄今没有发现蔡顺画像，蔡顺画像遗存目前主要集中于北魏。

东汉是谶纬思想发展鼎盛时期，也是《孝经》与谶纬相结合并蒙上神秘色彩的重要历史阶段，出现于这一时期的蔡顺故事显然受到

---

[57]〔日〕吉川幸次郎：《京都大学图书馆孝子传》，京都：京都大学，1960年；〔日〕西野贞治：《阳明本孝子伝の性格并に清原家本との関係について》，《人文研究》1956年第7卷第6期，第22—48页。

《孝经》《孝经·援神契》《孝经·钩命决》及其他《孝经》杂谶纬影响，具有明显"至孝感天"的神秘色彩，在《后汉书》所载与蔡顺有关的"啮指悟母""伏棺得免""闻雷泣墓"三件事迹中，尤以其中之"伏棺得免"最具天人感应色彩，也正是这段叙述，为后代众多典籍反复摘引，附会到不同的人物身上，并在不断引述中出现变体。《后汉书·蔡顺》：

> 磐同郡蔡顺，字君仲，亦以至孝称。顺少孤，养母。尝出求薪，有客卒至，母望顺不还，乃啮其指，顺即心动，弃薪驰归，跪问其故。母曰："有急客来，吾啮指以悟汝耳。"母年九十，以寿终。未及得葬，里中灾，火将逼其舍，顺抱伏棺柩，号哭叫天，火遂越烧它室，顺独得免。太守韩崇召为东阁祭酒。母平生畏雷，自亡后，每有雷震，顺辄圜冢泣，曰："顺在此。"崇闻之，每雷辄为差车马到墓所。后太守鲍众举孝廉，顺不能远离坟墓，遂不就。年八十，终于家。[58]

蔡顺在六朝时进入《孝子传》，敦煌本《孝子传·蔡顺》[59]：

> 蔡顺字君长，汝南平□人也。少失其父，独养老母，王莽末，天下饥荒。绿桑□□，赤黑易器盛之。赤眉贼见，向前问之，答曰：黑者奉充母[饥]，赤者自供。贼等见知是孝子，遂不煞顺。给米三升，牛蹄一双，将事贤母。顺母曾至婚家，过度，呕吐颠到，顺恐母中青（毒），自尝其口吐。母后命终，停丧堂上，东家火起，与顺屋相连，独身□不能移动。乃伏棺号泣，火遂飞过，越烧西家，一时荡尽。顺

---

[58] 范晔：《后汉书》，卷三十九，第1312页。
[59] 敦煌写本《孝子传》共五卷，二卷藏英国伦敦大不列颠博物馆，三卷藏法国巴黎国家图书馆。本文所引《孝子传》是以伯2621号为原卷，以斯5776号为甲卷、斯389号为乙卷、伯3536号为丙卷、伯3680号为丁卷比勘后的本子。

母生时怕雷，每至大震雷电，顺便走绕坟大哭曰："顺在此，愿娘莫惊。"太守闻之，若遇天雷，给顺车马，令往墓所。太守韩置用顺为南阁祭酒。[60]

《太平御览》引逸名《孝子传》记录蔡顺尝毒一节，"《孝子传》曰，蔡顺字君仲，母饮酒，吐呕颠倒，恐母中毒，尝母吐验之"[61]。《后汉书》记述有长沙孝子古初事迹：

长沙有孝子古初，遭父丧未葬，邻人失火，初匍匐柩上，以身扞火，火为之灭。[62]

古初与蔡顺事迹十分近似，只是古初"以身扞火，火为之灭"变为蔡顺"号哭叫天，火遂越烧它室"，虽仅数字之差，却使同为东汉孝子的古初与蔡顺拥有了截然不同的历史命运，一个永远隐迹于故纸堆中，另一个则进入《孝子传》，成为孝子典范而代相传扬。究其原因，应是蔡顺的孝符合了南北朝时期流行的"孝悌之至，通于神明，光于四海，无所不通"的观念，也许这也正是为什么古初没有被后人刻画、引用甚至进入《孝子传》的真正原因。

蔡顺伏棺、至孝动天的事迹在东汉以后的文献中不断被附会到其他孝子身上，《晋书·孝友》即记述三件与蔡顺孝行极其近似的事迹，该书"颜含"条：

（颜含）致仕二十余年，年九十三卒。遗命素棺薄敛。谥曰靖。丧在殡而邻家失火，移棺绋断，火将至而灭。佥以为淳诚所感也。[63]

---

[60] 王重民等：《敦煌变文集》，第 902—903 页。
[61] 李昉：《太平御览》，卷八四五，第 3777 页。
[62] 范晔：《后汉书》，卷二十九，第 1032 页。
[63] 房玄龄等：《晋书》，卷八十八，第 2287 页。

"刘殷"条：

> 时柩在殡而西邻失火，风势甚盛，殷夫妇叩殡号哭，火遂越烧东家。后有二白鸠巢其庭树，自是名誉弥显。[64]

"何琦"条：

> 及丁母忧，居丧泣血，杖而后起。停柩在殡，为邻火所逼，烟焰已交，家乏僮使，计无从出，乃匍匐抚棺号哭。俄而风止火息，堂屋一间免烧，其精诚所感如此。[65]

除人物名称不同外，余与《后汉书》蔡顺孝迹几近相同。进入南朝，蔡顺孝行出现了几种变体，《宋书·贾恩》：

> 元嘉三年，母亡，居丧过礼。未葬，为邻火所逼，恩及妻桓氏号哭奔救，邻近赴助，棺亲得免。恩及桓俱见烧死。有司奏改其里为孝义里。[66]

《梁书·徐普济》：

> 时有徐普济者，长沙临湘人。居丧未及葬，而邻家火起，延及其舍，普济号恸伏棺上，以身蔽火。邻人往救之，焚炙已闷绝，累日方苏。[67]

《梁书·庾沙弥》：

---

[64] 房玄龄等：《晋书》，卷八十八，第 2289 页。
[65] 同上书，第 2292 页。
[66] 同上书，第 2243 页。
[67] 姚思廉：《梁书》，卷四十七，第 648 页。

丧还都，济浙江，中流遇风，舫将覆没，沙弥抱柩号哭，俄而风静，盖孝感所致。[68]

《南史·文学》：

> （阮）卓幼聪敏，笃志经籍，尤工五言。性至孝，父随岳阳王镇江州，卒，卓时年十五，自都奔赴，水浆不入口者累日。载柩还都，度彭蠡湖，中流遇疾风，船几没者数四，卓仰天悲号，俄而风息，人以为孝感之至。[69]

此种变体，在魏晋尤其是南北朝文献中颇为多见。贾恩后被收入宋躬《孝子传》、刘殷被收入逸名《孝子传》。在六朝《孝子传》的编修中，选取先代有孝感神迹的孝子故事或改头换面附会到当时孝子的身上是很多见的，如萧广济《孝子传》中的杜孝以竹寄鱼、邢渠父齿落更生、隗通取水，宋躬《孝子传》中陈遗母盲而复明，师觉授《孝子传》中王祥卧冰求鲤，逸名《孝子传》中孟宗哭竹等，均反映与体现了六朝时《孝经》《孝经·援神契》《孝经·钩命决》所宣扬的"孝悌之至，通于神明"的天人感应思想。[70]

限于可据文献及考古材料的缺乏，我们目前还难以确定六朝《孝子传》的确切内容及与当时众多文献之间的文本关系，而目前所见北魏孝子画像所刻画的孝子故事，有的并没有出现在现存六朝《孝子传》中，如元谧石棺左帮的董笃父等，是不是当时除了南朝流行的《孝子传》外，北魏也有其自身的《孝子传》文本，或者是画像题材取自其他书籍或当时的民间传说，再或者是当时的《孝子传》有所收录，但在后代传抄中遗失，诸种可能均有待新材料出现后作进一步的

---

[68] 姚思廉：《梁书》，卷四十七，第656页。
[69] 李延寿：《南史》，卷七十二，第1791页。
[70] 南恺时（Knapp Keith Nathaniel）对南北朝文献所见孝感神迹有详尽论述，详见 Knapp Keith Nathaniel, *Selfless Offspring: Filial Children and Social Order in Medieval China*, University of Hawaii Press, 2005, pp.82-112。

考察。

　　《孝子传》祖本源出西汉，系刘向编写，而今文《孝经》亦经刘向校订。刘向《孝子传》的编写无疑受到《孝经》影响，它们于几乎相同的时间产生，又一同经历了东汉谶纬神学的洗礼，《孝子传》《孝经》以及当时其他历史典籍，就这样在谶纬神学的迷雾中相互纠缠在一起，衍生出带有天人感应思想的孝子故事。作为《孝经》的历史衍生物，《孝子传》又同《孝经》一起影响、深化甚至改变人们的孝道观念。从文献记载和考古发现来看，当时的人们在统治者的提倡和《孝经》《孝子传》等典籍的引导下，更加笃诚于孝的信仰，而在我们今天看来，恐怕其实质是出于对天的敬畏和神的尊崇。在今人看来十分虚妄的孝子神迹，在当时却极为人们信重，广为流传，代相引鉴，并被视为言行之典范，竞相仿效，以至孝子迭出。鲁迅在《中国小说史略·六朝之鬼神志怪书》中的一段叙述或可对此做出解释："盖当时以为幽明虽殊途，而人鬼乃皆实有，故其叙述异事，与记载人间常事，自视固无诚妄之别矣。"[71] 北魏"东园匠"在葬具上刻画的孝子画像正是以六朝流行的《孝子传》为依据，对这些带有天人感应色彩的至孝故事的图像表现，既是"东园匠"适应时风的无意识应合，也是在北魏中后期特殊政治语境中的自主选择。

---

[71] 鲁迅：《中国小说史略》，上海：上海古籍出版社，1998年，第24页。

第八章

北魏孝子画像的『叙事性』与『相关性』

第一节 北魏孝子画像"叙事性"的消解

迄今所见北魏孝子（悌）画像主要有舜、董永、韩伯余、郭巨、原穀、丁兰、蔡顺、老莱子、闵子骞、伯奇、董晏、眉间赤、李善、李充、董笃父、尉等。北魏孝子画像较前代大为不同，这不仅表现在风格与技巧上，图像"叙事性"也明显不如汉代，有的甚至令人不知所云，这在元谧石棺、洛阳古代艺术馆藏石围屏、天理参考馆藏石榻中尤为明显。

舜

在孔子时代，还只是一个"无为而治"的圣君的舜，"到了孟子时就成了一个孝子的模范了"[1]，并于后世被编入《孝子传》，敦煌本《孝子传》：

> 孝友舜子姓姚，字仲（重）华，父名瞽叟，更娶后妻，生一子，名蒙（象）。舜有孝行，后母嫉之，语瞽叟曰："为我煞舜。"叟用妻言，遣舜涄（泥）知母意，手持双笠上舍。叟从后放火烧之，舜乃与（以）雨（两）腋挟笠投身飞下，不损毫毛。后右（又）使舜涛（陶）井。舜既父与灌（罐）承泥，又感天降银钞致于井中。舜见银钞，上语父曰："泥中有银钱，可以收取。"父母见银钱，净（争）头竞觅，如此往返，银钱已尽。舜见井中傍有一龛，可以容身。上告父曰："井泥已尽，可以（索求）出我。"父母遂生恶心，与大石镇之，恃（持）土填塞，驱牛而践。夫妻相谓曰："舜之（子）已亡。"于是舜傍摺一穴，内得次东家井连，从井中出，便投历山，躬耕力作。时饥歉，舜独丰熟。父至（自）填

---

[1] 顾颉刚：《古史辨》，第一册，上海：上海古籍出版社，1982年，第60页。

井,两目失明,母亦顽禺(愚),弟复史(失)音,如此辛苦,经十年不自存立。后母负薪向市易米,值舜糶米,于是舜见识之,遂便与[米],伴不敢取钱,如是非一。叟怪之,语妻曰:"氏(是)我重华也。"妻曰:"百尺井底,大石镇之,岂有治(活)理。"叟曰:"卿但牵我至市,观是何人。"其妻于是将叟至,叟曰:"据子语音,正似我儿重华。"舜曰:"是也。"于是前抱父大哭,哀动天地。以手拭其父泪,两眼重闻(明),母亦听(聪)惠,弟复能言。市人见者,无不悲叹,称舜至孝。尧帝闻之,娉与二女,大者俄(娥)皇,小者女莫(英),尧王于是禅位与舜子。女英生子,号曰商均,成人不省,不省似像(象)也,不堪嗣位。舜乃禅帝位而归于禹。[2]

又:

舜子者,冀邑人也。早丧慈母,独养老父瞽叟。父娶后妻,妻谮其夫,频欲杀舜。令舜淘井,与石压之,孝感于天,澈东家井出。舜奔耕历山。后闻米贵,将来冀都而糶。及见后母,就舜买米。舜识是母,密与其钱及米置囊中。如此数度,[后母]到家,具说上事。[瞽]腴(叟)拟(疑)是舜,令妻引手,遂往市都。高声唤云:"子之语声,以(似)吾舜子。"舜知是父,遂拨人向父亲抱头而哭,与(以)舌舐其父眼,其眼得再明。市人见之,无不惊怪。诗曰:瞽叟填井自目盲,舜子从来历山耕;将来冀都逢父母,以舌舐眼再还明。又诗云:孝顺父母感于天,舜子淘井得银钱;父母抛石压舜子,感得穿井东家连。[3]

---

[2] 王重民等:《敦煌变文集》,第901页。
[3] 同上书,第902页。

据迄今所见考古遗存，北魏时期，舜画像在题材上延续汉晋传统，但内容与形式则较前代明显丰富，并出现前代孝子画像未曾出现的内容，主要有焚廪、填井、卖蒿、市上相见等，其中以"焚廪"和"填井"最为常见。固原漆棺右侧残存舜画像八幅，"开始部分残毁，题记共十一方。现存第一幅题'舜后母将火烧屋欲煞（杀）舜时'；第二幅题'使舜□井灌德（得）金钱一枚钱赐□石田（填）时'；第三幅题'舜德（得）急□从东家井里出去'；第四幅题'舜父朗萌（萌即盲）去'；其后有残阙，接下去的第五幅题'舜后母负蒿□□市上卖'；第六幅'舜来卖蒿'、'應（应）宜米一斗倍德（得）二十'；第七幅题'舜母父欲德（得）见舜'、'市上相见'；第八幅题'舜父共舜语'、'父明即闻时'"[4]，表现多个故事情节，但风格与洛地北魏画像石葬具孝子画像大相径庭，与司马金龙漆围屏舜画像也不一致，具有明显鲜卑风格。图像刻画十分简略，仅有简单的着鲜卑装人物，没有

图55　佛像供养人绣　北魏　甘肃敦煌出土　田自秉 提供

---

[4] 王㟨：《固原漆棺彩画》，《美术研究》1984年第2期，第14页。

洛地孝子画像那样丰富的背景。固原漆棺孝子画像与洛地北魏孝子画像和汉晋孝子画像均无粉本渊源，应是北魏迁洛之前，孝道思想与孝子故事传入代北并与当地丧葬活动相结合的产物。这一绘画风格在代北具有一定的普遍性，并不仅限于固原，在大同云冈第 11 窟西壁和第 18 窟明窗西侧以及甘肃莫高窟发现之北魏绣品中[5]（图 55），均可见与固原漆棺类似之鲜卑装人物形象。“迁都平城后，属于鲜卑集团的人们也还保留着浓厚的民族特色，但是在统治集团的上层已经开始汲取和应用源自中原的丧葬习俗，并将游牧文化因素融入其中。”[6] 固原漆棺鲜卑装孝子画像正是北魏迁都平城（山西大同）后，鲜卑游牧文化与中原汉文化相结合的产物。

司马金龙漆围屏、“宁懋”石室、元谧石棺、孝子棺、卢芹斋旧藏石围屏上也刻画舜的图像，唯情节较固原漆棺为少，主要涉及填井、焚廪、舜与二妃三个内容，除司马金龙漆围屏外，余皆将人物刻画在山林间。“宁懋”石室、孝子棺与卢芹斋旧藏石围屏上均刻画“填井”情节，卢芹斋旧藏石围屏舜画像刻画“舜子入井时”与“舜子谢父母不死”，“宁懋”石室与孝子棺表现的是舜从井中逃出的景象。孝子棺舜图像与《史记》、敦煌本《孝子传》、阳明本《孝子传》（图 56）等文献中关于舜的记载十分契合，以图像形式忠实再现了叙事文本。元谧石棺舜画像刻画两个对坐人物，左一人头扎总角，跪方毯上，双手前举，似在作揖，为舜，右一人为一女子，端坐榻上，为舜后母，其前方榜题“母欲煞舜焉得活”，与汉至

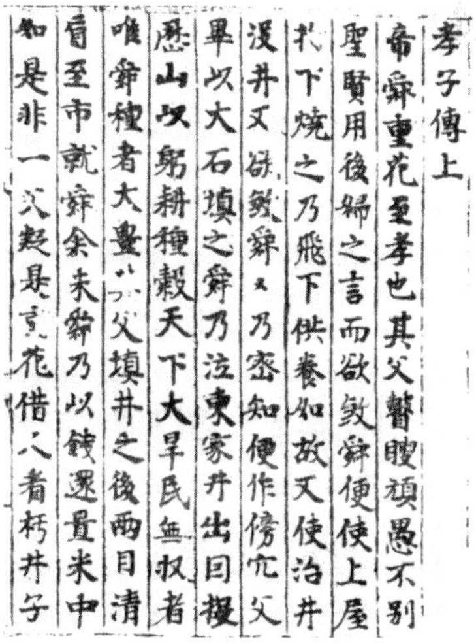
孝子傳上
帝舜重花至孝也其父瞽瞍頑愚不别
聖賢用後婦之言而欲煞舜便使上屋
於下焼之乃飛下供養如故又使治井
沒井又欲煞舜〻乃密知便作傍穴父
畢以大石塡之舜乃泣東家井出回掇
歷山以躬耕種穀天下大旱民無收者
唯舜種者大豐其父塡井之後兩目清
盲至市就舜余米舜乃以錢還置米中
知是非一人疑是重花借人看朽井子

图 56　阳明本《孝子传》

[5] 敦煌文物研究所：《新发现的北魏刺绣》，《文物》1972 年第 2 期，第 54—60 页。
[6] 乔梁：《北朝墓葬研究》，载编委会：《宿白先生八秩华诞纪念文集》（上），北京：文物出版社，2002 年，第 181 页。

北魏其他舜画像相比，叙事性明显减弱。

董永

董永事迹于刘向《孝子传》、逸名《孝子传》、日藏阳明本、船桥本《孝子传》以及敦煌本《孝子传》均有记载，敦煌本《孝子传》：

> 董永，子（千）乘人也。少失其母，独养于父，家贫佣力，笃于孝养。至于农月，永以鹿车推父至于畔上，供养如故。后数载，父殁，葬送不办。遂［与］圣人［贷］钱一万，即千贯也，将殡其父。葬殡已毕，遂来偿债。道逢一女，愿欲与永为妻。永曰："仆贫寒如是，父终无已殡送，取主人钱一万，今充身偿债为奴，乌敦（敢）屈娘子。"妇人曰："心所相乐，诚不耻也。"永［不］得已，遂与妇人同诣主人。主人曰："汝本言一身，今二人同至，何也？"永曰："买一得二，何怪也。""有何所解也。"答曰："会织绢。"主人［云］："但与［织］绢三百疋，放汝夫妻皈还。"涓（织）经一旬，得涓（绢）三百疋。主人惊怪，遂放二人归回。行至本期之处，妻辞曰："我是天之织女，见君至孝，天帝故遣我助君偿债。今既免子之难，不合久在人间。"言讫，由升天。永掩泪不已。天子征永，拜为御史大夫。[7]

"宁懋"石室、卢芹斋旧藏石围屏、上海博物馆藏石榻、纽约石榻、孝子棺、堪萨斯纳尔逊·阿特肯斯艺术博物馆藏石榻董永画像，主题明确，叙事清晰。"宁懋"石室、卢芹斋旧藏石围屏、上海博物馆藏石榻、纽约石榻董永画像以"至于农月，永以鹿车推父至于畔上，供养如故"为表现主题，普遍于一田畔之中，描绘一位站立的

---

[7] 王重民等：《敦煌变文集》，第904页。

少年和坐于车上的老者，图式结构延续汉代传统，唯表现生动，极具绘画性。孝子棺与堪萨斯纳尔逊·阿特肯斯艺术博物馆藏石榻董永画像拓展明显，二者除表现"永以鹿车推父至于畔上"这一经典情节外，更增加了织女的形象。孝子棺董永画像左侧描绘"董永看父助时"，右侧描绘董永"道逢一女"，女子衣带飘飘，手执一物，似为纺轮，寓示其"织女"身份。堪萨斯纳尔逊·阿特肯斯艺术博物馆藏石榻董永画像更有深度拓展，在表现"董永看父助时"的画面中，董永与右侧永父之间出现一位女子，这位女子同时出现在另一幅表现纺织的图画中，显然为"天之织女"，然其状貌素朴，未着华服，宛若村妇，迥异于孝子棺董永画像织女形象的描写。

韩伯余

韩伯余，亦称柏榆、伯游、伯榆、伯逾等，以"悲亲"孝迹闻名，汉晋时期多有表现，刘向《说苑》：

> 韩伯逾有过，其母苔之，泣，曰："他日未尝泣，今日何泣也？"对曰："逾他日得苔，常痛，今母力衰，不能使痛，是以泣也。"[8]

白沙镇汉墓、武梁祠与朱然墓均有发现，山东嘉祥武梁祠后墙伯榆画像十分恰当而写实地再现了这一情节，榜题十分详尽，"柏榆伤亲年老，气力稍衰，苔之不痛，心怀楚悲"[9]。在目前所见北魏孝子画像中，仅元谧石棺刻有一幅伯榆画像，该图位于元谧石棺右帮（图57），榜题"韩伯余母与丈和颜"，画像没有表现"伯榆悲亲"这一经典形象，而是于画面左侧方毯上描绘两个女子并肩而坐，前方立一男

---

[8] 李昉：《太平御览》，卷四一三，第1907页。
[9] Wu Hung, *The Wu Liang Shrine*, Stanford, California: Stanford University Press, 1989, p.286.

图 57 "韩伯余母与丈和颜"（线刻画像） 元谧石棺右帮 北魏正光五年（524）

子回首而望，明显不是力衰悲亲情景，与汉代伯余图像大相径庭，即使结合榜题，依然无法辨明情节。

郭巨

早在东汉延光二年（123）河南登封太室山南麓启母阙上，已刻有"郭巨埋儿"画像，但现存汉晋郭巨画像并不多，北魏遗存则较为丰富。北魏郭巨画像遗存见于固原漆棺、元谧石棺、孝子棺、卢芹斋旧藏石围屏、洛阳古代艺术馆藏石榻、纽约石榻、堪萨斯纳尔逊·阿特肯斯艺术博物馆藏石榻、大阪和泉久保惣纪念美术馆藏匡僧安石榻、首都博物馆藏石榻以及深圳博物馆藏石榻等。

郭巨在刘向《孝子传》、宋躬《孝子传》、敦煌本《孝子传》以及日藏阳明本、船桥本《孝子传》中均有收录，刘向《孝子传》：

> 郭巨，河内温人。甚富，父没，分财二千万为两，分与两弟，已独取母供养。寄住邻，有凶宅无人居者，共推与之，居无祸，患妻产男，虑养之则防供养，乃令妻抱儿，欲掘地埋之，于土中得金一釜，上有铁券，云赐孝子郭巨，巨

还宅主，宅主不敢受，遂以闻官，官依券题还巨，遂得兼养儿。[10]

敦煌本《孝子传》：

> 郭巨字大举，河内人也。家［贫］，养［母］至孝。妻生一子，年三岁。巨谓妻曰："家贫如此，时岁饥虚布德老饮食，供养孝母，犹不充饱，更被婴姟（孩）分母饮食。子可再有，母不可得。共卿埋子以全母命不？"妻不敢违，从夫之意。巨自执鍫，妻乃抱儿来入后园。后令妻煞子，巨即掘地，才深一丈尺，掘着一铁器，巨位（低）腰顾视，乃见一釜，釜中满盈黄金。巨连（速）招妻。妻曰："抱儿则至。"
>
> 儿且犹活，妻不忍下手。夫谓妻曰："卿见此釜之金，其上有一铁券云'天帝赐孝子黄金，官不得夺，移（私）不许侵。'"巨既得［金］惊怪不以（已），乃陈于县，县已（以）申州，州与表奏天子。天子不（下）诏曰："金还郭巨供养其母。"乃表门以彰孝德。[11]

又，

> 郭巨者，河内人也，养母至孝。时遇饥荒，夫人与人佣作，每至吃食，盛饮将归，留喂老母。巨有一儿，常夺阿婆饭食，遂不得饱。巨告妻曰："儿死再有，母重难得，你可煞儿存母。若不如是，母饿死。"遂令妻抱儿，巨自将锹镬穿地三尺，拟欲埋之。天愍其孝，乃赐黄金一釜，并有一文，词曰："金赐孝子，官不得侵，私不许取。"诗曰：郭巨

---

[10] 李昉：《太平御览》，卷四一一，第1898页。
[11] 王重民等：《敦煌变文集》，第905页。

图58 固原漆棺郭巨画像

专行孝养心,时年饥险苦来侵;每被孩儿夺母食,生埋天感似(赐)黄金。[12]

固原漆棺现存郭巨画像三幅,榜题五方,位于舜画像之后,以连续形式表现郭巨奉亲(图58),第一幅描绘两人坐于屋宇内的榻上,榜题为"孝子郭距供奉老母";第二幅画郭巨袖手而立,妻子右手执莲蕾,左手扶腹部,榜题"以食不足敬□曹母""相将□土冢天赐皇今(黄金)一父(釜)";第三幅画郭巨正执铲掘出一釜黄金,榜题"□衣德脱私不德与"[13],与该棺舜画像一样,人物着鲜卑装束,刻画简略,仅靠榜题点明情节。元谧石棺郭巨画像位于右帮韩伯余之后(图59),共描绘四个人物,左侧矮榻坐三人,外侧坐男女两位长者,里侧坐一小孩,应为郭巨子,郭巨跪坐榻前,其前榜书"孝子郭

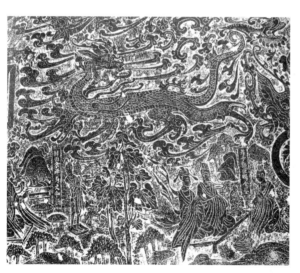

图59 "孝子郭巨赐金一釜"(线刻画像) 元谧石棺右帮 北魏正光五年(524)

---

[12] 王重民等:《敦煌变文集》,第906页。
[13] 宁夏固原博物馆:《固原北魏墓漆棺画》,第12页。

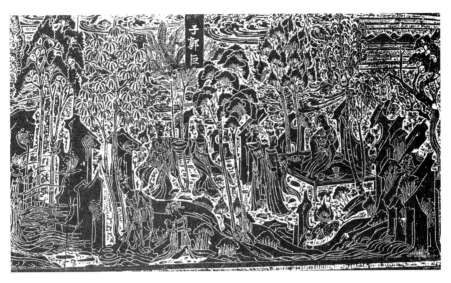

图 60-1　子郭巨（线刻画像）　孝子棺左帮

图 60-2　子郭巨（局部）线描　囗自秉 提供

巨赐金一釜"，四人前方空处有一奢口坛，坛中装满黄金。洛阳古代艺术馆藏石围屏郭巨画像与之相近，亦画三人坐榻上，不过小孩由榻边移至中间，周围峦树，不见元谧石棺刻画之盛金坛子和榻前跪坐人物。孝子棺郭巨画像位于石棺左帮中部，画面由左至右依次表现埋儿掘金、抬金回家、奉养母亲三个连续的情节（图60）。卢芹斋旧藏石围屏郭巨画像位于第一石，是分两个画幅来表现的，中间一幅与孝子棺郭巨画像最右侧奉母场景近似，母亲面右坐榻上，郭巨夫妇拱手跪于榻前，母亲与郭巨夫妇之间榜题"孝子郭巨天赐黄金"，右侧一幅漫漶，榜题"孝子郭巨"下方隐约有两个人物，应为郭巨夫妇，或为描绘入山埋儿情景。大阪和泉久保惣纪念美术馆藏匿僧安石榻系以三幅一组的画面表现郭巨，孝子棺上"异时同构"的三个情节被拆分为三个相对独立的画面,从左至右依次为养母、埋儿、掘金。深圳博物馆藏石榻郭巨画像表现了"孝子郭巨"与"孝子郭钜煞儿养母"两个情节,与匡僧安石榻不同的是,养母与掘金成为相连的画幅,埋儿则被抽离。堪萨斯纳尔逊·阿特肯斯艺术博物馆藏石榻郭巨画像亦为单幅形式,见有两幅,一幅表现家居奉养,一幅表现埋儿(图61)。纽约石榻郭钜画像虽然榜题"孝子郭钜煞儿养母天金一釜",但图像较为暧昧,没有明确表现习见的养母、埋儿

图61 郭巨 石榻画像 美国堪萨斯纳尔逊·阿特肯斯艺术博物馆藏

或掘金场景,其所表现的郭巨与妻儿同行于林间之景,相比同类画像,较多迥异之处。尽管如洛阳古代艺术馆藏石榻、堪萨斯纳尔逊·阿特肯斯艺术博物馆藏石榻、大阪和泉久保惣纪念美术馆藏匡僧安石榻等部分郭巨画像有榜无题,但风格较为一致,除元谧石棺、洛阳古代

图62 郭巨埋儿画像砖 河南邓县画像砖墓

艺术馆藏石榻外，普遍有较强的叙事性。

邓县学庄画像砖郭巨画像亦描绘入山埋儿情节（图62），妻子抱儿立于右侧，旁书"妻子"，郭巨持铲抬脚作掘取状，旁书"郭巨"，中间为一坛黄金，上书"金一釜"，人物间衬以树木。湖北襄阳贾家冲墓封门墙砖上的郭巨画像与邓县略同，唯显简略，亦无榜题，在树及人物形象刻画上差距较大。邓县画像砖、贾家冲墓画像砖与洛地画像石葬具所绘郭巨画像呈现出简略与繁复、粗糙与精细的巨大差异，两者间顺承关系也不明显，但在图像细节如树木、线描、衣饰等方面却存在相近之处，或为汉晋至北魏郭巨画像发展之中间形态。从邓县学庄郭巨画像倒字情况来看，其制作系倒模而成，表明其有粉本依据。邓县与襄阳孝子画像所据粉本可能更为接近晋代与南朝早期祖本原貌，而洛地石葬具孝子画像则是北魏"东园匠"为适应丧葬等级而在原始画样基础上丰富、改造而成，其所据稿本或与邓县、贾家冲郭巨画像存在联系。

原榖

孝孙原榖，宋元时期多称元觉、圆觉、袁觉、元角，事迹见于逸名《孝子传》：

> 原榖者，不知何许人，祖年老，父母厌患之，意欲弃之，榖年十五，涕泣苦谏，父母不从，乃作舆升弃之，榖乃随，收舆归，父谓之曰："尔焉用此凶具。"榖云："后父老不能更作得，是以取之耳。"父感悟，愧惧，乃载祖归侍养，克己自责，更成纯孝，榖为纯孙。[14]

原榖事迹在东汉已有流传，并有遗存，开封白沙镇东汉墓、乐浪

---

[14] 李昉：《太平御览》，卷五一九，第2360页。

图63 "孝孙原穀"（线刻画像）孝子棺左帮

汉代彩箧、嘉祥武梁祠、内蒙古和林格尔汉墓均可见原穀画像。北魏原穀画像遗存见于元谧石棺、孝子棺、卢芹斋旧藏石围屏、升仙石棺足挡、洛阳古代艺术馆藏石榻、上海博物馆藏石榻、纽约石榻以及堪萨斯纳尔逊·阿特肯斯艺术博物馆藏石榻。孝子棺原穀画像位于左帮（图63），画像表现抬祖进山与拾舆还家两个情节。升仙石棺足挡孝孙画像与孝子棺略同，但刻画稍简，以剔地平雕为主，略施线刻，图像之繁复细腻远逊孝子棺。纽约石榻孝孙画像榜题明确标示其刻画的是"孝孙将祖还舍来归时"，舍弃了进山、拾舆这两个汉代以来最为典型的经典情节，视觉兴趣已发生转移。卢芹斋旧藏石围屏原穀画像位于第四石，共有两幅，左侧一幅画一老者被弃于深山丛林之中，前方榜题"孝孙父不孝"，中间一幅画两人立于山石之间，中刻榜题"孝孙父舆还家"。堪萨斯纳尔逊·阿特肯斯艺术博物馆藏石榻原穀画像尽管沿承传统，但情节刻画作了取

图64 "孝孙弃父深山"元谧石棺右帮（线描） 邹清泉 绘

舍，摒弃进山，选取弃父、归家两个场景。元谧石棺与洛阳古代艺术馆藏石围屏原榖画像比较暧昧，均刻两个人物相对而坐，洛阳古代艺术馆藏石围屏孝孙画像无榜题，元谧石棺孝孙画像于两个对坐人物中间题刻"孝孙弃父深山"（图64），但图像与文献相去甚远，之间几无链接，图像表现已脱离叙事文本。

丁兰

刘向、郑缉之《孝子传》：

> 丁兰，河内野王人也。年十五丧母，刻木做母，事之供养如生。兰妻夜火灼母面，母面发疮。经二日，妻头发自落，如刀锯截，然后谢过。兰移母大道，使妻从服，三年拜伏。一夜忽如风雨，而母自还。邻人所假借，母颜和即与，不和即不与。邻人曰：枯木何知？遂用刀斫木，母流血。兰还悲号，造服行丧。廷尉以木感死。宣帝嘉之，拜太中大夫者也。[15]

孙盛《逸人传》：

> 丁兰者，河内人也，少丧考妣，不及供养，乃刻木为人，仿佛亲形，事之若生，朝夕定省，后，邻人张叔妻从兰妻借看，兰妻跪投木人，木人不悦，不以借之，叔醉疾来酣骂，木人杖敲其头，兰还，见木人色不怿（悦），乃问其妻，具以告之，即奋剑杀张叔，吏捕兰，兰辞木人去，木人见兰，为之垂泪，郡县嘉其至孝通于神明，图其形像于云台也。[16]

---

[15] 黄任恒：《古孝汇传》，广州：聚珍印务局，1925年，第9页。
[16] 李昉：《太平御览》，卷四一三，第1909页。

武梁祠西壁丁兰画像榜题"丁兰，二亲终殁，立木为父，邻人假物，报乃借与"，开封白沙镇东汉墓、乐浪彩箧、泰安大汶口东汉墓、和林格尔汉墓丁兰画像榜题虽流于简略，但图像表现均以"刻木为人，仿佛亲形，事之若生，朝夕定省"为主题，北魏丁兰画像延续这一传统，但图像的叙事性、生动性、完整性，已远非汉代画像可比，这在"宁懋"石室、纽约石椁、堪萨斯纳尔逊·阿特肯斯艺术博物馆藏石椁中均有极为生动的表现（图65、66），人物数量增加明显、场景表现自然写实、绘画技艺高超纯熟为其主要特征。武梁祠丁兰画像"邻人假物，报乃借与"的主题明显隐晦，而突出"丁兰侍木母食时"，纽约石椁丁兰画像更以榜题明确标示。相比之下，元谧石棺、洛阳古代艺术馆藏石椁、卢芹斋旧藏石围屏丁兰画像则较为简略，与"宁懋"石室、纽约石椁、堪萨斯纳尔逊·阿特肯斯艺术博物馆藏石椁区别明显，似与汉代传统颇有渊源，但山林景致的描绘又显时代悬隔，象征意味明显加强。

图 65　石榻画像
美国堪萨斯纳尔逊·阿特肯斯艺术博物馆藏

图 66　石榻画像
美国堪萨斯纳尔逊·阿特肯斯艺术博物馆藏

图 67 "子蔡顺"（线刻画像） 孝子棺右帮 美国堪萨斯纳尔逊·阿特肯斯艺术博物馆藏

蔡顺

《后汉书》[17]、敦煌本《孝子传》[18]均可见蔡顺事迹，《后汉书》记载有"心痛悟母""火起伏棺""闻雷泣墓"，敦煌本《孝子传》又可见"拾葚供亲""尝毒"情节。目前所见汉魏孝子画像中，尚未见有蔡顺。在北魏孝子画像中，多选取火起伏棺这一情节作为表现主题，"闻雷泣墓"也有表现，"心痛悟母"极少见到。固原漆棺、孝子棺及卢芹斋旧藏石围屏刻有蔡顺画像，均有榜题，固原漆棺蔡顺画像榜题较详，为"东家失火蔡顺伏身官上"，另两者榜题则显简略，孝子棺为"子蔡顺"，卢芹斋旧藏石围屏为"孝子蔡顺"。孝子棺蔡顺画像位于该棺右帮中部（图 67），刻画蔡顺伏棺恸哭，火烧他室场面，画面左侧描绘邻家失火众人负水救火情景，画面中央绘一亭，中置一棺，上伏一人，为"子蔡顺"，亭上脊顶立一鹗，"应是死亡的象征"[19]。亭

---

[17] 范晔：《后汉书》，卷三十九，第 1312 页。
[18] 王重民等：《敦煌变文集》，第 902—903 页。
[19] 郑岩：《北朝葬具孝子图的形式与意义》，《美术学报》2012 年第 6 期，第 51 页，注 46。

图68 蔡顺 石榻画像 美国堪萨斯纳尔逊·阿特肯斯艺术博物馆藏

旁右侧下部蹲一犬，面向左部，山东青州傅家北齐武平四年（573）墓一表现送葬的画像石上亦有一犬，乐仲迪（Judith Lerner）认为与粟特丧葬中之"Sagdid"（犬视）有关[20]，陈垣曾据《魏书》"废诸淫祀，而胡天神不在其列"[21]之记载，认为"胡天之祀，始于北魏"[22]。如此看来，孝子棺蔡顺画像下部之犬，或许并非一般之家犬，而与袄教有关。[23] 余则满布山石树木，画面上部绘有流云，约有五只大雁正朝左向飞去。有研究者注意到，"这幅画像还透露出葬具制作完毕而'未及得葬'期间存放的情况以及葬具和孝子的关系"[24]。固原漆棺蔡顺画像亦绘这一情节，残存画面中有一屋，周围有火焰绕屋脊而过，屋内残存一男子头部，为蔡顺。卢芹斋旧藏石围屏表现的是"每有雷震，顺辄圜冢泣"的情节。孝子棺与卢芹斋旧藏石围屏均为北魏迁洛以后的作品，两者虽然主题不同，但画面布局、刻画风格、雕琢技法基本一致。

纳尔逊·阿特肯斯艺术博物馆藏北魏石榻屏风与2004年纽约展出之石榻右侧围屏亦可见蔡顺画像，纽约石榻蔡顺画像榜题"此是蔡顺临尸灭火不起"，蔡顺伏棺位于画面左侧，与孝子棺蔡顺侧身伏棺

---

[20] Judith Lerner, Zoroastrian Funerary Beliefs and Practices known from the Sinosogdian Tombs in China, *The Silk Road*, 2011,Vol.9, pp.18-25.
[21] 魏收：《魏书》，卷十三，第338页。
[22] 陈垣：《火袄教入中国考》，《国学季刊》1923年第1卷第1号，第29—30页。
[23] 郑岩：《北朝葬具孝子图的形式与意义》，《美术学报》2012年第6期，第51页，注46。
[24] 同上书，第49页。

不同，而为正面，长发垂肩，尽显"哀毁尽礼"之情，邻舍及负水救火者位于右侧。纳尔逊·阿特肯斯艺术博物馆藏石榻蔡顺画像无榜题，蔡顺位于画面左侧，面向右侧火起之屋舍，右侧二人正在抬物，画像表现的应为孝子蔡顺无疑，但"伏棺"之经典情节的舍弃，令其叙事性稍显减弱（图68）。

老莱子

师觉授《孝子传》：

> 老莱子，楚人也，至孝。年七十，不言称老，恐伤其母。衣五彩之服，示为童子，以悦母请情。至于母前为童儿之戏，或眠伏，或眠与母益养脚，跌地化作婴儿之啼。楚王闻名，与金帛征之，用为令尹，辞而不就。六国时人。[25]

"老莱子彩衣娱亲"在汉代即有表现，北魏以降，仍然流行。元谧石棺、卢芹斋旧藏石围屏、洛阳古代艺术馆藏石围屏、日本和泉久保惣纪念美术馆藏石榻、堪萨斯纳尔逊·阿特肯斯艺术博物馆藏

图69-1 "老莱子年受百岁哭内"（线刻画像） 　图69-2 "老莱子年受百岁哭内"（线描） 邹清泉 绘
元谧石棺左帮　北魏正光五年（524）

---

[25] 李昉：《太平御览》，卷四一三，第1907页。

图70 老莱子 石榻画像 美国堪萨斯纳尔逊·阿特肯斯艺术博物馆藏

石榻等均见有老莱子形象。元谧石棺老莱子画像较该棺其他图像而言，叙事性稍显突出，即使没有榜题，依然可以辨出是老莱子娱亲场面（图69），但榜书"老莱子年受百岁哭内"却与画面内容明显不符。邓县学庄老莱子画像中，莱子父母坐帐内，老莱子正在他们面前舞蹈。在洛阳古代艺术馆藏石榻老莱子画像中，莱子父母依然榻坐，但莱子没有舞蹈，仅侍立他们身旁。卢芹斋旧藏石围屏老莱子画像位于第二石右侧，不甚清晰，仅辨得画幅左侧有屋宇，旁题"老莱子父母在堂"，与文献记载及同类画像又有所出入。在现存北魏老莱子画像中，堪萨斯纳尔逊·阿特肯斯艺术博物馆藏石榻老莱子画像是较为生动的一幅（图70），该像表现老莱子戏于踞座之父母前方，以娱双亲，人物造型准确，线条生动，是老莱子画像中罕见的精品。

目前所见汉晋孝子画像中，四川乐山麻浩一号崖墓、浙江海宁长安镇画像石墓以及山东嘉祥武梁祠西壁刻画有老莱子，其中，武梁祠西壁老莱子画像有详细榜题："老莱子楚人也，事亲至孝，衣服斑连，婴儿之态，令有欢，君子嘉之，孝莫大焉。"[26] 从师觉授《孝子传》来看，这一故事至北魏时，骨干情节几无变化，但元谧石棺老莱子画像内容与榜题的不符，透露出老莱子画像及其孝行故事在北魏的嬗变。

---

[26] Wu Hung, *The Wu Liang Shrine*, p.280.

闵子骞

敦煌本《孝子传》:

> 闵子骞,名损,鲁人也。父取后妻,生二子,骞供养父母,孝敬无怠。后母嫉之,所生亲子,衣加绵絮,子骞与芦花絮衣。其父不知,冬月,遣子御车,骞不堪甚,骞手冻,数失缰靷,父乃责之,骞终不自理。父密察之,知骞有寒色,父以手抚之,见衣甚薄,毁而观之,始知非絮。后妻二子,纯衣以绵。父乃悲叹,遂遣其妻。子骞雨泪前白父曰:"母在一子寒,母去三子单,愿大人思之。"父惭而止,后母改过,遂以三子均平,衣食如一,得成慈母。孝子闻于天下。鲁哀公召骞为费邑宰,名列孔子之从,周敬王时。[27]

汉代闵子骞画像多选取驾车失棰这一高潮情节表现,开封白沙镇汉墓、武梁祠以及和林格尔汉墓有其遗存,武梁祠闵子骞画像颇具代表性,图像写实,榜题凝练,以简洁的造型语言概括整个故事情节并点明画像主旨。从目前的考古发现来看,北魏时期的闵子骞画像甚为少见,仅元谧石棺刻画一幅(图71)。同韩伯余画像一样,位于元谧石棺右帮的闵子骞画像与东汉闵子骞画像也

图71 "孝子闵子骞"(线摹) 元谧石棺右帮 邹清泉 绘

---

[27] 王重民等:《敦煌变文集》,卷八、第904页。

有很大不同，驾车失棰这一经典情节已完全消解，画面左侧画一女子坐榻上，其前方跪一青年男子，样极恭谨，榜题"孝子闵子骞"，应是表现闵子骞侍奉后母情景，但与该棺其他孝子图像无显著情节差异及区别，显现出时代嬗变中视觉趣味的转换。

伯奇

在北魏孝子画像遗存中，固原漆棺、元谧石棺以及洛阳古代艺术馆藏石围屏上刻画有孝子伯奇，分别描绘两个不同的情节，固原漆棺描绘伯奇化作飞鸟传说，画幅"残存二块不相衔接，其一画幅残存一半，画尹吉甫骑于马上，题字二行：'尹吉符（甫）□□□□伯奇化作非（飞）鸟'，吉甫肩上立一鸟，其旁特题有'上肩上'三字，其后残阙；第二幅画幅只残留一水池，内中一鸟；连接的第三幅题字三行，惜字迹多漫漶，残存部分画一人引弓待发，对面立一人，其后一鸟，表现的当是吉甫射杀后妻之时。"[28]《太平御览·继母》：

> 琴操曰：尹吉甫，周卿也，子伯奇，母早亡。吉甫更娶后妻，妻乃谮之于吉甫，曰："伯奇见妾美，欲有邪心。"吉甫曰："伯奇慈仁，岂有此也。"妻曰："置妾空房中，君登楼察之。"妻乃取毒蜂缀衣领，令伯奇掇之，于是吉甫大怒，放伯奇于野，宣王出游，吉甫从之，伯奇作歌以感之，宣王闻之曰："此放子之辞也。"吉甫乃求伯奇，而感悟，遂射杀其妻。[29]

主要记述后妻"取毒蜂缀衣领，令伯奇掇之"一事，而于伯奇化作飞鸟仅以"伯奇作歌以感之"带过，国内现存《孝子传》亦阙载，

---

[28] 王㳒：《固原漆棺彩画》，《美术研究》1984年第2期，第15页。
[29] 李昉：《太平御览》，卷五——，第2329页。

曹植《令禽恶鸟论》：

> 昔尹吉甫用后妻之谗，而杀孝子伯奇；其弟伯封求而不得，作《黍离》之诗。俗传云：吉甫后悟，追伤伯奇。出游于田，见异鸟鸣于桑，其声嗷然。吉甫动心曰："无乃伯奇乎？"鸟乃抚翼，其音尤切。吉甫曰："果吾子也。"乃顾谓曰："伯奇，劳乎！是吾子，栖吾舆；非吾子，飞勿居。"言未卒，鸟寻声而栖于盖。归入门，集于井干之上，向室而号。吉甫命后妻载弩射之，遂射杀后妻以谢之。[30]

日藏阳明本、船桥本《孝子传》还见有后母"取蛇密安瓮中""欲杀奇"记载[31]，金代王朋寿《类林杂说》引逸名《孝子传》：

> 尹伯奇，周之上卿吉甫之子，父更娶后妻，又生圭。伯奇至孝，后母嫉之，欲杀奇，乃取蛇密安瓮中，命奇、圭视之，圭年小，见蛇乃惊，便号叫走，称奇打我，母问吉甫，甫不信，又谓甫曰："奇存非法向我，君不信，今与奇游后园，君遥观之。"甫信其言，于是母与奇至园中，诈云被刺脚，令奇看之，父遥见，谓如母言，呼奇责之，奇恐伤母，意终不自治，遂自抱石投河而死，周宣王时人。[32]

元谧石棺描绘的正是后母以毒蛇计杀伯奇（图72），画像位于石棺左帮，左侧画幅"刻有一个盛装女子跽坐于席上，前面有一圆壶，壶口中有一条蜷曲成螺旋状，头部向上的毒蛇。壶前面，有一个小儿与女子相向，跽坐于席上"[33]。瓶右侧榜题"孝子伯奇母杀儿"，表

---

[30] 曹植：《曹植集校注》，卷二，赵幼文校注，北京：人民文学出版社，1998年，第305页。
[31] 赵超：《关于伯奇的古代孝子图画》，《考古与文物》2004年第3期，第68页。
[32] 王朋寿：《类林杂说》，卷一，吴兴刘氏嘉业堂刻本，1920年，第5页。
[33] 赵超：《关于伯奇的古代孝子图画》，《考古与文物》2004年第3期，第69页。

图 72-1 "孝子伯奇耶父"（线刻画像）
元谧石棺左帮

图 72-2 "孝子伯奇耶父"（线摹） 邹清泉 绘

图 72-3 "孝子伯奇母赫儿"（线刻画像）
元谧石棺左帮

图 72-4 "孝子伯奇母赫儿"（线摹） 邹清泉 绘

图 73 伯奇图 洛阳古代艺术馆藏石围屏（线摹）

现的是后母"取蛇密安瓮中"以陷害伯奇。画幅右侧亦画两个人物形象，左侧一人袖手坐于矮榻上，右一人拱手恭敬站立，身体微向前倾，两人中间题"孝子伯奇耶父"，应为表现后母谮毁伯奇后，父亲尹吉甫询问伯奇。洛阳古代艺术馆藏石围屏上的伯奇与该围屏其他孝子画像一样，均无榜题，画面中部一方席上并排跽坐男女二人，女子身旁刻画一蛇，正蜷曲向上盘升（图73），与"元谧石棺上的伯奇故事画表现形式十分相似，从这些特点去看，它无疑也是表现伯奇故事的孝子图画"[34]，之所以极为突出蛇的形象，应旨在凸显"欲杀奇"情节。

董晏

据敦煌本《孝子传》和日藏阳明本、船桥本《孝子传》记载，董晏字孝理，少失父，独养老母，"母常肥悦"，邻人王寄不孝，"母常忧怀，形容羸瘦"，一日，"寄母谓晏母曰：'夫人家贫年高，有何供养，恒常肥悦如是？'母曰：'我子孝顺，是故示也。'晏母后语寄母曰：'夫人家富，美膳丰饶，何以羸瘦？'寄母答曰：'故瘦尔。'"[35] 王寄闻后，乃杀三牲，拔刀令母食之，并苦辱晏母，董晏俟母寿终，乃斩王寄，"持祭于母"，后"会赦得免"。在北魏孝子画像中，董晏的刻画不及舜、郭巨、董永等普遍，"宁懋"石室左侧山墙外壁刻画一幅，位于丁兰下方，描绘董晏与王寄二人母亲正在交谈，榜题"董晏母供王寄母语时"。纽约石榻"此是王寄日用三生母食时"与堪萨斯纳尔逊·阿特肯斯艺术博物馆藏石榻"不孝王寄"虽然以王寄为画像主体，并未直接表现董晏，但实际上是以王寄的不孝反衬董晏的孝，故仍可视为孝子董晏画像。

李善

《后汉书·独行列传》：

> 李善字次孙，南阳淯阳人，本同县李元苍头也。建武中疫疾，元家相继死没，唯孤儿续始生数旬，而资财千万，诸奴婢私共计议，欲谋杀续，分其财产。善深伤李氏而力不能

---

[34] 赵超：《关于伯奇的古代孝子图画》，《考古与文物》2004年第3期，第69页。
[35] 王重民等：《敦煌变文集》，卷八，第904—905页。

制,乃潜负续逃去,隐山阳瑕丘界中,亲自哺养,乳为生湩,推燥居湿,备尝艰勤。续虽在孩抱,奉之不异长君,有事辄长跪请白,然后行之。间里感其行,皆相率修义。续年十岁,善与归本县,修理旧业。告奴婢于长吏,悉手杀之。时钟离意为瑕丘令,上书荐善行状。光武诏拜善及续并为太子舍人。

善,显宗时辟公府,以能理剧,再迁日南太守。从京师之官,道经浒阳,过李元冢。未至一里,乃脱朝服,持锄去草。及拜墓,哭泣甚悲,身自炊爨,执鼎俎以修祭祀。垂泣曰:"君夫人,善在此。"尽哀,数日乃去。到官,以爱惠为政,怀来异俗。迁九江太守,未至,道病卒。[36]

汉代李善画像见于乐浪彩箧、武梁祠以及和林格尔汉墓,北魏遗存较少,仅于司马金龙漆围屏见有一幅,画面左侧绘一妇人坐矮榻上,后一侍女执华盖,前方榜题"□人死长人赐善姓为李郡表上诏拜河内太守",榻前方坐一男子,身前榜书"李善养□兄妹",与文本叙述略有出入。李善与李充画像中这种两相对坐的图像布局形式与元谧石棺有相近之处。

李充

《后汉书·独行列传》:

李充字大逊,陈留人也。家贫,兄弟六人同食递衣。妻窃谓充曰:"今贫居如此,难以久安,妾有私财,愿思分异。"充伪酬之曰:"如欲别居,当酤酒具会,请呼乡里内外,共议其事。"妇从充置酒燕客。充于坐中前跪白母曰:"此妇无

---

[36] 范晔:《后汉书》,卷八十一,第2680页。

状,而教充离间母兄,罪合遣斥。"便呵斥其妇,逐令出门,妇衔涕而去。坐中惊肃,因遂罢散。充后遭母丧,行服墓次,人有盗其墓树者,充手自杀之。服阕,立精舍讲授。[37]

汉代孝子画像尚未见有表现李充者,而北魏也仅于司马金龙漆围屏见有一例,迁洛之后的画像葬具上亦无表现。李充画像绘于司马金龙漆围屏拼合后第三块板上,位于李善下方,图像表现基本忠实文献,画面右侧一妇人面左坐于有围帐的矮榻上,李充于前跪地,中有榜题"孝子李充奉姒时",最左边立一女子,旁书"李充妻",表现李充跪地、白母出妻情景(图74)。

图74 屏风漆画 司马金龙墓出土

眉间尺

眉间尺,名赤比,因其"眉间广尺",故称眉间尺,在文献和北魏孝子画像榜题中又称眉间志或眉间赤,传为干将、莫邪之子。事迹源出"三王墓"传说,《搜神记·三王墓》:

> 楚干将、莫邪为楚王作剑,三年乃成。王怒,欲杀之。

---

[37] 范晔:《后汉书》,卷八十一,第2684页。

剑有雌雄。其妻重身当产，夫语妻曰："吾为王作剑，三年乃成。王怒，往必杀我。汝若生子是男，大，告之曰：'出户望南山，松生石上，剑在其背。'"于是即将雌剑往见楚王。王大怒，使相之："剑有二，一雄一雌。雌来，雄不来。"王怒，即杀之。

莫邪子名赤比，后壮，乃问其母曰："吾父所在？"母曰："汝父为楚王作剑，三年乃成。王怒杀之。去时嘱我：'语汝子：出户望南山，松生石上，剑在其背。'"于是子出户南望，不见有山，但睹堂前松柱下，石砥之上，即以斧破其背，得剑。日夜思欲报楚王。

王梦见一儿，眉间广尺，言欲报仇，王即购之千金。儿闻之，亡去。入山行歌。客有逢者，谓："子年少，何哭之甚悲耶？"曰："吾干将、莫邪子也。楚王杀吾父，吾欲报之！"客曰："闻王购子头千金，将子头与剑来，为子报之。"儿曰："幸甚！"即自刎，两手捧头及剑奉之，立僵。客曰："不负子也。"于是尸乃仆。

客持头往见楚王，王大喜。客曰："此乃勇士头也。当于汤镬煮之。"王如其言。煮头三日三夕，不烂。头踔出汤中，踬目大怒。客曰："此儿头不烂，愿王自往临视之，是必烂也。"王即临之。客以剑拟王，王头随堕汤中。客亦自拟己头，头复堕汤中。三首俱烂，不可识别。乃分其汤肉葬之，故通名"三王墓"，今在汝南北宜春县界。[38]

在北魏孝子画像中，元谧石棺右帮眉间赤画像颇具代表性。眉间赤故事围绕一棵树和一座圆坟展开，画面左侧画一袖手跪坐形象，其头部上侧阴线刻"眉间志妻"榜题，为眉间志妻，画面右侧同样画一袖手席地而坐的形象，两个人物间为一棵树和一座圆坟，圆坟旁线刻榜书"眉间志与父报酬"，背景是山峦丛树。这幅画像展现之情节与

---

[38] 干宝：《搜神记》，卷十一，长沙：岳麓书社，1979年，第88页。

图 75-1 "眉间志与父报酬"(线刻画像) 元谧石棺右帮

《搜神记》《列士传》《孝子传》的记载出入很大，文献记载中的干将、莫邪、晋王(《列异传》作楚王)、客等均未刻画，所刻画的妻子形象在文献中并未提及。画面右侧的跽坐人物身份也很难确定，眉间赤为替父报仇，已先行自刎，客携其头和剑献于楚王，后与楚王同归于尽，如以现有文献为依据，画面右侧跽

图 75-2 "眉间志与父报酬"(线描) 邹清泉 绘

坐人物既非眉间赤，也不应是客，极有可能是眉间赤的母亲莫邪，而中间圆坟应为埋葬眉间赤、客及楚王的"三干墓"。此外，还存在另一种可能，就是该画像的刻画或许另有文献或图样依据，从画面中出现妻子的形象来看，这一可能很大，若以此为出发点，画面中的圆坟则应为眉间赤的父亲干将之墓，而墓前右侧跪坐人物则为眉间赤，不过这与现有文献记载则完全背离(图75)。

现藏洛阳古代艺术馆和日本和泉久保惣纪念美术馆的两张石榻上

也各刻画一幅眉间赤故事，洛阳古代艺术馆藏石榻眉间赤画像于崇山峻岭间刻画两个人物，一跽坐，一站立，中间有榜无题，情节含糊，刻画风格与元谧石棺类似。和泉久保惣纪念美术馆石榻眉间赤画像已难辨识，画面没有榜题，情节含混。

董笃父

董笃父画像目前仅见于元谧石棺，位于该棺左帮，在山峦丛树间刻画两个人物（图76），右侧一人袖手坐于榻上，左侧一人跽坐在地，右手持物前举，应为董笃父。从画面来看，董笃父画像的构图形式与该棺其他孝子画像如丁兰、郭巨、原谷等近似，均为一人坐榻上，另一人跪坐于前，画面形式大同小异，差别不大。董笃父在《太平御览》《艺文类聚》《初学记》等类书所辑六朝《孝子传》以及日藏阳明本、船桥本《孝子传》中均无收录，而在目前所见汉晋孝子画像中亦无踪迹，从榜题"孝子董笃父赎身"来看，颇类董永卖身葬父故

图76-1 "孝子董笃父赎身"（线刻画像） 元谧石棺右帮

图 76-2 "孝子董笃父赎身"(线描) 邹清泉 绘

事,或另有所指。

尉

孝子棺右帮刻画一幅榜题为"尉"的画像(图77),相关研究认为其表现的是东汉王琳。王琳,字巨尉,《后汉书》《东观汉记》有其传记,六朝时期进入《孝子传》,《太平御览》载逸名《孝子传》和日藏阳明本、船桥本《孝子传》均有记载,而其画面所表现的内容也与文献记载的王琳故事相符。

> 时汝南有王琳巨尉者,年十余岁丧父母。因遭大乱,百姓奔逃,唯琳兄弟独守塚庐,号泣不绝。弟季,出遇赤眉,将为所啖,琳自缚,请先季死。贼矜而放遣,由是显名乡邑。[39]

---

[39] 范晔:《后汉书》,卷三十九,第1300页。

图77-1 "尉"孝子棺线刻 堪萨斯纳尔逊·阿特肯斯艺术博物馆藏

图77-2 孝子棺"尉"画像

据之,可判定榜题上缺失的字应为"子巨"或"王巨"。画面分左右两部分表现了两个情节,左侧表现的是王琳闻弟被俘后,舍身"自缚,请先季死",右侧表现了赤眉军被王琳孝悌至行打动而放其归家。东汉时另有一孝子赵孝,宋金时多称之赵孝宗,事迹与王琳类同,《后汉书·赵孝》:

> 孝弟礼为饿贼所得,孝闻之,即自缚诣贼,曰:"礼久饿羸瘦,不如孝肥饱。"贼大惊,并放之,谓曰:"可且归,

更持米糒来"。孝求不能得，复往报贼，原就亨。众异之，遂不害。乡党服其义。[40]

赵孝字长平，并无尉字，两人事迹虽近似，但该幅画像描绘的应不是赵孝，奥村伊九良亦持此见[41]。北魏王琳画像并不多见，堪萨斯纳尔逊·阿特肯斯艺术博物馆藏石榻画像中，有一幅被长广敏雄定名为"申明"的画像（图78），该图人物众多，右侧描绘一群持械执盾的士兵，左侧一人站立，一人跪地，跪地者极为凛然，似在陈请。尽管图像格局与孝子棺"尉"图像并不相同，但据画面情境，其刻画的内容正可与"尉"或赵孝事迹链接，故视其为"尉"或赵孝亦无不可。

与汉晋孝子画像比较而言，北魏时期，尤其迁洛之后，孝子画像的图像形式发生了较大改变，汉晋孝子画像纯然写实性的表现在这时失去主导地位，脱离文本的表现开始出现，并占据一定比例。元谧石棺除老莱子、伯奇画像尚保留少许情节外，其余画像在形式上多有雷同，没有情节差异，叙事性明显减弱，仅能依榜题加

图78　石榻画像　堪萨斯纳尔逊·阿特肯斯艺术博物馆藏

---

[40] 同上书，第1298—1299页。
[41] 〔日〕奥村伊九良：《孝子传石棺刻画》，《瓜茄》1937年第4期，第295—297页。

以区别，榜题虽很详尽，有的却与画面内容并不符合，如"孝子闵子骞"，汉代所见驾车失棰这一经典画面被两个对坐的人物取代，"孝孙弃父深山"也是如此，抬舆场面被摒弃，取而代之以两个对坐人物，老莱子画像虽隐见娱亲情节，榜题却为"老莱子年受百岁哭内"，反令人不知所云。其他画像也存在类似情况。在日本天理参考馆藏石围屏、洛阳古代艺术馆藏石围屏上，这一现象也比较明显，画面不仅缺乏叙事性，情节消解的令人难以辨析，而且连榜题也省略了。

太和之后，北魏国运渐衰，农民起义与时局动荡使北魏政权处于风雨飘摇之中，这势必对"东园"产生一定冲击和影响，但这种影响并不是北魏画像石葬具孝子画像形式与文本相脱离的根本原因。实际上，这种图像叙事性的消解与北魏时以"孝悌之至，通于神明"为其内涵的孝道思想的影响渐深有关，到孝明帝正光年间（520—525），北魏迁洛已有三十余年，地理上进入中原腹地以及孝文帝严厉的汉化政策，拓跋部族所接受的汉文化影响较平城时期更为广泛和深入。随着对"至孝通于神明"的孝道思想的进一步认识，将孝子画像视为体现这一内涵的符号化代表成为必然的心理趋势，并使之由"叙事性绘画"转化为与北魏丧葬画像在内涵及功能上相关的"相关性绘画"，随着这一转变的实现，即"当制作者和观者的兴趣更多地转向孝子图作为一个集合所具备的共同意义时"[42]，孝子画像中榜题与内容是否相符，或者有没有榜题，也就显得不那么重要了。

第二节　大孝题材的选择与刻画位置的转变

汉魏孝子画像题材虽以孝悌居多，但忠义题材也有不少，进入北魏后，东汉曾经流行的节义题材如"义浆羊公""京师节妇""齐继

---

[42] 郑岩：《北朝葬具孝子图的形式与意义》，《美术学报》2012年第6期，第51页。

母""三州孝人""鲁义姑姊"等消失了,段鹏琦注意到,"魏晋南北朝墓葬中历史人物及故事图像的具体内容,在北魏迁洛前后似乎发生了较大的变化。其突出表现,在于宣扬孝道的孝悌人物及其故事,几乎成了墓葬中历史人物及故事图像的唯一题材。……把孝悌观念置于特别予以强调的地位"[43]。大孝题材日益增加并主要集中到"郭巨埋儿""蔡顺伏棺""董永行孝"等有孝感神迹的孝子故事上,成为北魏画像石葬具表现的主要题材(表14)。

表14 汉至北魏孝子画像题材分类

时 代	孝 悌
汉晋	骊姬计杀申生、乌还哺母、郭巨埋儿、邢渠哺父、丁兰事木母、闵子骞驾车失锤、伯榆悲亲、孝孙原榖、魏汤、李善、舜、曾子质孝、老莱子娱亲、董永、章孝、朱明、金日䃅、赵盾、子路、赵苟、七女为父报仇
北魏	蔡顺伏棺、舜、郭巨埋儿、伯奇、李充、董永、董晏、丁兰事木母、伯榆悲亲、闵子骞、眉间赤为父报仇、孝孙原榖、老莱子娱亲、董笃父赎身

据日藏阳明本与船桥本《孝子传》,以及《太平御览》《艺文类聚》《法苑珠林》等类书中有关六朝《孝子传》的记载,汉魏南北朝,尤其六朝时期是有多种《孝子传》流传的,收录孝子也有很多,但北魏孝子画像所刻画的孝子仅占其中很少一部分,而且多为大孝题材,之所以称其为大孝题材,是因为这些孝子的行为多为孝中至行,即"孝悌之至,通于神明"的孝行,"东园匠"在刻画孝子画像时,摒弃其他孝子,而选择这些孝动天地的大孝子刻画在葬具上,用意十分明显。因为大孝子的至孝之行符合了"孝悌之至,通于神明,光于四海,无所不通"的"孝"的时代内涵,而这一内涵又符合了北魏人的墓葬观念,同时应和了拓跋上层统治阶层对孝的需要与利用,因而得以表

---

[43] 中国社会科学院考古研究所:《中国考古学论丛》,北京:科学出版社,1993年,第465页。

现于北魏画像石葬具上[44]，并成为重要的表现主题。

随着题材的变化，孝子画像的刻画位置也发生转变。汉晋时期，孝子画像主要刻画在宫殿、祠堂、石阙、画像石、画像砖、彩箧、漆盘上，见于墓室的有山东肥城汉墓前室东壁"丽姬计杀申生"图、山东泰安大汶口汶河北岸画像石墓西前室通耳室门楣画像、山东嘉祥宋山一号墓第二石第三层与二号墓第一石第三层"丽姬计杀申生"图、宋山一号墓第四石中层与第八石第二层"舜后母焚廪"图、山东嘉祥南武山画像石第二石第三层"舜后母焚廪"图、内蒙古和林格尔汉墓中室西壁至北壁与西壁甬道门上方孝子画像、浙江海宁东汉画像石墓老莱子画像、四川乐山麻浩一号崖墓董永画像，另有两件随葬器物，一件为朱然墓"伯榆悲亲"漆盘、另一件为乐浪汉墓孝子彩箧，目前尚未在棺椁等葬具上发现孝子画像。

汉晋墓室中的孝子画像主要刻画在墙壁以及随葬明器之上，虽然位于墓室中，但离墓主相对较远，尚未在主观意识中建立起墓主与孝子画像的联系，这也与汉晋孝子画像的时代内涵有很大关系，由于汉晋时期孝与忠君思想联系紧密，以孝入仕的现实利益让人们对之趋之若鹜，其中不乏真孝子，但也有"举孝廉，父别居"的伪孝子，在这一社会风气主导下，"孝悌之至，通于神明"的思想未得以完全彰显，而孝子画像在这一时期的墓室装饰中也并不多见，主要被刻画在祠堂、石阙、屏风上，既为装饰，也有规谏、劝导以及彰显子孙孝道的功用。

北魏以降，孝子画像的刻画位置发生改变，从目前的考古发现来看，全部刻画在葬具上。刻画位置的转变，实际上与北魏孝的时代内涵——"孝悌之至，通于神明，光于四海，无所不通"有着不可回避的历史联系。孝子画像在空间上向墓主集中以及围绕，显露出在北魏

---

[44] 北魏前期墓葬曾出现装饰竹林七贤或高士的个案，山西大同雁北师院北魏宋绍祖墓（477）出土石椁正壁即刻画有弹奏琴和阮的人物，参见山西省考古研究所，大同市考古研究所：《大同市北魏宋绍祖墓发掘简报》，《文物》2001年第7期，第19—39页，图二三。但该题材在北魏并没有发展起来，北魏灭亡后至北齐时才又再一次有所抬头和发展，参见山东省文物考古研究所，临朐县博物馆：《山东临朐北齐崔芬壁画墓》，《文物》2002年第4期，第4—26页。

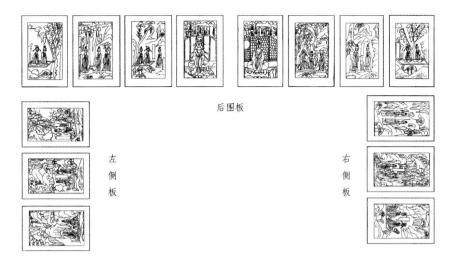

图 79　洛阳古代艺术馆藏石围屏复原图　邹清泉 绘

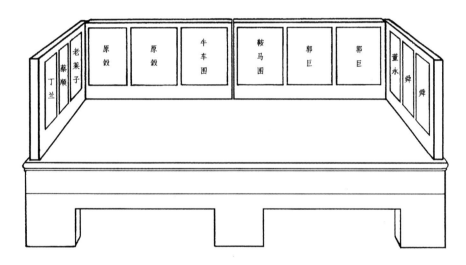

图 80　卢芹斋旧藏北魏石榻图像示意　邹清泉 绘

墓葬观念中，孝子画像"孝悌之至，通于神明"的功能开始与墓主发生实质性联系。林圣智曾就围屏孝子画像向墓主画像集中与收束的形式作了探讨[45]，从林圣智复原的几组石围屏中，我们可以看到，洛阳

---

[45] 林圣智：《北朝时代における葬具の图像と机能——石棺床围屏の墓主肖像と孝子伝图を例として》，《美术史》2003 年第 15 卷第 2 期，第 207—226 页。

古代艺术馆藏石围屏中间刻画了墓主夫妇的画像（图79），四周围屏满刻孝子画像，呈现一种围绕之势，然而，在卢芹斋旧藏石围屏的复原图中，中间描绘的是牛车与马车，四周是孝子画像，并无墓主画像（图80），这一现象在其他孝子石围屏中也可见到，而且有的连牛车与马车也省略了，只剩下围绕四周的孝子。笔者以为，墓主画像的缺失，并没有让四围的孝子画像失去其图像意义，反而更加彰显了孝子画像的图像内涵及功能，这个图像内涵就是"孝悌之至，通于神明"，墓主画像被石榻上墓主本人的实体所取代，使孝子画像的图像功能更加具有实际的现实性，而这一点正与石棺上的刻画形式如出一辙，无论是在石棺还是在石榻上，孝子均将墓主紧紧围绕，以其"孝悌之至，通于神明"的象征功能佑护墓主神灵及其"神灵归趣"之地——秘器及墓室。

北魏孝子画像向大孝题材的集中及其刻画位置向棺与石榻围屏的转移，表明在北魏特殊的政治语境中，孝道观念在北魏发生了历史性的变化，与葬具的结合使"孝"的内涵在北魏丧葬仪礼中凸显出其独特的图像功能。

第三节　作为"相关性绘画"的北魏孝子画像与《孝经》之诱导

孝道思想自先秦发展至北魏，内涵已发生很大变化，在东汉谶纬影响下，逐渐形成以"孝悌之至，通于神明，光于四海，无所不通"为代表的天人感应思想为其时代特征，北魏中后期，由于后宫妃嫔蓄意利用"子贵母死"擅权而对《孝经》及孝道思想的特殊需要，使之以燎原之势迅速发展起来，对上至皇帝下至百姓的孝道观念产生强势冲击和影响。

随着孝道思想"孝悌之至，通于神明"时代内涵的形成，孝子画像的"相关性"[46]随之产生,这一"相关性"主要是指基于相互之间概念性联系的图像组合,这一点在北魏葬具画像中的图像构成与组合中体现得十分明显,而元谧石棺于其中显得尤为突出,孝子画像位于该棺两帮中部,绘于山石树木之间,其余空间描绘青龙、朱雀、白虎、持节仙人、畏兽、云气、莲花等,除畏兽、莲花为祆教和佛教内容外,余皆为汉晋传统墓葬画像。孝子成为北魏葬具画像后,或相对独立,或与其他传统墓葬画像组合,构成完整的葬具图像,表明孝子画像与其他传统图像间存在"相关性"或共通性,即统一于护卫或导引灵魂至"理想家园"的共同主题。巫鸿对画像题材在某种历史语境中的替换有精辟见解:

> 石棺两侧的画面由多种题材组合而成,但总是突出了某种特定主题,如对灵魂的护卫、宴饮、超凡的仙界或儒家的伦理。同一画面在不同石棺上的出现说明当时存在有成套的"样本"或画稿。对具体题材的选择反映艺术家或赞助人的特殊需要和偏好。但选择的范围总是围绕上述几类基本主题,所以任何特殊的选择仍然具有一般性象征意义及礼仪的功能。因此,即使石棺上的某种画像题材被属于同一主题的其他题材置换,整个画像象征结构仍然是完整的。[47]

北魏画像石葬具装饰题材主要分为两类,一类以传统的青龙白虎为主体,另一类则以孝子为主体,洛地画像棺表现得具体而明晰,前者以开封博物馆藏龙虎升仙棺、洛阳古代艺术馆藏升仙石棺为代表;后者则包括孝子棺、元谧石棺等。于石棺两帮雕饰青龙、白虎的做法于汉代已有渊源,四川出土汉代画像棺有其遗存,北魏龙虎画像棺与

---

[46] 本书引用之"相关性"概念源自巫鸿先生在《礼仪中的美术:马王堆再思》中的论述;本书所指"叙事性"绘画指忠实于《孝子传》等文献叙事顺序来描绘的孝子画像,参见《礼仪中的美术:巫鸿中国古代美术史文编》,第110、186—204页。
[47] 巫鸿:《礼仪中的美术》,第185页。

之相近，只是时代风格存在差异，是对传统墓葬画像题材的继承与延续。于秘器上雕饰孝子的做法目前尚未见于前代，而主要见于北魏，题材虽不新颖，但雕于秘器之上这一做法具有典型的时代特点，是特殊历史语境中的特殊选择，孝子虽部分取代青龙、白虎的位置，但其一般性象征意义与墓葬主题没有削弱，反而因新的画像题材的纳入，使画像结构更加丰富，并具有鲜活的时代气息。

笔者认为，孝子画像这种"相关性"概念的取得，源于《孝经》所宣扬的天人感应思想的诱导，北魏孝道思想内涵的改变，使孝子画像具有与其他传统升仙图像"相关的"内涵及功能，并最终脱离古圣先贤的行列，进入护卫或导引灵魂的队伍，最终实现了功能上的历史转变。升仙石棺足挡以刻画孝子画像的石榻围屏替换武士御玄武或畏兽图像的做法也表明，在时人尤其是"东园匠"的观念中，孝子画像的意涵与其他丧葬图像并不存在本质冲突，而具有整体"相关性"。

第四节　北魏墓室画像装饰中的升仙因素

20世纪中期以来，在内蒙古呼和浩特、包头，山西大同、榆社，宁夏固原、彭阳，河南洛阳、沁阳、孟县，安徽和县，山东淄博等地出土若干北魏墓葬，有的墓葬虽历经盗扰，损坏严重，但残留的石（木）棺、石榻、陶俑等明器以及少量壁画仍为我们了解盛乐、平城、洛阳三个不同历史时期的社会生活及文化思想提供了实物资料和历史线索。北魏的建立者拓跋氏是游牧于河套东部地区的鲜卑部落，其文化发展与栖息地的转移有着密切的联系，呈现出多民族交流融合的现象，并在遗存文化中展现出盛乐、平城和洛阳三个不同历史时期阶段性演进的特点。

在盛乐与平城时期，拓跋氏居住于代北地区，与柔然等其他北方少数民族杂相交错，同时与中亚的嚈哒、萨珊波斯等也有往来，"自太安以后，（嚈哒）每遣使朝贡"（《北史·嚈哒传》）。在大同市南郊北魏遗址中曾出土有嚈哒风格鎏金捶雕人物纹圆底银碗，宁夏固原漆棺墓还出土有萨珊银币，漆棺上的联珠纹、火焰纹[48]以及大同湖东北魏一号墓漆棺侧板联珠纹样[49]，均具有异域气息，呈现出以鲜卑文化为主导，同时杂糅汉族、北方其他少数民族以及中亚文化的特点。在目前所见盛乐与平城时期的历史遗物中，汉族文化虽然很早就对拓跋部族产生了影响，并在北魏迁都平城后，随着近百万征掳来的汉地士人与工匠的到来而呈上升趋势，但由于拓跋贵族势力及其他历史因素的影响，汉族文化始终未能在代北居于绝对优势地位，而呈现出"草原文化与中原文化并而未合，汇而未融的时代气息"[50]。司马金龙漆围屏与固原漆棺装饰孝子的做法正是这一时期包括鲜卑、汉族、中亚等多种文化相互融汇的产物。

可以看出，"孝"作为中原儒家文化的重要代表已经对代北鲜卑生活产生影响，但并不十分显著，也不广泛，尚处于早期阶段，从魏晋至南北朝早期"孝悌之至，通于神明"天人感应思想的广泛流行这一情况来看，这一观念也播及至代北，但影响尚微，接受的人似乎也并不多。

这一情况在北魏迁洛之后发生根本转变，由于孝文帝实行"断诸北语，一从正音"（《北史·魏咸阳王禧传》）等一系列汉化措施，汉文化的影响日渐增强，并最终在众多文化因素中处于主导地位。"孝悌之至，通于神明"的天人感应思想也更加深入人心，体现这一孝的时代内涵的孝子画像也主要是这一时期的产物，而且主要刻画在葬具上，并与其他延续汉晋传统的符瑞与升仙图像融合在一起。据研究，目前出土的几十件北朝画像石葬具中，属北魏的有三十余件，多数为迁洛以后的遗物。其上刻画丰富的画像内容，有墓主画像、孝子画像、山泽林涧、导护仙人、千秋、万岁、畏兽、青龙、白虎、朱雀、玄

---

[48] 固原县文物工作站：《宁夏固原北魏墓清理简报》，《文物》1984年第6期，第48页，图版7。
[49] 山西大同市考古研究所：《大同湖东北魏一号墓》，《文物》2004年第12期，第30—31页。
[50] 孙机：《固原北魏期棺画研究》，《文物》1989年第9期，第38页。

武、飞廉、门、门吏、摩尼宝珠、狩猎、出行、百戏杂耍、举日的伏羲、擎月的女娲、三足乌、蟾蜍、玉兔、桂树、门神、庖厨、力士、伎乐、舞蹈、飞天、铺首、神禽怪兽、牛车、马车以及水波、忍冬、莲花（瓣）、流云、蔓草、波浪、绳、联珠等装饰纹样。[51]虽然其中不乏摩尼宝珠、飞天、联珠、火焰等异域纹饰，但主要是作为填补空间的边饰，主体图像还是接续汉晋传统的画像题材，"北朝画像石棺椁的基本图像及其典型配置均来自汉晋时期棺椁葬具以及墓室壁画和画像石砖上"[52]。这些画像石葬具在继承汉晋传统图像的同时，也部分继承并延续了汉晋追求永生的信仰和升仙的主题。那些在汉晋时期蕴涵永生及升仙意味的题材——"千秋万岁"、羽人、仙人、四神等仍然在这些画像中有表现。

"千秋万岁"是一种人面鸟身的瑞禽，西晋葛洪《抱朴子内篇·对俗》："千岁之鸟，万岁之禽，皆人面而鸟身，寿亦如其名。"[53]其形象源于汉代的人面鸟，常见于南北朝墓内装饰。《山海经第九·海外东经》："东方句芒，鸟身人面。"除东方句芒外，还有瞿如、凫徯等称呼，"是西汉阴阳五行思想与谶纬的反映，其外形介于人禽之间，自然成为沟通人和上天的中介，所以它常与青龙、白虎、伏羲、女娲等同时出现"[54]，体现了灵魂升天的思想观念。西晋以至南北朝，多称其"千秋万岁"，隋唐时期，渐由佛教中的迦陵频伽取代。在两汉至南北朝考古资料中，除魏晋时期尚显缺乏外，余皆有丰富发现。洛阳西汉卜千秋墓主室前壁上额即绘一人面鸟身的形象，洛阳金谷园新莽壁画墓有相同发现，洛阳29工区出土之西汉彩绘陶壶亦绘其形象，并有男女之别。南北朝时期的"千秋万岁"在形象刻画上与汉代人面鸟无较大差别，仍然延续汉代传统。在固原漆棺、元谧墓志、司马金龙石

---

[51] 贺西林：《北朝画像石葬具的发现与研究》，载巫鸿主编：《汉唐之间的视觉文化与物质文化》，第368—373页。
[52] 巫鸿主编：《汉唐之间的视觉文化与物质文化》，第346页。
[53] 王明：《抱朴子内篇校释》，卷三，第47页。
[54] 朱岩石："千秋万岁"图像源流浅识》，载中国社会科学院考古研究所：《汉唐与边疆考古研究》第一辑，北京：科学出版社，1994年，第131—135页。

图 81　千秋万岁　河南邓县学庄画像砖

榻、河南沁阳北魏石围屏均可见到"千秋万岁"的形象（图 81、图 82）。

"羽人，飞仙也"[55]，其状如人形，肩生双翼，"发短耳长"，手捧玉箱，也有作人身鸟首者，"早期的羽人形象可能与远古的祖先神话有关，应

图 82　千秋万岁　北魏元谧墓志

源于东夷民族的鸟图腾崇拜。到了汉代，羽人融入了神仙系统，成为神仙世界的一员，所以汉代把羽人也称为仙人或真人"[56]。《楚辞·远游》："仍羽人于丹丘兮，留不死之旧乡"，王逸《楚辞章句》："或曰人得道身生毛羽也"，在汉代以来的思想世界中，羽人是长生的象征，他"出没于阴阳两界，既关照生者，又慰藉死者，其不仅是长生久视的榜样，更是引导众生与亡魂飞升仙界的使者"[57]。大同智家堡北魏石

---

[55] 洪兴祖：《楚辞补注》，北京：中华书局，1983 年，第 167 页。
[56] 李松、贺西林：《中国古代青铜器艺术》，西安：陕西人民美术出版社，2002 年，第 191 页。
[57] 贺西林：《汉代艺术中的羽人及其象征意义》，《文物》2010 年第 7 期，第 53 页。

图 83　大同智家堡北魏墓石椁壁画中的羽人

椁壁画与洛地北魏画像葬具[58]，见有羽人形象，智家堡北魏石椁羽人壁画刻画简略（图 83），迁洛之后，则有细致刻画，肩生双翼为其普遍特征，并多见"行于云"之飞行状。

此外，山泽的描绘也透露出升仙的气象，"列仙之传居山泽间"[59]，《释名·释长幼》："仙，迁也，迁入山也。"[60] 而对孝子衣带飘举的传神描绘，则显示出工匠或图样创作者对"画妙通神，变化飞去，犹人之登仙也"[61] 的体悟。在考古发现中，孝子画像均与上述具有升仙意味的图像描绘在一起[62]，共同刻画在葬具上，呈现出升仙或导引墓主神灵进入"理想家园"的终极主题，在这一主题下，孝子画像是否也与其他图像一样只是升仙的象征呢？

---

[58] 王银田、刘俊喜：《大同智家堡北魏墓石椁壁画》，《文物》2001 年第 7 期，第 40—51 页。
[59] 司马迁：《史记》，卷一百一十七，第 3056 页。
[60] 《缩本四部丛刊》，上海：上海商务印书馆，1936 年，第 13 页。
[61] 张彦远：《历代名画记》，卷五，北京：人民美术出版社，1963 年，第 260 页。
[62] 《洛阳伽蓝记》卷一"建中寺"条有"朱门黄阁，所谓仙居也"的记载，而本书讨论之固原彩绘漆棺及司马金龙漆围屏的色彩多以红、黄为主，升仙与色彩的描绘存在怎样的联系，亦是值得探析的有趣问题。

第九章
从祠堂到墓室——北魏孝子画像图像身份的转换

第一节 "神灵归趣"之地——北魏墓室的象征性

北魏孝子画像得以进入墓葬图像系统并被刻画在葬具上，紧紧围绕在墓主周围，除与"孝悌之至，通于神明"的内涵以及北魏后宫以"子贵母死"为中心的政争有关外，和墓葬在北魏尤其是迁洛之后的象征性含义也有密切联系。关于北魏墓葬的象征性，或可从《洛阳伽蓝记》中寻得踪迹：

> 至孝昌二年，太后反政，遂诛义等，没腾田宅。元义诛日，腾已物故，太后追思腾罪，发墓残尸，使其神灵无所归趣。[1]

可见北魏时期的墓室是墓主"神灵归趣（趋）"之地。神灵观念在鲜卑族早期即已存在，《三国志·乌丸鲜卑东夷传》：

> 敛尸有棺，始死则哭，葬则歌舞相送，肥养犬，以采绳婴牵，并取亡者所乘马、衣物，生时服饰，皆烧以送之。特属累犬，使护死者神灵归乎赤山。赤山在辽东西北数千里，如中国人以死之魂神归泰山也。[2]

拓跋是鲜卑部落的一支，3世纪中期至4世纪初，由河套东部游牧于内蒙古和林格尔、凉城和山西大同一带。[3] 至永嘉七年（313）力微子猗卢"城盛乐，以为北都"[4]之前，拓跋部落一直过着颠沛流离、居无定所的迁徙生活。1955和1961年在呼和浩特东南美岱村南宝贝梁山沟中发现的北魏墓是北魏初期拓跋贵族的墓葬遗迹，墓葬

---
[1] 杨衒之：《洛阳伽蓝记校注》，卷一，范祥雍校注，上海：上海古籍出版社，1978年，第39页。
[2] 陈寿：《三国志》，卷三十，裴松之注，北京：中华书局，1982年，第832—833页。
[3] 宿白：《盛乐、平城一带的拓跋鲜卑、北魏遗迹》，《文物》1977年第11期，第38页。
[4] 魏收：《魏书》，卷一，第8页。

形制、随葬器物中已很少鲜卑早期墓葬特点，而与当时汉族上层墓葬没有太大区别，可见，北魏定都盛乐之后，其丧葬思想与观念已受到中原汉族强烈的影响，并发生改变。

"神灵归乎赤山"的观念显然与其早期居无定所的游牧生活有密切联系，而墓葬成为墓主"神灵归趣"之地的观念，除与定居后相对稳定的生活有关外，也与中原汉族的思想影响有很大关系，这一思想在汉代已有出现，《后汉书·郎𫖮》：

> 陵园至重，圣神攸冯，而灾火炎赫，迫近寝殿，魂而有灵，犹将惊动。[5]

关于古代墓葬的象征性，巫鸿认为："墓葬不仅是死者在地下的家园，而且还是死者进行神秘的幻化转变的地方。因此，一座墓葬便成为进入仙境的入口，而它本身的设计和装饰也开始表达对永恒的追求。"[6] 这种"灵魂脱离肉体而自主存在的观念"可"追溯到公元前5000年以前：仰韶文化陶瓷棺上有一钻透的小孔供灵魂出入。同样信念在公元前五世纪仍然存在，曾侯乙墓漆棺上有图绘和实际开口的窗子，象征着死者灵魂的出入口"[7]。于棺上刻画"窥窗"的做法在元谧石棺上也有出现。此外，我们从目前保存较完整的石榻上可以看到双阙的形象，而"双阙的图像象征着死者去往神灵世界的大门"[8]。北魏墓室中的画像装饰虽与汉晋以及南朝的墓葬装饰不尽相同，但其追求的却是同一主题，即"妥死者之魂"的美好理想。随着墓室取代赤山成为拓跋人思想中墓主神灵的"归趋之地"，孝子以及其他一些传统画像题材也取代鲜卑早期神灵观念中的"犬"，成为墓室中守护墓主神灵的使者。

---

[5] 范晔：《后汉书》，卷三十，第1058页。
[6] 巫鸿：《礼仪中的美术》，第133页。
[7] 同上书，第207页。
[8] 同上书，第171页。

第二节 妥死者之魂,慰生者之望
——北魏孝子画像的图像身份

随着朝代的更迭,历代孝道思想的内涵也随着上层政治思想的迁移而发生着潜移默化的改变,作为以图像形式直接体现这一思想内涵的孝子画像,也在这种变化中相应地改变着它的图像功能。

春秋战国时代,人们开始注意到图画的鉴戒功能,并在明堂中装饰历史上的明君贤相与暴帝佞臣来"指鉴贤愚,发明治乱"(《图画见闻志卷一·叙自古规鉴》)。《孔子家语·观周》:

> 孔子观乎明堂,睹四门墉有尧舜之容,桀纣之象,而各有善恶之状,兴废之诫焉。又有周公相成王,抱之负斧扆南面以朝诸侯之图焉。孔子徘徊而望之,谓从者曰:"此周之所以盛也。"[9]

随着《孝经》的出现和孝道思想的传播,孝子作为德行高尚人物的代表,成为"成教化,助人伦"(《历代名画记卷一·叙画之源流》)的典范而"图之屋壁,以训将来"(《贞观公私画录序》)"显善昭恶,劝戒后人"(《汉书·古今人表序》)。东汉王延寿少游鲁国,作《灵光殿赋》:

> 图画天地,品类群生。杂物奇怪,山神海灵。写载其状,托之丹青。千变万化,事各缪形。随色象类,曲得其情。上纪开辟,遂古之初。五龙比翼,人皇九头。伏羲鳞身,女娲蛇躯。鸿荒朴略,厥状睢盱。焕炳可观,黄帝、唐、虞。轩冕以庸,衣裳有殊。上及三后,淫妃乱主。忠臣孝子,烈士

---
[9] 王肃注:《孔子家语》,第29页。

贞女。贤愚成败,靡不载叙。恶以诫世,善以示后。[10]

南朝坊间流传的孝子画图以及时人在家居屏风上装饰孝子画像,明显受这种观念影响,由于这些图像的刻画是专为在世之人服务,因而其画像功能也从属于为生者服务的前提,仍然延续周秦两汉的历史传统,承担着鉴戒后人的教育功能。正如南齐谢赫《画品》所言:"图绘者莫不明劝戒,著升沉,千载寂寥,披图可鉴。"然而,刻画在葬具上的北魏孝子画像的服务对象显然发生了根本改变,即由为生人所用而转为逝者服务,并且被刻画在"长就幽冥则决绝,闭圹之后不复发"[11]的墓室之中,《晋书·皇甫谧》:

夫葬者,藏也,藏也者,欲人之不得见也。[12]

在这样一个专为逝者设计的封闭空间中,孝子画像显然已不再是为世人观赏的图画,既然是不为观赏而作,那它的画像功能显然与其在人世间流传时所具有的审美(教育)功能有本质区别,而呈现出与其所处墓葬语境相适应的图像功能。

北魏中晚期,后宫妃嫔利用"子贵母死"掌握储君擅权这一特殊政治背景,为《孝经》在北魏中晚期更进一步的广泛传播以至发生深度影响提供了重要的历史契机,而此时的《孝经》,由于历经东汉百年谶纬浸染,已具有天人感应的神秘色彩,孝的内涵也发生历史性的变化,"孝悌之至,通于神明,光于四海,无所不通"成为其时代内涵。直接体现这一内涵的孝子画像的图像功能也发生变化,包括以表现"孝悌之至,通于神明"为主题的大孝题材的选择、画像叙事性的消解以及孝子画像向接近墓主位置的大量集中等,均以外在形式表现

---

[10] 周积寅:《中国画论辑要》,第14页。
[11] 山东苍山东汉元嘉元年(151)墓题记,山东省博物馆,山东省文物考古研究所:《山东汉画像石选集》,第42页。
[12] 房玄龄等:《晋书》,卷五十一,第1417页。

出"孝悌之至，通于神明"这一主导性的时代内涵。

虽然"孝悌之至，通于神明，光于四海，无所不通"也见于刘向校订的今文《孝经》，但在汉代，忠孝思想始终居于主导地位，其时，众多诏孝政令以及举察孝廉多以此为主旨，孝道观念对于忠君思想的依属，使至孝通于神明的思想未获广泛发展，但这一思想在当时已有萌芽，《汉书·郊祀志》：

> 洪范八政，三曰祀。祀者，所以昭孝事祖，通神明也。[13]

> 其旦，东向再拜朝日；其夕，西向再拜夕月。然后孝弟之道备，而神祇嘉享，万福降辑。[14]

主要限于祭祀上天与先祖以求荫蔽，以及向当时社会彰显孝道的范畴，汉代孝子画像的考古发现，也基本符合我们从文献中所获知的了解，此外，孝堂山郭氏墓石祠西山墙外壁题刻的北齐武平元年(570)《陇东王胡长仁感孝颂》亦为此提供了注脚：

> 天经地义，启圣通神，重华曾闵，莱子乐春，时多美迹，世有芳尘，前汉逸事，河内真人，分财双秀，独养一亲，客舍凶弹，儿埋福臻，穹隆感异，旁薄贻珍。[15]

魏晋时期，汉代大一统局面崩解，忠君思想日渐淡弱，孝的思想与观念在这时由于统治者"以孝治天下"及世家大族的提倡不但没有衰落，反而由于部分地脱离了忠君思想的束缚而获得更进一步发展，不过，此时的孝道思想由于已受东汉谶纬长期的影响，其"孝悌之

---
[13] 班固：《汉书》，卷二十五，第1189页。
[14] 同上书，卷二十五，第1266页。
[15] 罗哲文：《孝堂山郭氏墓石祠》，《文物》1961年第4/5期，第51页。

至,通于神明"的天人感应观念随着《孝经》的广泛传播而在社会上产生巨大影响,并日益深入人心,《抱朴子内篇·微旨》:

> 夫天高而听卑,物无不鉴,行善不怠,必得吉报。羊公积德布施,诣乎皓首,乃受天坠之金。蔡顺至孝,感神应之,郭巨杀子为亲,而获铁券之重赐。[16]

同时,当时社会还产生大量带有神秘色彩的孝感故事与传说,这一繁盛情况一直持续到南北朝,隋唐以及宋元仍陆续有所出现,影响十分深远。

在北魏中晚期特殊的政治语境中,"孝悌之至,通于神明"的思想观念随《孝经》进入北魏宫廷,由于这一思想同时契合了北魏视墓室为墓主神灵"归趋之地"的墓葬观念,因而成为"东园匠"装饰葬具时主要选择的画像题材。随着孝道思想时代内涵的改变,北魏时期的孝子画像因体现了《孝经》中"孝悌之至,通于神明"这一内涵,从而具备了佑护墓主神灵的资格,实现了由"叙事性绘画"(Narrative Painting)向"相关性绘画"(Correlative Painting)的转变。由于"死后将进入的黑暗世界可能充满了可怕的幽灵和精怪,灵魂在前往天界的旅途中也许要遭遇种种危险"[17],孝子画像与墓内其他传统祥瑞及升仙图像一起承担起"引导或保护未知世界中的灵魂"[18]的功能。在孝子画像所象征的以"孝悌之至,通于神明,光于四海,无所不通"为集中代表的天人感应的功能作用下,墓主神灵"归趋之地"——墓室及秘器得到神明的佑护,同时,墓主神灵又在这种"无所不通"的佑护中进入到"理想家园",从而实现墓主后人"妥死者之魂,慰生者之望"的美好祈愿。

---

[16] 王明:《抱朴子内篇校释》,卷六,第127页。
[17] 巫鸿:《礼仪中的美术》,第176页。
[18] 同上。

附录

北魏史事辑要

4世纪初叶,拓跋氏建立代国,太元元年(376)为前秦苻坚所灭。登国元年(386),拓跋珪重建代国,同年改国号魏,史称北魏,亦称后魏,天兴元年(398)由盛乐迁都平城(山西大同),次年称帝。永熙三年(534),高欢立元善见为帝,迁都邺,史称东魏;次年,宇文泰杀孝武帝元修,立元宝炬为帝,都长安,称西魏。北魏王朝自拓跋珪建国到元修时分裂,经十四帝,历149年。

道武帝拓跋珪

登国(386—396年六月)

元年 "春正月戊申,帝即代王位,郊天,建元,大会于牛川"(《魏书》,卷二,第20页)。

七年 拓跋嗣生于云中宫(《魏书》,卷二,第25页)。

天兴(398年十二月—404年十月)

元年 正月,"徙山东六州民吏及徒何、高丽杂夷三十六万,百工伎巧十万余口,以充京师"(《魏书》,卷二,第32页)。

"秋七月,迁都平城,始营宫室,建宗庙,立社稷。"(《魏书》,卷二,第33页)

十有二月己丑,"徙六州二十二郡守宰、豪杰、吏民二千家于代郡"(《魏书》,卷二,第34页)。

二年　三月甲子,"初令五经群书各置博士,增国子太学生员三千人"(《魏书》,卷二,第35页)。

秋七月,"陈郡、河南流民万余口内徙,遣使者存劳之"(《魏书》,卷二,第35页)。

天赐（404年十月—409年十月）

元年　秋,"江南大乱,流民襁负而奔淮北"(《魏书》,卷二,第42页)。

五年　拓跋焘生于东宫(《魏书》,卷二,第44页)。

六年　冬十月戊辰,"帝崩于天安殿,时年三十九"(《魏书》,卷二,第44页)。

拓跋嗣诛杀逆臣清河王绍,"壬申,即皇帝位"(《魏书》,卷三,第49页)。

明元帝拓跋嗣

永兴（409年闰十月—413年）

元年　"追尊皇妣为宣穆皇后"(《魏书》,卷三,第49页)。

神瑞（414—416年四月）

元年　六月,司马德宗冠军将军等"率流民七千余家内属"(《魏书》,卷三,第54页)。

二年　夏四月,"河南流民二千余家内属"(《魏书》,卷三,第55页)。

秋九月,"河南流民,前后三千余家内属"(《魏书》,卷三,第

55页）。

泰常（416年四月—423年）

三年 春正月，"河东胡、蜀五千余家相率内属"（《魏书》，卷三，第58页）。

四年 八月，太庙博士许钟上言曰："臣闻圣人能飨帝，孝子能飨亲。伏惟陛下孝诚之至，通于神明。"（《魏书》，卷一百八之一，第2737页）

冬"十有一月己巳，帝崩于西宫，时年三十二"（《魏书》，卷三，第64页）。

是月壬申，拓跋焘"即皇帝位"（《魏书》，卷四，第69页）。

太武帝拓跋焘

始光（424—428年正月）

二年 "三月丙辰，尊保母窦氏曰保太后。"（《魏书》，卷四，第70页）

四年 壬申，有诏"征范阳卢玄等三十六人，郡国察秀、孝数百人，且命以礼宣喻，申其出处之节"（《魏书》，卷一百五之三，第2402页）。

神䴥（428年二月—431年）

三年 五月戊戌，诏曰："夫士之为行，在家必孝，处朝必忠，然后身荣于时，名扬后世矣。"（《魏书》，卷四，第76页）

延和（432—435年正月）

元年 春正月丙午，"尊保太后为皇太后，立皇后赫连氏"（《魏书》，卷四，第80页）。

十有二月已丑，"冯文通长乐公崇及其母弟朗、朗弟邈，以辽西内属"（《魏书》，卷四，第81页）。

三年 春正月丙辰，"杨难当克汉中，送雍州流民七千家于长安"（《魏书》，卷四，第83页）。

太延（435—440年六月）

五年 冬十月辛酉，"车驾东还，徙凉州民三万余家于京师"（《魏书》，卷四，第90页）。

太平真君（440年六月—451年六月）

元年 "六月丁丑，拓跋濬生于东宫。"（《魏书》，卷四，第93页）

五年 春正月戊申，"诏曰：'愚民无识，信惑妖邪，私养师巫，挟藏谶记、阴阳、图纬、方伎之书；又沙门之徒，假西戎虚诞，生致妖孽。非所以壹齐政化，布淳德于天下也。自王公已下至于庶人，有私养沙门、师巫及金银工巧之人在其家者，皆遣诣官曹，不得容匿。限今年二月十五日，过期不出，师巫、沙门身死，主人门诛。明相宣告，咸使闻知"（《魏书》，卷四，第97页）。

六年 "南略淮泗以北，徙青徐之民以实河北。"（《魏书》，卷四，第100页）

七年 春，"永昌王仁至高平，擒刘义隆将王章，略金乡、方与，迁其民五万家于河北"（《魏书》，卷四，第100页）。

三月,"徙长安城工巧二千家于京师"(《魏书》,卷四,第100页)。

八年 春三月,"徙定州丁零三千家于京师"(《魏书》,卷四,第102页)。

九年 春,"徙西河离石民五千余家于京师"(《魏书》,卷四,第102页)。
冬十月癸卯,"以婚姻奢靡,丧葬过度,诏有司更为科限"(《魏书》,卷四,第103页)。

正平(451年六月—452年二月)

二年 三月甲寅,"帝崩于永安宫,时年四十五。秘不发丧,中常侍宗爱矫皇后令,杀东平王翰,迎南安王余入而立之,大赦,改元为永平,尊皇后赫连氏为皇太后"(《魏书》,卷四,第106页)。

南安王拓跋余

承平(452年二月—十月)

文成帝拓跋濬

兴安(452年十月—454年七月)

元年 冬十一月,壬寅,追尊"皇妣为恭皇后,尊保母常氏为保太后"(《魏书》,卷五,第112页)。

二年 三月壬午,"尊保太后为皇太后"(《魏书》,卷五,第112页)。

兴光(454年七月—455年六月)

元年 "秋七月,拓跋弘生于阴山之北。"(《魏书》,卷五,第113页)

太安（455年六月—459年）

元年 六月癸酉，诏曰："其不孝父母，不顺尊长，为吏奸暴，及为盗贼，各具以名上。其容隐者，以所匿之罪罪之。"（《魏书》，卷五，第115页）

二年 春正月乙卯，"立皇后冯氏"（《魏书》，卷五，第115页）。
二月丁巳，"立皇子弘为皇太子"（同上）。

和平（460—465年）

元年 夏四月戊戌，"皇太后常氏崩于寿安宫"（《魏书》，卷五，第118页）。
五月癸酉，"葬昭太后于广宁鸣鸡山"（同上）。

六年 夏"五月癸卯，帝崩于太华殿，时年二十六"（《魏书》，卷五，第123页）。
夏"五月甲辰，拓跋弘即皇帝位，尊皇后为皇太后"（《魏书》，卷六，第125页）。
六月，"封征东大将军冯熙为昌黎王"（同上）。
秋七月癸巳，"太尉乙浑为丞相"（《魏书》，卷六，第126页）。
宋文帝刘义隆第九子"义阳王刘昶自彭城来降"（《魏书》，卷六，第126页）。

献文帝拓跋弘

天安（466—467年八月）

元年 二月庚申，"丞相、太原王乙浑谋反伏诛"（《魏书》，卷六，第126页）。

皇兴（467年八月—471年八月）

元年 "秋八月，戊申，元宏生于平城紫宫。"（《魏书》，卷六，第128页）

三年 五月，"徙青州民于京师"（《魏书》，卷六，第129页）。

六月辛未，"立皇子宏为皇太子"（同上）。

孝文帝元宏

延兴（471年八月—476年六月）

三年 癸巳，"太上皇帝南巡至怀州，所过问人疾苦，赐高年孝悌力田布帛"（《北史》，卷三，第90页）。

承明（476年六月—十二月）

元年 "献文帝拓跋弘崩于永安殿，年二十三。尊文明太后为太皇太后。"（《魏书》，卷七，第142页）

太和（477—499年）

元年 二月丙寅，"汉川民泉会、谭酉等相率内属，处之并州"（《魏书》，卷七，第143页）。

二年 高允上《酒训》，曰："遵孝道以致养，显父母而扬名。蹈闵曾之前轨，遗仁风于后生。仰以答所授，俯以保其成。"（《魏书》，卷四十八，第1088页）

三年 源贺"乃遗令敕诸子曰：……吾终之后，所葬时服单榇，足申孝心，刍灵明器，一无用也"（《魏书》，卷四十一，第922页）。

高闾进曰："臣闻：大夫行孝，行合一家；诸侯行孝，声着一国；天子行孝，德被四海。今陛下圣性自天，敦行孝道，称觞上寿，灵应无差，臣等不胜庆踊，谨上千万岁寿。"（《魏书》，卷五十四，第1203页）

四年 二月辛卯朔，大赦。"赐孝悌力田孤贫不能自存者，谷帛各有差。"（《北史》，卷三，第96页）

五年 "建永固石室于山上"（《魏书》，卷七，第150页）。

二月辛卯朔，"大赦天下。赐孝悌力田、孤贫不能自存者谷帛有差；免宫人年老者还其所亲"（《魏书》，卷七，第150页）。

七年 闰四月，"元恪生于平城宫"（《魏书》，卷七，第152页）。

六月，"青州献三足乌，王者慈孝天地则至"（《魏书》，卷七，第2932页）。

九年 春正月戊寅，"诏令禁止图谶、秘纬"（《魏书》，卷七，第155页）。

十一年 春，诏曰："三千之罪，莫大于不孝，而律不逊父母，罪止髡刑。于理未衷。可更详改。"（《魏书》，卷一百一十一，第2878页）

诏曰："乡饮之礼废，则长幼之序乱。孟冬十月，人闲岁隙，宜于此时，导以德义。可下诸州，党、里之内，推贤而长者，教其里人父慈、子孝、兄友、弟顺、夫和、妻柔。不率长教者，具以名闻。"（《北史》，卷三，第102页）

韩麒麟表陈时务曰："逮于中代，亦崇斯业，入粟者与斩敌同爵，力田者与孝悌均赏，实百王之常轨，为治之所先。"（《魏书》，卷六十，第1332页）

十二年 九月癸丑"而太皇太后崩，帝哭三日不绝声，勺饮不入口者七日，纳菅屦，徒行至陵，其反亦如之，哀毁骨立，杖而后起，虽殊俗之萌，矫然知感焉"（《魏书》，卷一百五之四，第2426页）。

十四年 九月癸丑，"太皇太后冯氏崩于太和殿，年四十九。高祖酌饮不入口五日，毁慕过礼。……又山陵之节，亦有成命，内则方丈，外裁掩坎，脱于孝子之心有所不尽者，室中可二丈，坟不得过三十余步。……高祖毁瘠，绝酒肉，不内御者三年"（《魏书》，卷十三，第 330 页）。

高闾上表曰："甄忠明孝，矜贫恤独，开纳谠言，抑绝谗佞，明训以体，率土移风。"（《魏书》，卷五十四，第 1205 页）

诏曰："苟孝悌之至，无所不通。今飘风亢旱，时雨不降，实由诚慕未浓，幽显无感也。"（《北史》，卷二十，第 742 页）

十六年 八月，诏曰："是以天子父事三老，兄事五更，所以明孝悌于万国，垂教本于天下。"（《魏书》，卷五十，第 1114 页）

"既而元言曰："自天地分判，五行施则，人之所崇，莫重于孝顺。然五孝六顺，天下之所先，愿陛下重之，以化四方。臣既衰老，不究远趣，心耳所及，敢不尽诚。"高祖曰："孝顺之道，天地之经，今承三老明言，铭之于怀。"明根言曰："夫至孝通灵，至顺感幽，故诗云：'孝悌之至，通于神明，光于四海。如此则孝顺之道，无所不格。'"（《魏书》，卷五十，第 1115 页；《北史》，卷二十五，第 925 页）

戊辰，"帝临思义殿，策问秀、孝"（《北史》，卷三，第 107 页）。

十七年 诏"洛、怀、并、肆所过四州，赐高年爵，恤鳏寡孤独各有差；孝悌廉义文武应求者，皆以名闻"（《北史》，卷三，第 110 页；《魏书》，卷七，第 173 页）。

十八年 春二月"甲辰，诏天下，喻以迁都之意"（《魏书》，卷七，第 174 页）。

十二月"壬寅，革衣服之制"（《魏书》，卷七，第 176 页）。

诏"相、兖、豫三州赐高年爵，恤鳏寡孤老各有差，孝悌廉义文武应求者，皆以名闻"（《魏书》，卷七，第 174 页；《北史》，卷三，第 111 页）。

诏："孝悌廉贞、文武应求者皆以名闻。"（《魏书》，卷七，第 175 页）

丁卯，诏"鄴豫二州之民：百龄以上假县令，九十以上赐爵三级，八十以上赐爵二级，七十以上赐爵一级；孤寡鳏老不能自存者,赐以谷帛;缘路之民复田租一岁;孝悌廉义、文武应求具以名闻"(《魏书》,卷七,第176页;《北史》,卷三,第113页)。

十一月辛未朔,诏"冀、定二州,赐高年爵,恤鳏寡孤老各有差,孝义廉贞文武应求者,具以名闻"(《北史》,卷三,第112页)。

十九年 三月"戊子,太师冯熙薨"。(《魏书》,卷七,第176页)

六月己亥,"诏不得以北俗之语言于朝廷,若有违者,免所居官"(《魏书》,卷七,第177页)。

六月丙辰,诏"迁洛之民,死葬河南,不得还北。于是代人南迁者,悉为河南洛阳人"(《魏书》,卷七,第178页)。

壬子,诏"济州、东郡、荥阳及河南诸县车驾所经者,赐高年爵,恤孤寡老疾各有差;孝悌廉义文武应求者,具以名闻"。(《北史》,卷三,第114页;《魏书》,卷七,第177页)。

二十年 春正月丁卯,"诏改姓为元氏"(《魏书》,卷七,第179页)。

七月,"废皇后冯氏"(同上)。

十二月丙寅,"废皇太子恂为庶人"(《魏书》,卷七,第180页)。

二十一年 春正月丙申,"立皇子恪为皇太子"(《魏书》,卷七,第181页)。

秋七月甲午,"立昭仪冯氏为皇后"(《魏书》,卷七,第182页)。

庚寅,诏"雍州士人百年以上,假华郡太守;九十以上,假荒郡;八十以上,假华县;七十以上,假荒县。庶老以年各减一等,七十已上,赐爵三级。其营船夫,赐爵一级。孤寡鳏贫,各赐谷帛。其孝友德义文武才干,悉仰贡举"(《北史》,卷三,第117页;《魏书》,卷七,第181页)。

二十三年 三月"甲辰,诏赐皇后冯氏死"。(《魏书》,卷七,第185页)

夏四月丙午朔,"帝崩于谷塘原之行宫,时年三十三"(同上)。

夏四月丁巳,"元恪即皇帝位于鲁阳"(《魏书》,卷七,第191页)。

六月戊辰,"追尊皇妣为文昭皇后"(同上)。

宣武帝元恪

景明（500—504年正月）

元年 齐"豫州刺史裴叔业以寿春内属"（《魏书》，卷八，第192页）。

二年 十二月，"南青州献苍乌。君修行孝慈，万姓不好杀生则至"（《魏书》，卷一百一十二下，第2937页）。

三年 齐主"萧宝卷弟建安王宝夤来降"（《魏书》，卷八，第194页）。

四年 戊戌，诏曰："酷吏为祸，绵古同患；孝妇淫刑，东海燋壤。"（《魏书》，卷八，第196页）

正始（504—508年八月）

三年 十有一月甲子，"帝为京兆王愉、清河王怿、广平王怀、汝南王悦讲《孝经》，于式乾殿"（《魏书》，卷八，第203页；《北史》，卷四，第137页）。

永平（508年八月—512年四月）

三年 三月丙戌，"元诩生于宣光殿东北"（《魏书》，卷八，第209页）。

四年 诏曰："萧衍送死，连兵再离寒暑，卿忠规内挺，孝诚外亮，必欲鞭尸吴墓，戮衍江阴。"（《魏书》，卷五十九，第1315页）

延昌（512年四月—515年）

元年 冬十月乙亥，立皇子诩为皇太子。"赐为父后者爵，旌孝友之家。"（《魏书》，卷一百五之四，第2435页）

十有一月丙申，诏曰："其赐天下为父后者爵一级，孝子、顺孙、

廉夫、节妇旌表门闾，量给粟帛。"（《魏书》，卷八，第212—213页；《北史》，卷四，第141页）

二年 冬，冯亮时出京师，遇笃疾，"世宗敕以马舆送令还山，居嵩高道场寺。数日而卒。诏赠帛二百匹，以供凶事。遗诫兄子综，敛以衣帢，左手持板，右手执《孝经》，一卷，置尸盘石上，去人数里外。积十余日，乃焚于山。以灰烬处，起佛塔经藏"（《魏书》，卷九十，第1931页）。

四年 春正月丁巳，帝"崩于式乾殿，时年三十三"（《魏书》，卷八，第215页）。

九月乙巳，皇太后亲览万机，诏曰："孝子、顺孙、义夫、节妇，表其门闾，以彰厥美。"（《魏书》，卷九，第222页）

（李谧）十三通《孝经》，《论语》，《毛诗》，《尚书》，历数之术尤尽其长，州间乡党有神童之号。可远傍惠、康，近准玄晏，谥曰贞静处士，并表其门闾，以旌高节。遣谒者奉册，于是表其门曰文德，里曰孝义云。（《魏书》，卷九十，第1938—1939页）

孝明帝元诩

熙平（516—518年二月）

元年 御史中尉元匡奏曰："窃唯宫车晏驾，天人位易，正是忠臣孝子致节之秋。"（《魏书》，卷三十一，第744页）

神龟（518年二月—520年七月）

元年 夏四月丁酉，"司徒胡国珍薨"（《魏书》，卷九，第227页）。

崔光表曰："伏惟皇帝陛下，孝敬日休，自天纵睿，垂心初学，儒业方熙。"（《魏书》，卷六十七，第 1494 页）

二年　崔光表谏曰："乐正子春，曾参弟子，亦称至孝，固自谨慎，堂基不过一尺，犹有伤足之愧。"（《魏书》，卷六十七，第 1495 页）

正光（520 年七月—525 年六月）

二年　癸亥，"车驾幸国子学，讲《孝经》"（《魏书》，卷九，第 232 页；《北史》，卷四，第 148 页）。

三年　"乃释奠于国学，命祭酒崔光讲《孝经》，始置国子生三十六人。"（《北史》，卷八十一，第 2704—2705 页）

四年　戊寅，诏曰："若孝子顺孙、廉贞义节、才学超异、独行高时者，具以言上，朕将亲览，加以旌命。"（《魏书》，卷九，第 235 页）

萧宝夤表曰："斯人伦之所先，王教之盛典。三千之罪，莫大于不孝。毁则藏奸，常刑靡赦。……贲玉帛于丘园，标忠孝以纳赏；筑藁街于伊洛，集华裔其归心。"（《魏书》，卷五十九，第 1321 页）

业兴曰："见卿录梁主《孝经义》，亦云上圆下方，卿言岂非自相矛盾！"异曰："若然，圆方竟出何经？"业兴曰："出《孝经援神契》。"（《魏书》，卷八十四，第 1863 页）

孝昌（525 年六月—528 年正月）

元年　十有一月辛亥，诏曰："大孝荣亲，著之昔典，故安平氂氂，诸子满朝。自今诸有父母年八十以上者，皆听居官禄养，温清朝夕。"（《魏书》，卷九，第 242 页）

武泰（528 年正月—四月）

元年　二月癸丑，"帝崩于显阳殿，时年十九"（《魏书》，卷九，第

248 页)。

夏四月庚子,"皇太后、幼主崩"(《魏书》,卷九,第 249 页)。

戊戌,元子攸"南济河,即帝位"(《魏书》,卷十,第 255 页)。

孝庄帝元子攸

建义(528 年四月—九月)

永安(528 年九月—530 年十月)

三年 十二月甲辰,"兆逼帝幸永宁佛寺,杀皇子,……甲子,崩于城内三级佛寺,时年二十四"(《魏书》,卷十,第 268 页)。

长广王元晔

建明(530 年十月—531 年二月)

二年 春二月己巳,晔"行禅让之礼",元恭即位,"改建明二年为普泰元年"(《魏书》,卷十一,第 274 页)。

节闵帝元恭

普泰(531 年二月—十月)

元年 庚寅,"诏天下有德孝仁贤忠义志信者,可以礼召赴阙,不应召者以不敬论"。(《魏书》,卷十一,第 276 页)

十月壬寅,"齐献武王推渤海太守元朗即皇帝位于信都"(《魏书》,卷十一,第278页)。

安定王元朗

中兴(531年十月—532年四月)

二年 夏四月辛巳,"车驾至河阳,逊位于别邸"(《魏书》,卷十一,第281页)。

孝武帝元修

太昌(532年四月—十二月)

永兴(532年十二月)

永熙(532年十二月—534年)

二年 葬安定王元朗"于邺西南野马冈"(《魏书》,卷十一,第281页)。

三年 春,"诏延公卿学官于显阳殿,敕祭酒刘廞讲《孝经》,黄门李郁讲《礼记》,中书舍人卢景宣解《大戴礼》,《夏小正篇》。时广招儒学,引令预听"(《魏书》,卷三十六,第848—849页)。冬十月丙寅,元善见"即位于城东北,大赦天下,改永熙三年为天平元年",史称东魏。(《魏书》,卷十二,第297页)闰十二月癸巳,元修"为宇文黑獭所害,时年二十五"(《魏书》,第292页)。

北朝诏赐"东园秘器"辑录

据记载,北朝"东园秘器"之诏赐始于北魏永兴五年(413),迄于北齐武平二年(578),绵延 165 年,其中以北魏诏赐数量居多,东魏、西魏、北齐、北周虽有诏赐,但数量极少,为便于研究,一并录之。

受赐者	历任官职	卒 年	受赐内容
王洛儿	散骑常侍、新息公、直意将军	永兴五年(413)	赠太尉、建平王,赐温明、秘器,载以辒辌车,使殿中卫士为之导从。[1]《魏书·王洛儿》,卷三十四,第799—800页)
叔孙俊	猎郎、卫将军、安成公	泰常元年(416)	赠司空、安成王,谥孝元,赐温明、秘器,载以辒辌车,卫士导从,陪葬金陵。[2]《北史叔孙建》,卷二十,第750页)
拓跋熙	阳平王、督十二军校阅	泰常六年(421)	赐温明、秘器,礼物备焉。(《魏书·阳平王》,卷十六,第390—391页)
穆观	左卫将军、驸马都尉、太尉	泰常八年(423)	太宗亲临其丧,悲恸左右。赐以通身隐起金饰棺,丧礼一依安城王叔孙俊故事。赠宜都王,谥曰文成。(《魏书·穆崇》,卷二十七,第664页)
于栗磾	冠军将军、新安公、镇远将军、河内镇将、新城男、安南将军、虎牢镇大将、使持节、都督兖相二州诸军事、镇南将军、枋头都将、外都大官	不晚于正平二年(452)	赐东园秘器、朝服一具、衣一袭。赠太尉公。(《魏书·于栗磾》,卷三十一,第735—736页)

(续 表)

拓跋谓	烈帝四子、武卫将军	疑天安至延兴年间（466—476）	卒，赐秘器。（《魏书·神元平文诸帝子孙列传第二》，卷十四，第357页）
源贺	龙骧将军、平西将军、征西将军、西平公、散骑常侍、殿中尚书、征北将军、征南将军、冀州刺史、陇西王、太尉	太和三年（479）	赠侍中、太尉、陇西王印绶，谥曰宣，赙杂彩五百匹，赐辒辌车及命服、温明、秘器，陪葬于金陵。[3]（《魏书·源贺》，卷四十一，第919—923页）
程骏	著作佐郎、著作郎、高密太守、散骑常侍、安丰男、伏波将军、秘书令	太和九年（485）	及卒，高祖、文明太后伤惜之，赐东园秘器、朝服一称、帛三百匹，赠冠军将军、兖州刺史、曲安侯，谥曰宪。[4]（《魏书·程骏》，卷六十，第1345—1350页）
元霄（拓跋飞龙）	宗正卿、右光禄大夫、左光禄大夫	太和十七年（493）	赐朝服一具、衣一袭、东园第一秘器、绢千匹。赠卫将军、定州刺史，赐帛五百匹。谥曰安王。[5]（《魏书·广平王》，卷十六，第400页）
尉元	中山太守、前将军、虎贲中郎将、羽林中郎、富城男、宁远将军、北部尚书、散骑常侍、太昌侯、冠军将军、使持节、都督东道诸军事、镇南大将军、博陵公、都督徐南北兖州诸军事、镇东大将军、开府、徐州刺史、淮阳公、散骑常侍、尚书、内都大官、镇西大将军、统万镇都将、都督南征诸军事、征西大将军、大都将、侍中、都曹尚书、尚书令、司徒	太和十七年（493）	赐布帛彩物二千匹、温明、秘器、朝衣一袭，并为营造坟域。谥曰景桓公。葬以殊礼，给羽葆鼓吹、假黄钺、班剑四十人，赐帛一千匹。（《魏书·尉元》，卷五十，第1109—1116页）
刘昶	义阳王、侍中、征南将军、驸马都尉、丹阳王、外都坐大官、内都坐大官、仪曹尚书、中书监、齐郡开国公、使持节、都督吴越楚彭城诸军事、大将军	太和二十一年（497）	高祖为之举哀，给温明、秘器、钱百万、布五百匹、蜡三百斤、朝服一具、衣一袭，赠假黄钺、太傅、领扬州刺史，加以殊礼，备九锡，给前后部羽葆鼓吹，依晋琅邪王伷故事，谥曰明。[6]（《魏书·刘昶》，卷五十九，第1307—1311页）

(续 表)

姓名	官职	时间	事件
王叡	太卜中散、给事中、散骑常侍、侍中、吏部尚书、太原公、尚书令、中山王、镇东大将军	太和四年至太和十四年（480—490）	高祖、文明太后亲临哀恸，赐温明、秘器，宕昌公王遇监护丧事。赠卫大将军、太宰、并州牧，谥曰宣王。（《魏书·恩倖》，卷九十三，第1988—1990页）
元干	河南王、卫大将军、侍中、中都大官、车骑将军、左光禄大夫、吏部尚书、使持节、都督南豫郢东荆三州诸军事、征南大将军、开府、豫州刺史、赵郡王、都督冀定瀛三州诸军事、征东大将军、冀州刺史、司州牧、都督中外诸军事	太和二十三年（499）	给东园秘器、敛服十五称，赠帛三千匹，谥曰灵王，陪葬长陵。（《魏书·赵郡王》，卷二十一，第541—543页）
李冲	秘书中散、内秘书令、南部给事中、中书令、散骑常侍、南部尚书、顺阳侯、陇西公、荥阳郡开国侯、廷尉卿、侍中、吏部尚书、咸阳王师、太子少傅、辅国大将军、镇南大将军、阳平郡开国侯、左仆射、尚书仆射、清渊县开国侯	延兴至太和年间（471—499）	给东园秘器、朝服一具、衣一袭，赠钱三十万、布五百匹、蜡二百斤。[7]（《魏书·李冲》，卷五十三，第1179—1188页）
于烈	羽林中郎、羽林中郎将、宁光宫宿卫、屯田给纳、司卫监、左卫将军、殿中尚书、散骑常侍、前将军、洛阳侯、卫尉卿、镇南将军、光禄卿、聊城县开国子、领军将军、金紫光禄大夫、使持节、征北将军、恒州刺史、车骑大将军	景明二年（501）	给东园第一秘器、朝服一具、衣一袭；赐钱二百万、布五百匹；赠使持节、侍中、大将军、太尉公、雍州刺史；追封巨鹿郡开国公，增邑五百户，并前千户。[8]（《魏书·于栗䃢》，卷三十一，第737—740页）

(续　表)

王肃	著作郎、太子舍人、司徒主簿、秘书丞、辅国将军、大将军长史、平南将军、持节、都督豫东豫东郢三州诸军事、本将军、豫州刺史、扬州大中正、镇南将军、都督豫南兖东荆东豫四州诸军事、汝阳县开国子、尚书令、宰辅、都督江西诸军事、车骑将军、开府仪同三司、昌国县开国侯、散骑常侍、都督淮南诸军事、扬州刺史	景明二年（501）	给东园秘器、朝服一袭、钱三十万、帛一千匹、布五百匹、蜡三百斤，……专遣侍御史一人监护丧事，务令优厚。……赠侍中、司空公，本官如故。[9]（《魏书·王肃》，卷六十三，第1407—1411页）
元羽	侍中、征东大将军、外都大官、卫将军、尚书左仆射、太子太保、使持节、都督青齐光南青四州诸军事、开府、青州刺史、散骑常侍、车骑大将军、司州牧	景明二年（501）	诏给东园温明、秘器、朝服一具、衣一袭、钱六十万、布一千匹、蜡三百斤。大鸿胪护丧事。赠使持节、侍中、骠骑大将军、司徒公、冀州刺史，给羽葆鼓吹、班剑四十人，谥曰惠。（《魏书·广陵王》，卷二十一，第545—551页）
穆亮	侍御中散、驸马都尉、赵郡王、侍中、征南大将军、长乐王、使持节、秦州刺史、尚书、征西大将军、西戎校尉、敦煌镇都大将、都督秦梁益三州诸军事、征南大将军、领护西戎校尉、仇池镇将、尚书右仆射、都督怀洛南北豫徐兖六州诸军事、司空、参议律令、太子太傅、征北大将军、开府、仪同三司、冀州刺史、顿丘郡开国公、定州刺史、骠骑大将军、尚书令、司空公	景明三年（502）	诏给东园温明、秘器、朝服一具、衣一袭、钱四十万、布七百匹、蜡二百斤。赠太尉公，领司州牧，谥曰匡。（《魏书·穆崇》，卷二十七，第667—671页）
裴叔业	右军将军、东中郎将咨议参军、司马、给事黄门侍郎、武昌县开国伯、持节、冠军将军、徐州刺史、辅国将军、豫州刺史、南兖州刺史	景明年间（500—503）	谥忠武公，给东园温明、秘器、朝服一袭、钱三十万、绢一千匹、布五百匹、蜡三百斤。[10]（《魏书·裴叔业》，卷七十一，第1565—1567页）

(续 表)

源怀	侍御中散、征南将军、殿中尚书、尚书令、长安镇将、雍州刺史、司州刺史、征北大将军、卫大将军、夏州刺史、都督雍岐东秦诸军事、车骑大将军、凉州大中正、侍中、骠骑大将军、都督平氐诸军事	正始三年(506)	诏给东园秘器、朝服一具、衣一袭，钱二十万，布七百匹、蜡三百斤，赠司徒、冀州刺史。(《魏书·源贺》，卷四十一，第923—928页)
元详	侍中、征北大将军、光禄大夫、散骑常侍、秘书监、中领军、司州牧、护军将军、尚书左仆射、大将军	永平元年(508)	给东园秘器，赠物之数一依广陵故事。(《魏书·北海王》，卷二十一，第559—564页)
元勰	始平王、侍中、征西大将军、光禄大夫、中书令、彭城王、抚军将军、中书监、中军大将军、使持节、都督南征诸军事、开府、司徒、太子太傅、都督中外诸军事、宰辅、都督冀定幽瀛营安平七州诸军事、骠骑大将军、定州刺史、扬州刺史	永平元年(508)	给东园第一秘器、朝服一袭、赙钱八十万，布两千匹、蜡五百斤，大鸿胪护丧事。(《魏书·彭城王》，卷二十一，第571—583页)
元英	平北将军、武川镇都大将、都督梁益宁三州诸军事、安南将军、领护西戎校尉、仇池镇都大将、梁州刺史、梁汉别道都将、安南大将军、广武伯、左卫将军、前将军、大宗正、尚书、镇南将军、使持节、都督征义阳诸军事、散骑常侍、征南将军、都督扬徐二道诸军事、征东将军、都督冀州诸军事、都督南征诸军事、尚书仆射	永平三年(510)	给东园秘器、朝服一具、帛七百匹，赠司徒公，谥曰献武王。(《魏书·南安王》，卷十九，第495—502页)

（续　表）

李平	通直散骑侍郎、太子中庶子、长乐太守、冀州仪同开府长史、河南尹、黄门郎、司徒左长史、征虏将军、平东将军、度支尚书、正尚书、御史中尉、使持节、都督北讨诸军事、镇北将军、散骑常侍、中书令、吏部尚书、抚军将军、武邑郡开国公、镇军大将军、尚书右仆射	熙平元年（516）	诏给东园秘器、朝服一具、衣一袭、帛七百匹。灵太后为举哀于东堂。赠侍中、骠骑大将军、仪同三司、冀州刺史，谥文烈公。[11]（《魏书·李平》，卷六十五，第1451—1454页）
于忠	侍御中散、武骑侍郎、太子翊军校尉、长水校尉、左右郎将、司空长史、征虏将军、魏郡开国公、散骑常侍、武卫将军、太府卿、使持节、西道大使、平西将军、华州刺史、安北将军、相州刺史、卫尉卿、河南邑中正、定州刺史、左卫将军、恒州大中正、都官尚书、平南将军、领军将军、侍中、车骑大将军、常山郡开国公、尚书令、都督冀定瀛三州诸军事、征北大将军、冀州刺史、尚书右仆射	神龟元年（518）	给东园秘器、朝服一具、衣一袭，钱二十万、布七百匹、蜡三百斤，赠侍中、司空公。（《魏书·于栗磾》，卷三十一，第741—746页）
胡国珍（灵太后之父）	光禄大夫、安定郡公、中书监、使持节、都督、雍州刺史、骠骑大将军、开府、司徒公、	神龟元年（518）	给东园温明、秘器、五时朝服各一具、衣一袭，赠布五千匹，钱一百万、蜡千斤。大鸿胪持节监护丧事。[12]（《魏书·外戚下》，卷八十三，第1833—1834页）

（续　表）

元澄	征北大将军、使持节、都督北讨诸军事、都督梁益荆三州诸军事、征南大将军、梁州刺史、侍中、征东大将军、开府、徐州刺史、中书令、尚书令、抚军大将军、太子少保、尚书左仆射、吏部尚书、右仆射、尚书右仆射、平西将军、安东将军、相州刺史、安西将军、雍州刺史、都督淮南诸军事、镇南大将军、扬州刺史、散骑常侍、镇北大将军、定州刺史、太子太保、骠骑大将军、司空、侍中、尚书令、使持节、大将军、大都督、司徒公	神龟二年（519）	赙布一千二百匹、钱六十万、蜡四百斤，给东园温明、秘器、朝服一具、衣一袭；大鸿胪监护丧事，诏百僚会丧；赠假黄钺、使持节、都督中外诸军事、太傅、领太尉公；加以殊礼，备九锡，依晋大司马、齐王攸故事；谥曰文宣王。（《魏书·任城王》，卷十九，第462—480页）
元晖	尚书主客郎、给事黄门侍郎、侍中、右卫将军、吏部尚书、冀州刺史、尚书左仆射、摄吏部选事	神龟三年（520）	赐东园秘器，赠使持节、都督中外诸军事、司空公，谥曰文宪。将葬，给羽葆、班剑、鼓吹二十人，羽林百二十人。（《魏书·昭成子孙列传第三》，卷十五，第378—380页）
游肇	内秘书侍御中散、通直郎、秘阁令、散骑侍郎、典命中大夫、太子中庶子、南安王桢镇北府长史、魏郡太守、高阳王雍镇北府长史、廷尉少卿、黄门侍郎、散骑常侍、太府卿、廷尉卿、御史中尉、侍中、中书令、光禄大夫、相州大中正、镇东将军、相州刺史、太常卿、尚书右仆射	正光元年（520）	诏给东园秘器、朝服一袭、帽帛七百匹。赠使持节、散骑常侍、骠骑大将军、仪同三司、冀州刺史，谥文贞公。（《魏书·游明根》，卷五十五，第1215—1218页）

（续　表）

崔亮	中书博士、议郎、尚书、吏部郎、太子中舍人、中书侍郎、尚书左丞、给事黄门侍郎、青州大中正、散骑常侍、度支尚书、御史中尉、都官尚书、廷尉卿、安西将军、雍州刺史、太常卿、定州刺史、镇南将军、镇北将军、殿中尚书、吏部尚书、侍中、左光禄大夫、尚书右仆射、尚书仆射	正光二年（521）	诏给东园秘器、朝服一袭，赠物七百段、蜡三百斤。赠使持节、散骑常侍、车骑大将军、仪同三司、冀州刺史，谥曰贞烈。[13]（《魏书·崔亮》，卷六十六，第1476—1485页）
元谧	通直散骑常侍、龙骧将军、太子中庶子、冠军将军、岐州刺史、大司农卿、散骑常侍、平北将军、幽州刺史、都官尚书、安南将军	正光四年（523）	给东园秘器、朝服一具、衣一袭，赠帛五百匹。超赠假侍中、征南将军、司州牧，谥曰贞景。（《魏书·赵郡王》，卷二十一，第543—544页）
崔光	中书博士、著作郎、中书侍郎、给事黄门侍郎、朝阳子、散骑常侍、太子少傅、陕西大使、侍中、太常卿、齐州大中正、抚军将军、中书令、镇东将军、中书监、右光禄大夫、博平县开国公、国子祭酒、车骑大将军、平恩县开国侯、司徒、太保	正光四年（523）	诏给东园温明、秘器、朝服一具、衣一袭、钱六十万、布一千匹、蜡四百斤，大鸿胪监护丧事。赠太傅、领尚书令、骠骑大将军、开府、冀州刺史、侍中又敕加后部鼓吹、班剑，依太保、广阳王故事，谥文宣公。（《魏书·崔光》，卷六十七，第1487—1498页）
甄琛	中书博士、谏议大夫、通直散骑侍郎、征北府长史、阳平王颐卫军府长史、中散大夫、御史中尉、通直散骑常侍、侍中、散骑常侍、给事黄门侍郎、定州大中正、尚书、河南尹、平南将军、太子少保、使持节、抚军将军、营州刺史、安北将军、镇西将军、凉州刺史、徐州刺史、吏部尚书、征北将军、定州刺史、车骑将军	正光五年（524）	诏给东园秘器、朝服一具、衣一袭、钱十万、物七百段、蜡三百斤。赠司徒公、尚书左仆射，加后部鼓吹。[14]（《魏书·甄琛》，卷六十八，第1509—1515页）

（续　表）

元融	秘书郎、骁骑将军、征虏将军、并州刺史、司空、宗正卿、散骑常侍、平东将军、青州刺史、秘书监、中护军、抚军将军、河南尹、征东将军、卫将军、左光禄大夫、车骑将军、前驱左军都督	孝昌三年（527）	赐东园秘器、朝服一具、彩两千八百段，赠侍中、都督雍华岐三州诸军事、本将军、司空、雍州刺史。进赠司徒，加前后部鼓吹。谥曰庄武。（《魏书·章武王》，卷十九，第514—515页）
赵平君	胡国珍之妻	不晚于武泰元年（528）	给东园秘器，肃宗服小功服，举哀于东堂。[15]（《魏书·外戚下》，卷八十三，第1836页）
斛斯椿	中散大夫、阳曲县公、大将军府司马、东徐州刺史、尚书左仆射、司空公、灵丘郡公、大行台前驱都督、侍中、骠骑大将军、城阳郡公、开府、尚书令、常山郡公、司徒、太保、太傅	太昌至永熙年间（532—534）	诏赐东园秘器，遣尚书、梁郡王景略监护丧事。赠大将军、录尚书、三十州诸军事、侍中、恒州刺史、常山郡王，谥曰文宣，祭以太牢。又诏改大将军，赠大司马，给辒辌车。（《北史·斛斯春》，卷四十九，第1785—1787页）
雷绍	京兆太守、大都督、凉州刺史、渭州刺史、昌国伯	永熙三年（534）后	赠太尉，赐东园秘器。（《北史·雷绍》，卷四十九，第1807—1808页）
王衍	著作佐郎、尚书郎、员外常侍、司空咨议、光禄大夫、廷尉、扬州大中正、度支尚书、太常卿、散骑常侍、征东将军、西兖州刺史、车骑将军、左光禄大夫、侍中	天平三年（536）	敕给东园秘器，赠物三百段，赠使持节、都督青徐兖三州诸军事、骠骑大将军、尚书令、司徒公、徐州刺史，谥曰文献。[16]（《魏书·王肃》，卷六十三，第1413页）
僧洗	中书监、侍中、濮阳郡公	天平四年（537）	诏给东园秘器，赠太师、太尉公、录尚书事、雍州刺史，谥曰孝。（《魏书·外戚下》，卷八十三，第1836页）
段韶	亲信都督、下洛县男、龙骧将军、谏议大夫、武卫将军、姑臧县侯、长乐郡公、真定县男、并州刺史、冀州刺史、六州大都督、平原郡王、太子太师、太傅、太宰、灵武县公、左丞相、永昌郡公、广平郡公	武平二年（578）	上举哀东堂，赠物千段、温明、秘器、辒辌车，军校之士陈曾送至平恩墓所，发卒起冢。赠假黄钺、使持节、都督朔、并、定、赵、冀、沧、齐、兖、梁、洛、晋、建十二州诸军事、相国、太尉、录尚书事、朔州刺史，谥曰忠武。[17]（《北齐书·段荣》，卷十六，第208—213页）

【注释】

[1]《北史》记载王洛儿受赐情况为"卒,赠太尉、建平王。赐温明、秘器,载以辒辌车,使殿中卫士为之导从"。余见《北史》,卷二十五,第913—914页。温明为当时承袭汉制的一种漆面罩,与秘器不同,而今人标点多将二者视为一物,此处将其断开,以示区别。

[2]《魏书》的记载为:"赠侍中、司空、安城王,谥孝元。赐温明、秘器,载以辒辌车,卫士导从,陪葬金陵。"余见《魏书》,卷二十九,第705—706页。

[3]《北史》记载为"三年,薨,赠侍中、太尉、陇西王印绶,谥曰宣王。赐辒辌车及命服、温明秘器,陪葬金陵。"见《北史》,卷二十八,第1023—1026页。

[4]《北史》记载为"及卒,给孝文、文明太后伤惜之。赐东园秘器、朝服一称、帛三百匹,赠兖州刺史、曲安侯,谥曰宪"。见《北史》,卷四十,第1450—1452页。

[5]《北史》记载为"赐东园第一秘器,……谥曰安王。"见《北史》,卷十六,列传第四,第595页。

[6] 见《北史》,卷二十九,第1046—1048页。

[7]《北史》记载为"赠司空公,给东园秘器一具、衣一袭,赠钱三十万、布五百匹、蜡两百斤。有司奏谥曰文穆。"见《北史》,卷一百,第3329—3333页。

[8]《北史》记载为"及卒,宣武举哀于朝堂,给东园第一秘器,赠太尉,封钜鹿郡公。"见《北史》,卷二十三,第838—840页。

[9]《北史》亦有记载,略同,详见《北史》,卷四十二,第1537—1539页。

[10] 见《北史》,卷四十五,第1645—1647页。

[11] 相关记载见《北史》,卷四十三,第1600—1603页。

[12]《北史》记载为"给东园温明、秘器,五时朝服各一具、衣一袭,赠布五千匹、钱一百万、蜡千斤。大鸿胪持节护丧事。"余详见《北史》,卷八十,第2687—2688页。

[13]《北史》记载较为简略:"诏给东园秘器,赠车骑大将军、仪同三司,谥曰贞烈。"余见《北史》,卷四十四,第1629—1634页。

[14]《北史》记载稍显简略,并改《魏书》中的"东园温明、秘器"为"东园秘器",对于追赠的官职也与《魏书》的记载有较大出入,详见《北史》,卷四十,第1469—1474页;《北史》,卷四十四,第1615—1622页。

[15]《北史》为:"给东园秘器,明帝服小功服,举哀于东堂,灵太后服齐衰,期。"见《北史》,卷八十,第2689页。

[16]《北史》中之记载较《魏书》简略,详见《北史》,卷四十二,第1541页。

[17]《北史》记载为:"赐温明、秘器、辒辌车。军校之士,阵送至平恩墓所,发卒起冢。赠假黄钺、相国、太尉、录尚书事,谥忠武。"见《北史》,卷五十四,第1960—1963页。

六朝《孝子传》辑佚

我国现存古文献中,六朝时期流传之十余种《孝子传》正本已经散佚,但其内容由于《太平御览》《初学记》《艺文类聚》《法苑珠林》等类书的收录而得以部分保存下来。据日本学者吉川幸次郎、西野贞治等研究,现藏日本的阳明本与船桥本《孝子传》是目前较接近于六朝《孝子传》原貌的古本。表中前45个孝子依阳明本与船桥本《孝子传》目录顺序编排,阳明本与船桥本《孝子传》目录中没有出现的孝子,依类书中的记载附录于后。表中"汉至六朝《孝子传》及出处"部分为空白者,表示该孝子故事仅见于阳明本与船桥本《孝子传》。

孝 子	汉至六朝《孝子传》及出处		阳明本/船桥本《孝子传》序次	
舜	刘向《孝子传》	《法苑珠林》四十九	舜	1
	逸名《孝子传》	《法苑珠林》四十九		
董永	刘向《孝子传》	《法苑珠林》四十九、《太平御览》四百一十一	董永	2
	郑缉之《孝子传》	《法苑珠林》四十九		
	逸名《孝子传》	《太平御览》八百一十七、八百二十六、《类林杂说》一、《法苑珠林》四十九		
邢渠	萧广济《孝子传》	《太平御览》四百一十一	邢渠	3
伯榆	逸名《孝子传》	平氏传杂勘文上一、太镜底容钞二	伯榆	4

（续 表）

郭巨	刘向《孝子传》	《法苑珠林》四十九、《太平御览》四百一十一	郭巨	5
	宋躬《孝子传》	《太平御览》八百一十一、《初学记》十七		
	逸名《孝子传》	《法苑珠林》四十九		
原毂	逸名《孝子传》	《太平御览》五百一十九	原毂	6
魏阳	萧广济《孝子传》	《太平御览》三百五十二	魏阳	7
三洲	萧广济《孝子传》	《太平御览》六十一	三洲	8
丁兰	逸名《孝子传》	《太平广记》一百六十一	丁兰	9
	刘向《孝子传》	《法苑珠林》四十九		
	郑缉之《孝子传》	《法苑珠林》四十九		
	孙盛《逸人传》	《太平御览》三百九十六、《类林杂说》一		
朱明			朱明	10
蔡顺	逸名《孝子传》	《太平御览》八百四十五、《类林杂说》一	蔡顺	11
王琳	逸名《孝子传》	《太平御览》五百四十八	王巨尉	12
老莱子	师觉授《孝子传》	《太平御览》四百一十三	老莱子	13
	逸名《孝子传》	《太平御览》六百八十九、《初学记》十七		
宗胜之			宗胜之	14
陈寔			陈寔	15
阳威			阳威	16
曹娥			曹娥	17
毛义			毛义	18
欧尚			欧尚	19
仲由			仲由	20
刘敬宣			刘敬宣	21
谢弘微			谢弘微	22
朱百年	萧广济《孝子传》	《太平御览》四百一十三	朱百年	23
高柴	逸名《孝子传》	《法苑珠林》四十九	高柴	24
张敷			张敷	25

(续　表)

孟仁			孟仁	26
王祥	萧广济《孝子传》	《太平御览》九百二十二、九百七十、《艺文类聚》八十六、九十二、《北堂书钞》一百四十五	王祥	27
	师觉授《孝子传》	《太平御览》二十六、《初学记》三		
	逸名《孝子传》	《太平御览》八百六十三		
姜诗	逸名《孝子传》	《广事类赋》十六	姜诗	28
叔先雄			叔先雄	29
颜乌			颜乌	30
许孜			许孜	31
鲁义士			鲁义士	32
闵子骞	萧广济《孝子传》	《初学记》十七	闵子骞	33
	师觉授《孝子传》	《太平御览》四百一十三		
	逸名《孝子传》	《太平御览》三十四		
蒋诩			蒋诩	34
伯奇	逸名《孝子传》	《类林杂说》一	伯奇	35
曾参	萧广济《孝子传》	《初学记》十七	曾参	36
	虞盘佑《孝子传》	《太平御览》九百九十八		
	逸名《孝子传》	《太平御览》三百七十		
董黯			董黯	37
申生	逸名《孝子传》	《类林杂说》一	申生	38
申明			申明	39
禽坚（贤）	逸名《孝子传》	《通志》二十八	禽坚	40
李善	逸名《孝子传》	《琱玉集》十二	李善	41
羊（阳）公（雍）	梁元帝《孝德传》	《太平广记》二百九十二	羊（阳）公（雍）	42
	逸名《孝子传》	《太平御览》八百六十一、九百七十六、《艺文类聚》八十二、《北堂书钞》一百四十四		

（续　表）

东师节女			东师节女	43
眉间尺	逸名《孝子传》	《太平御览》三百四十三、《类林杂说》一	眉间尺	44
慈乌	逸名《孝子传》	《法苑珠林》四十九	慈乌	45
杜孝	萧广济《孝子传》	《初学记》十七、《艺文类聚》九十六、《太平御览》四百一十一、《类林杂说》一		
	逸名《孝子传》	《广事类赋》十六		
隗通	萧广济《孝子传》	《太平御览》四百一十一		
	逸名《孝子传》	《太平御览》三百八十九		
辛缮	萧广济《孝子传》	《太平御览》四百一十一		
施延	萧广济《孝子传》	《太平御览》四百一十四		
王惊	萧广济《孝子传》	《太平御览》四百一十三		
妫皓	萧广济《孝子传》	《太平御览》四百一十三、《艺文类聚》二十		
伏恭	萧广济《孝子传》	《太平御览》四百一十三		
萧芝	萧广济《孝子传》	《艺文类聚》九十、《太平御览》九百一十七		
	逸名《孝子传》	《蒙求》三十六		
伍袭	萧广济《孝子传》	《太平御览》九百〇六		
	宋躬《孝子传》	《太平御览》四百一十一		
	逸名《孝子传》	《白氏六帖》二十九、《事类赋》二十三		
文让	萧广济《孝子传》	《太平御览》三十七、四百一十一		
	逸名《孝子传》	敦煌本语对二十六		
申屠勋	萧广济《孝子传》	《太平御览》四百一十三、七百六十六		
宿仓舒	萧广济《孝子传》	《太平御览》四百一十三		
王修（循）	萧广济《孝子传》	《太平御览》五百六十二		
	逸名《孝子传》	敦煌本事森		
桑虞	萧广济《孝子传》	《太平御览》四百一十三		
	宋躬《孝子传》	《艺文类聚》二十、《太平御览》八百五十九		
	逸名《孝子传》	敦煌本籯金		
郭世道	萧广济《孝子传》	《太平御览》四百一十三		
郭原平	萧广济《孝子传》	《太平御览》八百二十一、《艺文类聚》六十五		

（续 表）

何子平	萧广济《孝子传》	《太平御览》四百一十三
朱百年	萧广济《孝子传》	《太平御览》四百一十三
陈玄	萧广济《孝子传》	《太平御览》四百一十三、九百三十五、《艺文类聚》九十六
邓展	萧广济《孝子传》	《太平御览》九百四十五
展勤	萧广济《孝子传》	《艺文类聚》九十七
萧国	萧广济《孝子传》	《艺文类聚》九十五、《太平御览》九百〇七
殷恽	萧广济《孝子传》	《初学记》十七、《类林杂说》一
杜牙	萧广济《孝子传》	《白氏六帖》二十九
五郡孝子	萧广济《孝子传》	《太平御览》三百七十二
獭	萧广济《孝子传》	《玉烛宝典》一
竺弥	王歆《孝子传》	《初学记》一、《太平御览》十三
	王韶之《孝子传》	《北堂书钞》一百二十九、《艺文类聚》二
	逸名《孝子传》	《事类赋》三
周青	王韶之《孝子传》	《太平御览》四百一十五、六百四十六
李陶	王韶之《孝子传》	《艺文类聚》九十二
	逸名《孝子传》	《太平御览》九百二十
管宁	周景式《孝子传》	《艺文类聚》八、《太平御览》六十
田真	周景式《孝子传》	《初学记》十七、《艺文类聚》八十九、《太平御览》四百一十六、九百五
	逸名《孝子传》	《事类赋》二十四
猴母	周景式《孝子传》	《太平御览》九百一十、《初学记》二十九
	逸名《孝子传》	《太平御览》九百一十、《初学记》二十九
仲子崔	师觉授《孝子传》	《太平御览》三百五十二、四百八十二
北宫氏女	师觉授《孝子传》	《太平御览》四百一十五
魏连	师觉授《孝子传》	《艺文类聚》一百
赵苟	师觉授《孝子传》	《初学记》十七、《太平御览》四百一十四
程会（曾）	师觉授《孝子传》	《艺文类聚》二十、《太平御览》四百一十三
	逸名《孝子传》	敦煌本不知名类书甲
吴叔和	师觉授《孝子传》	《艺文类聚》九十二

(续表)

夏侯䜣	宋躬《孝子传》	《太平御览》四百一十一
	逸名《孝子传》	敦煌本籝金（夏侯许）
韦俊	宋躬《孝子传》	《太平御览》四百一十一
缪斐	宋躬《孝子传》	《太平御览》四百一十一、六百四十四
	梁元帝《孝德传》	《太平御览》五百一十
纪迈	宋躬《孝子传》	《太平御览》四百一十一
	逸名《孝子传》	《太平御览》三十一
张景胤	宋躬《孝子传》	《艺文类聚》二十
宗承	宋躬《孝子传》	《太平御览》三十七、四百一十一
	逸名《孝子传》	《白氏六帖》七
吴坦之	宋躬《孝子传》	《艺文类聚》二十
	逸名《孝子传》	《初学记》十七
贾恩	宋躬《孝子传》	《太平御览》四百一十五
邱杰	宋躬《孝子传》	《太平御览》四百一十一
陈遗	宋躬《孝子传》	《太平御览》四百一十一、《初学记》二十六、《法苑珠林》四十九
	逸名《孝子传》	《太平御览》三百八十九、《太平广记》一百六十二
孙棘	宋躬《孝子传》	《太平御览》四百一十六
何子平	宋躬《孝子传》	《太平御览》二十二、二十六、《艺文类聚》二十
王虚之	宋躬《孝子传》	《艺文类聚》八十六、《法苑珠林》四十九
	逸名《孝子传》	《太平广记》一百六十二
华宝	宋躬《孝子传》	《艺文类聚》二十
韩灵珍	宋躬《孝子传》	《太平御览》四百一十一
孙恩	宋躬《孝子传》	《古今图书集成》三十二
华光	虞盘佑《孝子传》	《太平御览》四百一十三
	逸名《孝子传》	《太平御览》三百八十五
吴隐之	郑缉之《孝子传》	《世说新语》一、《古今图书集成》三十二
吴逵	郑缉之《孝子传》	《法苑珠林》四十九
萧固	郑缉之《孝子传》	《法苑珠林》四十九

(续 表)

张楷	梁元帝《孝德传》	《太平御览》六百一十六
阳公（雍）	梁元帝《孝德传》	《太平广记》二百九十二
	逸名《孝子传》	《太平御览》八百六十一、九百七十六、《艺文类聚》八十二、《北堂书钞》一百四十四
眉间赤	逸名《孝子传》	《太平御览》三百四十三、《类林杂说》一
哙参	逸名《孝子传》	《广韵》四
杨香	逸名《孝子传》	《太平御览》八百九十二
王琳	逸名《孝子传》	《太平御览》五百四十八
汝郁	逸名《孝子传》	《元和姓纂》六
蔡邕	逸名《孝子传》	《太平御览》四百一十四
鲍昂	逸名《孝子传》	《太平御览》四百一十四
缑玉	逸名《孝子传》	《元和姓纂》五、《广韵》二
三邱氏	逸名《孝子传》	《元和姓纂》五
郭文举	逸名《孝子传》	《太平御览》八百九十二
吴猛	逸名《孝子传》	《太平御览》九百四十五、《类林杂说》一
陆仲元	逸名《孝子传》	《太平御览》五百一十九
魏达	逸名《孝子传》	《太平御览》七百四十二
魏汤	逸名《孝子传》	《太平御览》四百八十二
孟宗	逸名《孝子传》	《太平御览》六十五、《法苑珠林》四十九
霍子	逸名《孝子传》	《白帖石》
焦华	逸名《孝子传》	《事类赋》二十七
黄香	逸名《孝子传》	《广事类赋》十六
王裒	逸名《孝子传》	《陈检讨集》二
殷㦧	逸名《孝子传》	《广事类赋》十六
罗威	逸名《孝子传》	《陈检讨集》十一
滕昙恭	逸名《孝子传》	《陈检讨集》十三
杜羔	逸名《孝子传》	《佩文韵府》十九
吴从健（吴叔和）	逸名《孝子传》	《太平御览》九百二十
张行	逸名《孝子传》	敦煌本籯金
赵孝宗	逸名《孝子传》	《类林杂说》一

(续　表)

鲍山	逸名《孝子传》	《类林杂说》三
顾秦	逸名《孝子传》	敦煌本李峤百咏兔注
谢方储	逸名《孝子传》	敦煌本李峤百咏兔注
刘殷	逸名《孝子传》	敦煌本语对二十六
应枢	逸名《孝子传》	《太平广记》一百三十七
王延	逸名《孝子传》	《法苑珠林》四十九

参考文献

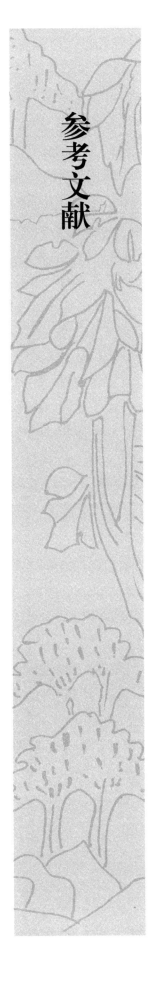

史 籍※

［唐］徐坚. 初学记［M］. 维阳陈氏校刻本，明万历间.

［宋］楼昉，林虑. 两汉诏令［M］. 清钞本.

［晋］葛洪. 神仙传［M］. 在汉魏丛书第五十至五十二册.

［清］陈士珂. 孔子家语疏证［M］. 在湖北丛书第四十四至五十一册.

［清］瞿中溶. 武氏祠堂画像考［M］. 吴兴希古楼刻本，1825.

［宋］洪适. 隶续［M］. 皖南洪氏晦木斋. 1832.

［汉］刘向. 古列女传［M］. 文选楼丛书. 阮氏印本，1842.

［清］黄奭. 黄氏逸书考［M］. 怀荃室藏版，1865.

［北魏］刘芳. 礼记义证［M］. 济南：皇华馆书局，1871.

［金］王朋寿. 类林杂说［M］. 吴兴刘氏嘉业堂刻本，1920.

［晋］葛洪. 抱朴子［M］. 田中氏东京影印古写本，1923.

［晋］王嘉. 拾遗记［M］. 上海：涵芬楼影印明程氏刻本，1925.

张元济等. 四部丛刊三编［M］. 上海：商务印书馆，1935–1936.

［汉］刘向. 古列女传［M］. 上海：上海商务印书馆影印明刊本，1936.

［西汉］司马迁. 史记［M］. 北京：中华书局，1959.

［宋］李昉. 太平御览［M］. 北京：中华书局，1960.

〔日〕吉川幸次郎. 京都大学图书馆孝子传［M］. 京都：京都大学，1960.

〔日〕青松. 孝子传［M］. 京都：便利堂，1960.

［汉］班固. 汉书［M］. 北京：中华书局，1962.

［唐］徐坚. 初学记［M］. 北京：中华书局，1962.

［唐］张彦远. 历代名画记［M］. 北京：人民美术出版社，1963.

［南朝宋］范晔. 后汉书［M］. 北京：中华书局，1965.

［清］黄本骥. 历代官职表［M］. 上海：中华书局，1965.

［唐］李延寿. 南史［M］. 北京：中华书局，1971.

※ 参考文献部分按照出版时间的先后顺序排列.

[梁] 萧子显. 南齐书 [M]. 北京：中华书局，1972.

[唐] 魏征，令狐德棻. 隋书 [M]. 北京：中华书局，1973.

[唐] 房玄龄，褚遂良，许敬宗等. 晋书 [M]. 北京：中华书局，1974.

[南朝宋] 沈约. 宋书 [M]. 北京：中华书局，1974.

[北齐] 魏收. 魏书 [M]. 北京：中华书局，1974.

[梁] 萧统. 文选 [M]. [唐] 李善注. 北京：中华书局，1977.

[北魏] 杨衔之. 洛阳伽蓝记校注 [M]. 范祥雍校注. 上海：上海古籍出版社，1978.

王明. 太平经合校 [M]，台北：鼎文书局，1979.

[晋] 干宝. 搜神记 [M]. 汪绍楹校注. 北京：中华书局，1979.

[晋] 陈寿. 三国志 [M]. [宋] 裴松之注. 陈乃乾校点. 北京：中华书局，1982.

[清] 王聘珍. 大戴礼记解诂 [M]. 王文锦点校. 北京：中华书局，1983.

余嘉锡. 世说新语笺疏 [M]. 北京：中华书局，1983.

徐震堮. 世说新语校笺 [M]. 北京：中华书局，1984.

[晋] 陶潜. 孝子传 [M]；[清] 茆泮林. 古孝子传 [M]. 北京：中华书局，1985.

王明. 抱朴子内篇校释 [M]. 北京：中华书局，1985.

[明] 江元祚. 孝经大全 [M]. 济南：山东友谊书社，1990.

[唐] 道世. 法苑珠林 [M]. 上海：上海古籍出版社，1991.

苏舆. 春秋繁露义证 [M]. 钟哲点校. 北京：中华书局，1992.

王利器. 盐铁论校注 [M]. 北京：中华书局，1992.

贾庆超. 曾子校释 [M]. 济南：山东大学出版社，1993.

[唐] 林宝. 元和姓纂 [M]. 北京：中华书局，1994.

[清] 冯云鹏，冯云鹓. 金石索 [M]. 北京：书目文献出版社，1996.

[清] 朱彝尊. 经义考 [M]. 北京：中华书局，1998.

[魏] 曹植. 曹植集校注 [M]. 赵幼文校注. 北京：人民文学出版社，1998.

上海古籍出版社. 汉魏六朝笔记小说大观 [M]. 上海：上海古籍出版社，1999.

〔日〕冈村繁. 历代名画记译注 [M]. 俞慰刚译. 上海：上海古籍出版社，2002.

专　著

徐景贤. 孝经之研究 [M]. 北平：北平公记印书局，1931.

于世琦. 三国时代薄葬考 [M]. 铅印本，1934.

邬庆时. 孝经通论 [M]. 上海：商务印书馆，1934.

容庚. 汉武梁祠画像录 [M]. 北平：燕京大学考古学社，1936.

庄尚严. 赴英参加伦敦中国艺术国际展览会记 [M]. 国立北平故宫博物院，1936.

唐家桢. 孝经释义 [M]. 北京：广益书局，1937.

C.T.Loo & Co. An Exhibition of Chinese Stone Sculptures [M]. New York, 1940.

郭玉堂. 洛阳出土石刻时地记 [M]. 北京：大华书报供应社，1941.

傅惜华. 汉代画像全集（初编）[M]. 巴黎大学北京汉学研究所，1950.

傅惜华. 汉代画像全集（二编）[M]. 巴黎大学北京汉学研究所，1951.

唐长孺. 魏晋南北朝史论丛 [M]. 北京：三联书店，1955.

王子云. 中国古代石刻线画集 [M]. 北京：中国古典艺术出版社，1957.

河南省文化局文物工作队. 邓县彩色画像砖墓 [M]. 北京：文物出版社，1958.

［梁］刘勰. 文心雕龙注［M］. 范文澜注. 北京：人民文学出版社，1958.

唐长孺. 魏晋南北朝史论丛续编［M］. 北京：中华书局，1959.

〔日〕长广敏雄等. 塚本博士颂寿纪念佛教史学论文集［C］. 京都：塚本博士颂寿纪念会，1961.

M.L.Makra.The Hsiao Ching［M］.Washington,D.C.:St.Johns University Press，1961.

H.Y.Shih.Early Chinese Pictorial Style:From the Later Han to the Six Dynasties［D］.Bryn Mawrcollege.1961.

侯外庐，赵纪彬，杜国庠等. 中国思想通史（第三卷）［M］. 北京：人民出版社，1962.

Y.S.Yu.Views of Life and Death in Later Han China［D］.Harvard University.1962.

金发根. 永嘉乱后北方的豪族［M］. 台北：嘉新文化基金奖助委员会，1964.

〔日〕长广敏雄. 汉代画像の研究［M］. 东京：中央公论美术出版，1965.

彭春夫. 汉朝武氏祠画像研究［M］. 台北：中国文化学院，1969.

〔日〕长广敏雄. 六朝时代美术の研究［M］. 东京：美术出版社，1969.

张严. 孝经通识［M］. 台北：台湾商务印书馆，1970.

蔡汝堃. 孝经通考［M］. 台北：台湾商务印书馆，1970.

邝利安. 魏晋南北朝史研究论文书目引得［M］. 台北：台湾中华书局，1971.

杨吉仁. 北魏汉化教育制度之研究［M］. 台北：正中书局，1973.

〔日〕乐浪汉墓刊行会. 乐浪汉墓［M］. 京都：真阳社，1975.

〔日〕吉川幸次郎. 吉川幸次郎全集［M］. 东京：筑摩书房，1975.

内蒙古自治区博物馆. 和林格尔汉墓壁画［M］. 北京：文物出版社，1978.

王仲荦. 魏晋南北朝史 [M]. 上海：上海人民出版社，1979.

〔日〕安居香山. 纬书の成立とその展开 [M]. 国书刊行会，1979.

M.Loewe.Ways to Paradise:The Chinese Quest for Immortality [M]. London:George Allen&Unwin.1979.

Annette L. Juliano.Teng-Hsien:An Important Six Dynasties Tomb [M]. Switzerland: Artibus Asiae Publishers, 1980.

姚迁，古兵. 六朝艺术 [M]. 北京：文物出版社，1981.

中国社会科学院历史研究所，魏晋南北朝隋唐史研究室. 魏晋隋唐史论集 [M]. 北京：中国社会科学出版社，1981.

山东省博物馆，山东省文物考古研究所. 山东汉画像石选集 [M]. 济南：齐鲁书社，1982.

李发林. 山东汉画像石研究 [M]. 济南：齐鲁书社，1982.

〔日〕奥村伊九良. 古拙愁眉：支那美术史诸相 [M]. 东京：みすず书房，1982.

M.Loewe.Chinese Ideas of Life and Death [M], London: George Allen&Unwin.1982.

吕思勉. 两晋南北朝史 [M]. 上海：上海古籍出版社，1983.

韩国磐. 魏晋南北朝史纲 [M]. 北京：人民出版社，1983.

黄明兰. 北魏孝子石棺线刻画 [M]. 北京：人民美术出版社，1983.

郭建邦. 北魏宁懋石室线刻画 [M]. 北京：人民美术出版社，1983.

傅勤家. 中国道教史 [M]. 台北：台湾商务印书馆，1984.

燕国材. 汉魏六朝心理思想研究 [M]. 长沙：湖南人民出版社，1984.

〔日〕吉川忠夫等. 六朝精神史研究 [M]. 同朋舍，1984.

周一良. 魏晋南北朝史札记 [M]. 北京：中华书局，1985.

王壮弘. 六朝墓志检要 [M]. 上海：上海书画出版社，1985.

黄明兰. 北魏孝子棺线刻画 [M]. 北京：人民美术出版社，1985.

赵万里. 汉魏南北朝墓志集释 [M]. 影印本. 台北：新文丰出版公司，1986.

朱锡禄．武氏祠汉画像石［M］．济南：山东美术出版社，1986．

周积寅．中国画论辑要［M］．南京：江苏美术出版社，1986．

杨泓等．文物与考古论集：文物出版社成立三十周年纪念［M］．北京：文物出版社，1986．

洛阳市博物馆．洛阳汉代彩画［M］．郑州：河南美术出版社，1986．

郭建邦．北魏宁懋石室线刻画［M］．北京：人民美术出版社，1987．

黄明兰．洛阳北魏世俗石刻线画集［M］．北京：人民美术出版社，1987．

万绳楠．陈寅恪魏晋南北朝史讲演录［M］．合肥：黄山书社，1987．

李则芬．两晋南北朝历史论文集［M］．台北：台湾商务印书馆股份有限公司，1987．

苏绍兴．两晋南朝的士族［M］．台北：联经出版事业公司，1988．

宁夏固原博物馆．固原北魏墓漆棺画［M］．银川：宁夏人民出版社，1988．

〔韩〕朴汉济．中国中世胡汉体制研究［M］．汉城：一潮阁，1988．

罗宏曾．魏晋南北朝文化史［M］．成都：四川人民出版社，1989．

〔美〕巫鸿等．庆祝苏秉琦先生考古五十五年纪念论文集［C］．北京：文物出版社，1989．

北京图书馆金石组．北京图书馆藏中国历代石刻拓本汇编（第五册）［M］．郑州：中州古籍出版社，1989．

Wu hung. The Wu Liang Shrine［M］．Stanford University Press,1989.

王肃．孔子家语［M］．上海：上海古籍出版社，1990．

任继愈．中国道教史［M］．上海：上海人民出版社，1990．

罗振玉．六朝墓志精华［M］．北京：中国书店，1990．

陈传席．六朝画家史料［M］．北京：文物出版社，1990．

Martin J. Powers. Art,Political Expression in Early China［M］．Yale University Press, 1991.

唐碧．前后孝行录［M］．上海：上海文艺出版社，1991．

北京鲁迅博物馆，上海鲁迅纪念馆．鲁迅藏汉画象（二）[M]．上海：上海人民美术出版社，1991．

钟肇鹏．谶纬论略[M]．沈阳：辽宁教育出版社，1991．

康学伟．先秦孝道研究[M]．台北：文津出版社，1992．

林安弘．儒家孝道思想研究[M]．台北：文津出版社，1992．

田余庆．秦汉魏晋史探微[M]．北京：中华书局，1992．

重庆市文化局，重庆市博物馆．四川汉代石阙[M]．北京：文物出版社，1992．

朱锡禄．嘉祥汉画像石[M]．济南：山东美术出版社，1992．

何德章．拓跋鲜卑汉化进程研究[D]．北京：北京大学博士学位论文，1992．

赵超．汉魏南北朝墓志汇编[M]．天津：天津古籍出版社，1992．

王军．孝文帝定姓族后北魏各阶层政治地位研究[D]．北京：北京大学博士学位论文，1992．

贾庆超．武氏祠汉画像石刻考评[M]．济南：山东大学出版社，1993．

〔日〕加地伸行．论儒教[M]．济南：齐鲁书社，1993．

张鸿修．北朝石刻艺术[M]．西安：陕西人民出版社，1993．

罗宗真．六朝考古[M]．南京：南京大学出版社，1994．

李献奇，黄明兰．画像砖石刻墓志研究[M]．郑州：中州古籍出版社，1994．

中国社会科学院考古研究所．汉唐与边疆考古研究（第一辑）[M]．北京：科学出版社，1994．

Wu Hung. Monumentality in Early Chinese Art and Architecture [M]. Stanford University Press, 1995.

李如森．汉代丧葬制度[M]．长春：吉林大学出版社，1995．

蒋英炬，吴文祺．汉代武氏墓群石刻研究[M]．济南：山东美术出版社，1995．

王平．《太平经》研究[M]．台北：文津出版社，1995．

江苏省美术馆. 六朝艺术 [M]. 南京：江苏美术出版社，1996.

中国社会科学院考古研究所. 考古学的历史·理论·实践 [M]. 郑州：中州古籍出版社，1996.

胡平生. 孝经译注 [M]. 北京：中华书局，1996.

李兴盛. 中国流人史 [M]. 哈尔滨：黑龙江人民出版社，1996.

赵丕杰. 中国古代礼俗 [M]. 北京：语文出版社，1996.

穆克宏，郭丹. 魏晋南北朝文论全编 [M]. 南京：江苏教育出版社，1996.

孙机. 中国圣火：中国古文物与东西文化交流中的若干问题 [M]. 沈阳：辽宁教育出版社，1996.

杨泓，孙机. 寻常的精致 [M]. 沈阳：辽宁教育出版社，1996.

吕宗力等. 中村璋八古稀纪念东洋学论集 [C]. 东京：汲古书院，1996.

葛剑雄，吴松弟，曹树基. 中国移民史：先秦至魏晋南北朝时期（第二卷）[M]. 福州：福建人民出版社，1997.

高文. 四川汉代石棺画像集 [M]. 北京：人民美术出版社，1997.

林素英. 古代生命礼仪中的生死观：以《礼记》为主的现代诠释 [M]. 台北：文津出版社有限公司，1997.

鲁迅. 中国小说史略 [M]. 上海：上海古籍出版社，1998.

马昌仪. 中国灵魂信仰 [M]. 上海：上海文艺出版社，1998.

葛兆光. 中国思想史（第一卷）[M]. 上海：复旦大学出版社，1998.

陈爽. 世家大族与北朝政治 [M]. 北京：中国社会科学出版社，1998.

朱大渭. 魏晋南北朝社会生活史 [M]. 北京：中国社会出版社，1998.

刘振东. 中国儒学史（魏晋南北朝卷）[M]. 广州：广东教育出版社，1998.

李申. 中国儒教史（上卷）[M]. 上海：上海人民出版社，1999.

宁夏回族自治区固原博物馆，中日原州联合考古队. 原州古墓集成 [M]. 北京：文物出版社，1999.

〔日〕加藤直子等. 东洋美术史论丛 [M]. 东京：雄山阁，1999.

Stephen L. Little. Ed. Taoism and Arts of China [M]. Chicago: The Art Institute of Chicago, 2000.

信立祥. 汉代画像石综合研究 [M]. 北京：文物出版社，2000.

王建中. 汉画像石通论 [M]. 北京：紫禁城出版社，2000.

高晨阳. 儒道会通与正始玄学 [M]. 济南：齐鲁书社，2000.

蒋英炬. 中国画像石全集（第一卷）[M]. 济南：山东美术出版社，2000.

周到. 中国画像石全集（第八卷）[M]. 郑州：河南美术出版社，2000.

熊德基. 六朝史考实 [M]. 北京：中华书局，2000.

萧登福. 谶纬与道教 [M]. 台北：文津出版社有限公司，2000.

黄复山. 东汉谶纬学新探 [M]. 台北：台湾学生书局，2000.

〔日〕曾布川宽，冈田健. 世界美术大全集·东洋编（第三卷）[M]. 东京：小学馆，2000.

巫鸿. 汉唐之间文化艺术的互动与交融 [M]. 北京：文物出版社，2001.

罗宗真. 魏晋南北朝考古 [M]. 北京：文物出版社，2001.

肖群忠. 孝与中国文化 [M]. 北京：人民出版社，2001.

王文锦. 礼记译解 [M]. 北京：中华书局，2001.

逯耀东. 从平城到洛阳：拓跋魏文化转变的历程 [M]. 台北：东大图书股份有限公司，2001.

贺西林. 古墓丹青：汉代墓室壁画的发现与研究 [M]. 西安：陕西人民美术出版社，2001.

〔日〕黑田彰. 孝子传の研究 [M]. 京都：思文阁，2001.

郑岩. 魏晋南北朝壁画墓研究 [M]. 北京：文物出版社，2002.

罗二虎. 汉代画像石棺 [M]. 成都：巴蜀书社，2002.

〔韩〕具圣姬. 汉代人的死亡观 [M]. 北京：民族出版社，2003.

〔美〕巫鸿．汉唐之间的视觉文化与物质文化［M］．北京：文物出版社，2003．

葛兆光．屈服史及其他：六朝隋唐道教的思想史研究［M］．北京：三联书店，2003．

张金龙．北魏政治与制度论稿［M］．兰州：甘肃教育出版社，2003．

田余庆．拓跋史探［M］．北京：三联书店，2003．

骆承烈．中国古代孝道资料选编［M］．济南：山东大学出版社，2003．

〔德〕马克思·韦伯．儒教与道教［M］．洪天富译．南京：江苏人民出版社，2003．

力高才．平城时期的北魏王朝［M］．太原：山西人民出版社，2004．

张继昊．从拓跋到北魏［M］．台北：稻乡出版社，2004．

罗宗真，王志高．六朝文物［M］．南京：南京出版社，2004．

李娟熙．六朝志怪的想像力与叙事研究［D］．北京：中国社会科学院博士学位论文，2004．

姚义斌．六朝画像砖研究［D］．南京：南京艺术学院博士学位论文，2004．

金维诺．中国美术史论集［M］．哈尔滨：黑龙江美术出版社，2004．

Annette L. Juliano, Judith A. Lerner.Stone Mortuary Furnishings of Northern China. Ritual Objects and Early Buddhist Art [M]. New York, 2004.

郑岩，王睿．礼仪中的美术：巫鸿古代美术史文编［M］．北京：三联书店，2005．

卢建荣．北魏唐宋死亡文化史［M］．台北：麦田出版社，2005．

Knapp Keith Nathaniel. Selfless Offspring: Filial Children and Social Order in Medieval China [M]. University of Havaii Press, 2005.

孙同勋．拓跋氏的汉化及其他：北魏史论文集［M］．台北：稻乡出版社，2005．

山西大学历史文化学院，山西省考古研究所，大同市博物馆．大同南郊北魏墓群［M］．北京：科学出版社，2006．

邹清泉. 北魏孝子画像研究——《孝经》与北魏孝子画像图像身份的转换 [M]. 北京：文化艺术出版社，2007.

陈永志，黑田彰. 和林格尔汉墓孝子传图辑录 [M]. 北京：文物出版社，2009.

论　文

〔日〕长广敏雄. 武氏祠画像石に就いて [J]. 东洋美术，1930 (4)：109-113.

〔日〕长广敏雄. 武氏祠画像石に就いて [J]. 东洋美术，1930 (5)：36-47.

Tomita Kojiro. Portraits of the Emperors-A Chinese Scroll Painting Attributed to Yen Li-pen [J]. Bulletin of the Museum of Fine Arts, Boston, 1932,Vol.30.pp.2-8.

〔日〕奥村伊九良. 孝子传石棺の刻画 [J]. 瓜茄，1937，4，259-299.

〔日〕奥村伊九良. 镀金孝子传石棺の刻画に就て [J]. 瓜茄，1939，5，359-382.

Anna Mitchell Richards and Martha Silsbee Funds. A Chinese Sacrifical Stone House of the sixth Century A. D. [J]. Bulletin of the Museum of Fine Arts. Boston，1942，Vol.XL，No.24，97-110.

陈槃. 谶纬释名 [J]. 历史语言研究所集刊，1943，11，297-316.

陈槃. 谶纬溯原（上）[J]. 历史语言研究所集刊，1943，11，317-335.

陈槃. 古谶纬书录解题（三）[J]. 历史语言研究所集刊，1948，17，59-64.

陈槃. 古谶纬书录解题（二）[J]. 历史语言研究所集刊，1948，17，65-77.

陈槃. 论早期谶纬及其与邹衍书说之关系 [J]. 历史语言研究所集刊，

1948，20，159-187.

陈槃. 古谶纬书录解题（四）[J]. 历史语言研究所集刊，1950，22，85-120.

李复华，曹丹. 乐山汉代崖墓石刻[J]. 文物参考资料，1956（5）：61-63.

〔日〕西野贞治. 阳明本孝子传の性格并に清原家本との关系について[J]. 人文研究，1956，7（6）：22-48.

王思礼. 山东肥城汉画像石墓调查[J]. 文物参考资料，1958（4）：34-36.

王增新. 关于"孝子闵损"和"孝孙原穀"[J]. 文物参考资料，1958（10）：48.

柳涵. 邓县画像砖墓的时代和研究[J]. 考古，1959（5）：255-261/263.

南京博物院，南京市文物保管委员会. 南京西善桥南朝大墓及其砖刻壁画[J]. 文物，1960（8/9）：37-42.

罗哲文. 孝堂山郭氏墓石祠[J]. 文物，1961（4/5）：44-52.

陈直. 对南京西善桥南朝墓砖刻竹林七贤图的管见[J]. 文物，1961（10）：47-48.

陈明达. 汉代的石阙[J]. 文物，1961（12）：9-23.

罗哲文. 孝堂山郭氏墓石祠补正[J]. 文物，1962（10）：23.

刘仙洲. 我国独轮车的创始时期应上推到西汉晚年[J]. 文物，1964（6）：1-5.

敦煌文物研究所. 新发现的北魏刺绣[J]. 文物，1972（2）：54-60.

山西省大同市博物馆，山西省文物工作委员会. 山西大同石家寨北魏司马金龙墓[J]. 文物，1972（3）：20-29/64.

志工. 略谈北魏的屏风漆画[J]. 文物，1972（8）：55-60.

陈槃. 古谶纬书录解题（五）[J]. 历史语言研究所集刊，1973，44（4）：687-732.

镇江市博物馆. 镇江东晋画像砖墓［J］. 文物，1973（4）：51-58.

内蒙古文物工作队，内蒙古博物馆. 和林格尔发现一座重要的东汉壁画墓［J］. 文物，1974（1）：8-23.

吴荣曾. 和林格尔汉墓壁画中反映的东汉社会生活［J］. 文物，1974（1）：24-30.

南京博物院. 江苏丹阳胡桥南朝大墓及砖刻壁画［J］. 文物，1974（2）：44-56.

盖山林. 和林格尔汉墓壁画宣扬的孔孟之道的反动实质［J］. 文物，1974（11）：63-68.

吴荣曾. 从和林格尔汉墓壁画看东汉尊儒的反动性［J］. 文物，1974（11）：59-62.

洛阳博物馆. 河南北魏元乂墓调查［J］. 文物，1974（12）：53-55.

陈槃. 古谶纬书录解题（六）［J］. 历史语言研究所集刊，1975，46（2）：235-272.

蒋英炬. 对汉画像石中儒家思想的批判［J］. 考古，1977（1）：7-12.

林树中. 江苏丹阳南齐陵墓砖印壁画探讨［J］. 文物，1977（1）：64-73.

郭素新. 内蒙古呼和浩特北魏墓［J］. 文物，1977（5）：38-41/77.

宿白. 盛乐平城一带的拓跋鲜卑：北魏遗迹［J］. 文物，1977（11）38-46.

宿白. 北魏洛阳城和北邙陵墓：鲜卑遗迹辑录之三［J］. 文物，1978（7）：42-52.

大同市博物馆，山西省文物工作委员会. 大同方山北魏永固陵［J］. 文物，1978（7）：29-33.

林树中. 常州画像砖墓的年代与画像砖艺术［J］. 文物，1979（3）：42-45/48.

常州市博物馆. 常州南郊戚家村画像砖墓［J］. 文物，1979（3）：32-41.

王去非. 隋墓出土的陶"千秋万岁"及其他 [J]. 考古, 1979 (3): 275-276.

河北省文管会. 河北景县北魏高氏墓发掘简报 [J]. 文物, 1979 (3): 17-31.

嘉祥武氏祠文管所. 山东嘉祥宋山发现汉画像石 [J]. 文物, 1979 (9): 1-6.

金维诺. 秦汉时代的壁画 [J]. 美术研究, 1980 (1): 15-21.

南京博物院. 试谈"竹林七贤及荣启期"砖印壁画问题 [J]. 文物, 1980 (2): 18-22/36.

南京博物院. 江苏丹阳胡桥、建山两座南朝墓葬 [J]. 文物, 1980 (2): 1-27.

郭建邦. 北魏宁懋石室和墓志 [J]. 文物参考资料, 1980 (2): 33-40.

洛阳博物馆. 洛阳北魏画像石棺 [J]. 考古, 1980 (3): 229-241.

宫大中. 试论洛阳关林陈列的几件北魏陵墓石刻艺术 [J]. 文物, 1982 (3): 79-83.

济宁文物管理委员会, 嘉祥文物保护研究所. 山东嘉祥宋山1980年出土的汉画像石 [J]. 文物, 1982 (5): 60-69.

朱锡禄. 嘉祥五老洼发现一批汉画像石 [J]. 文物, 1982 (5): 71-78.

济宁地区文物组, 嘉祥县文管所. 山东嘉祥宋山1980年出土的汉画像石 [J]. 文物, 1982 (5): 60-70.

宋伯胤. 竹林七贤砖画散考 [J]. 新亚学术集刊. 1983 (4): 215-227.

嘉兴地区文管会, 海宁县博物馆. 浙江海宁东汉画像石墓发掘简报 [J]. 文物, 1983 (5): 1-20.

刘修明. 汉以孝治天下发微 [J]. 历史研究, 1983 (6): 37-50.

黄明兰. 北魏石刻艺术中的线刻画 [J]. 美术, 1983 (9): 52-53.

黄明兰. 从洛阳出土北魏石棺和石棺床看世俗艺术中的石刻线画 [J]. 中原文物, 1984 (1): 87-90.

夏超雄. 汉墓壁画、画像石题材内容试探 [J]. 北京大学学报, 1984

（1）：63-76/96.

宫大中. 邙洛北魏孝子画像石棺考释 [J]. 中原文物，1984（2）：48-53.

韩孔乐，罗丰. 固原北魏墓漆棺的发现 [J]. 美术研究，1984（2）：3-11.

王泷. 固原漆棺彩画 [J]. 美术研究，1984（2）：12-16.

刘敦愿. 《山东汉画像石选集》中未详历史故事考释 [J]. 东岳论丛，1984（2）：79-83.

岳凤霞，刘兴珍. 浙江海宁长安镇画像石 [J]. 文物，1984（3）：47-53.

固原县文物工作站. 宁夏固原北魏墓清理简报 [J]. 文物，1984（6）：46-56.

康乐. 北魏文明太后及其时代（上篇）[J]. 食货，1985，15，（11/12）：461-475.

安徽省文物考古研究所，马鞍山市文化局. 安徽马鞍山东吴朱然墓发掘简报 [J]. 文物，1986（3）：1-15.

杨泓. 三国考古的新发现 [J]. 文物，1986（3）：16-24.

郑珉中. 对南京西善桥六朝墓画像的看法 [J]. 故宫博物院院刊，1986（3）：49-54.

李宏. 汉代丧葬制度的伦理意向 [J]. 中原文物，1986（4）：79-82.

康乐. 北魏文明太后及其时代（下篇）[J]. 食货，1986，16，（1/2）：56-66.

扬州博物馆. 扬州平山养殖场汉墓清理简报 [J]. 文物，1987（1）：26-36.

李晓鸣. 四川荥经东汉石棺画像 [J]. 文物，1987（1）：95.

吉南. 东汉石祠艺术功能的观察 [J]. 美术研究，1987（3）：72-77.

扬州博物馆. 江苏邗江姚庄101号西汉墓 [J]. 文物，1988（2）：19-43.

孙筱. 孝的观念与汉代家庭 [J]. 中国史研究, 1988（3）: 149-154/167.

孙机. "温明"不是"秘器" [J]. 文物, 1988（3）: 94-95.

陈槃. 孝经中黄谶解题改写本 [J]. 历史语言研究所集刊, 1988, 59（4）: 891-897.

程继林. 泰安大汶口汉画像石墓 [J]. 文物, 1989（1）: 48-58.

杨泓. 北朝文化源流探讨之一: 司马金龙墓出土遗物的再研究 [J]. 北朝研究, 1989（1）: 13-21.

李锦山. 考古资料反映的汉代丧俗 [J]. 四川文物, 1989（3）: 3-9.

孙机. 固原北魏漆棺画研究 [J]. 文物, 1989（9）: 38-44/12.

康乐. 北魏的司马金龙墓 [J]. 历史月刊, 1989（13）: 119-123.

乐山市文化局. 四川乐山麻浩一号崖墓 [J]. 考古, 1990（2）: 111-115/122.

陈传席. 北魏孝子图石棺 [J]. 文物天地, 1990（6）: 47-48.

康乐. 代人集团的形成与发展: 拓跋魏的国家基础 [J]. 历史语言研究所集刊, 1990, 61（3）: 575-691.

康乐. 代人与镇人 [J]. 历史语言研究所集刊, 1990, 61（4）: 895-916.

孔毅. 论北朝时期鲜、汉文化的交流与融合 [J]. 北朝研究, 1990, 3, 66-74.

王慎行. 论西周孝道观的本质 [J]. 人文杂志, 1991（2）: 70-76/120.

李凭. 北魏道武帝早年经历考 [J]. 中国史研究, 1992（1）: 55-62.

罗伟先. 汉墓石刻画像与墓主身份等级研究 [J]. 四川文物, 1992（2）: 27-34.

刘厚琴. 论儒学与汉代父子关系 [J]. 齐鲁学刊, 1992（4）: 95-100.

畏冬. 先秦至六朝宫廷绘画概况 [J]. 故宫博物院院刊, 1992（4）: 18-25.

王恩田. 泰安大汶口汉画像石历史故事考 [J]. 文物, 1992（12）: 73-78.

查昌国. 西周"孝"义试探 [J]. 中国史研究, 1993 (2): 143-151.

杨爱国. 汉代的忠孝观念及其对汉画像艺术的影响 [J]. 中原文物, 1993 (2): 61-66/79.

孟强. 关于汉代升仙思想的两点看法 [J]. 中原文物, 1993 (2): 23-30.

张鹏. 邓县彩色画像砖墓浅析 [J]. 美术研究, 1993 (2): 48-53.

王育成. 从"温明"觅"魌头"[J]. 文物天地, 1993 (5): 43-46.

王太明, 贾文亮. 山西榆社县发现北魏画像石棺 [J]. 考古, 1993 (8): 767.

南京市博物馆. 南京西善桥南朝墓 [J]. 文物, 1993 (11): 19-23.

康乐. 孝道与北魏政治 [J]. 历史语言研究所集刊, 1993, 64 (1): 51-87.

刘曙光. 丧葬礼俗起源初探 [J]. 中原文物, 1994 (2): 62-66.

徐伯勇. 荥阳郑氏家族散论 [J]. 中原文物, 1994 (2): 106-109.

中国社会科学院考古研究所洛阳汉魏城队, 洛阳古墓博物馆. 北魏宣武帝景陵发掘报告 [J]. 考古, 1994 (9): 801-814.

Wu Hung. Three famous Stone Monuments from Luoyang: "Binary" Imagery in Early Sixth Century Chinese Pictorial Art [J]. Orientations. 1994, 51-60.

郑阿平. 汉代孝观念的传播及其意义 [J]. 延安大学学报, 1995 (4): 13-17.

晁福林. 春秋时期的鬼神观念及其社会影响 [J]. 历史研究, 1995 (5): 20-35.

王建伟. 汉画"董永故事"源流考 [J]. 四川文物, 1995 (5): 3-7.

罗新慧. 试论曾子关于孝的理论及其社会意义 [J]. 齐鲁学刊, 1996 (3): 68-73.

王月清. 中国佛教孝亲观初探 [J]. 南京大学学报, 1996 (3): 27-32.

胡和平. 浅议"魏晋以孝治天下"[J]. 郑州大学学报, 1996 (4):

68-71.

罗新慧. 曾子与《孝经》：儒家孝道理论的历史变迁 [J]. 史学月刊，1996（5）：6-11/23.

陈延军. 论先秦儒家的孝悌观及其社会功能 [J]. 辽宁师范大学学报，1996（6）：74-77.

南京博物院. 南京西善桥南朝墓 [J]. 东南文化，1997（1）：61-65.

武翔. 江苏六朝画像砖研究 [J]. 东南文化，1997（1）：72-96.

康德文. 论春秋战国之际"孝"观念的变迁 [J]. 社会科学战线，1997（4）：103-109.

李玲玲. "竹林七贤及荣启期"砖印壁画简论 [J]. 东南文化，1997（4）：63-66.

高伟，高海燕. 汉代漆面罩探源 [J]. 东南文化，1997（4）：37-41.

Eugene Y.Wang.Coffins and Confucianism–The Northern Wei Sarcophagus in the Minneapolis Institue of Arts [J]. Orientation,1997.Vol.30,No.6.56-64.

陈鸿森.《续修四库全书总目提要》孝经类辨证 [J]. 历史语言研究所集刊，1998，69（2）：295-329.

魏文斌，师彦灵，唐晓军.甘肃宋金墓"二十四孝"图与敦煌遗书《孝子传》[J]. 敦煌研究，1998（3）：75-90.

〔日〕酒井敦子. 中国南北朝时代における植物云气文について [J]. 美术史，1999，49，1，66-81.

苏哲. 北魏孝子传图研究における問题点 [J]. 美学美术史学，1999，14，61-88.

〔美〕简·詹姆斯. 东汉享祠功能的研究 [J]. 美术研究，2000（2）：40-46.

杨新.从山水画法探索《女史箴图》的创作时代 [J]. 故宫博物院院刊，2001（3）：17-29.

山西省考古研究所，大同市考古研究所. 大同市北魏宋绍祖墓发掘简报[J]. 文物, 2001 (7): 19-39.

王银田, 刘俊喜. 大同智家堡北魏墓石椁壁画[J]. 文物, 2001 (7): 40-51.

郑岩. 南昌东晋漆盘的启示: 论南北朝墓葬艺术中高士图像的含义[J]. 考古, 2002 (2): 77-86.

徐婵菲. 洛阳北魏元怿墓壁画[J]. 文物, 2002 (2): 89-92.

Wu Hung. A Case of Cultural Interaction: House-shaped Sarcophagi of the Northern Dynasties [J]. Orientations, 2002, Vol.33, No.5, pp.34-41.

Wu Hung. A Deity Without Form: The Earliest Representation of Laozi and the Concept of Wei in Chinese Ritual Art [J]. Orientations, 2002, Vol.34, No.4, pp.38-45.

林圣智. 北朝时代における葬具の图像と机能——石棺床围屏の墓主肖像と孝子图を例として[J]. 美术史, 2003, 15, 2, 207-226.

山西省大同市考古研究所. 大同湖东北魏一号墓[J]. 文物, 2004 (12): 26-34.

刘俊喜, 高峰. 大同智家堡北魏墓棺板画[J]. 文物, 2004 (12): 35-47.

李梅田. 北朝墓室画像的区域性研究[J]. 故宫博物院院刊, 2005 (3): 75-103.

林圣智. 北魏宁懋石室的图像与功能[J]. 美术史研究集刊, 2005 (18): 1-74.

邹清泉. "子贵母死"与北魏中晚期孝风骤盛及孝子图的刻画[J]. 文艺研究, 2006 (10): 131-138.

邹清泉. 北魏墓室所见孝子画像与"东园"探考[J]. 故宫博物院院刊, 2007 (3): 16-39.

邹清泉. 孝悌之至, 通于神明:《孝经》与北魏孝子画像图像身份的转换[J]. 艺术与科学, 2007, 5, 39-51.

郑岩. 北朝葬具孝子图的形式与意义[J]. 美术学报, 2012 (6): 42-54.

图版索引

图1　汉至北魏孝子画像遗存分布图　邹清泉 绘

图2　"宁懋"石室出土位置示意　邹清泉 重绘（《文物参考资料》1980年第2期，第33页，图一）

图3　匡僧安石榻围屏郭巨画像　日本和泉久保惣纪念美术馆藏（线摹）邹清泉 绘

图4-1　升仙石棺足挡画像　洛阳古代艺术馆藏（黄明兰：《洛阳北魏世俗石刻线画集》，北京：人民美术出版社，1987年，第77页）

图4-2　升仙石棺足挡画像（线摹）邹清泉 绘

图5　孝孙原榖　石榻围屏画像　北魏　美国纳尔逊·阿特肯斯艺术博物馆藏（〔日〕长广敏雄：《六朝时代美术の研究》，东京：美术出版社，1969年，前附图版第46）

图6　董永　石榻围屏画像　北魏　美国纳尔逊·阿特肯斯艺术博物馆藏（《六朝时代美术の研究》，前附图版第52）

图7　"梁高行"石榻围屏画像　北魏　美国纳尔逊·阿特肯斯艺术博物馆藏（《六朝时代美术の研究》，前附图版第50）

图8　舜　彩绘漆画　北魏太和八年（484）山西大同石家寨司马金龙墓出土（金维诺：《中国美术·魏晋至隋唐》，北京：中国人民大学出版社，2004，第30页）

图9　固原漆棺侧板漆画（局部）（宁夏回族自治区固原博物馆，中日原州联合考古队：《原州古墓集成》，北京：文物出版社，1999年，图版18）

图10　温明（漆面罩）江苏邗江姚庄101号西汉墓出土（《文物》1988年第2期，第34页，图26）

图11　元谧墓志　高86厘米　宽86厘米　石灰岩　现藏美国明尼阿波利斯美术馆（*Orientations*，1999, Vol. 30, No.6, p.58）

图12　元谧石棺（两帮）拓片（巫鸿：《汉唐之间的视觉文化与物质文化》，北京：文物出版社，2003年，第359页，图9）

图13　元谧石棺（头挡）拓片（巫鸿：《汉唐之间的视觉文化与物质

文化》，北京：文物出版社，2003，第359页，图9）

图14　元谧石棺（足挡）拓片（巫鸿：《汉唐之间的视觉文化与物质文化》，北京：文物出版社，2003年，第359页，图9）

图15　元羽墓志　高55厘米　宽51.2厘米（赵万里：《汉魏南北朝墓志集释》，北京：科学出版社，1956年，第107页，图版178）

图16　龙虎升仙石棺（部分）拓片　北魏　洛阳邙山海资村出土　开封市博物馆藏（王子云：《中国古代石刻画选集》，北京：中国古典艺术出版社，1957年，图6-1）

图17　升仙石棺前挡（中国画像石全集编辑委员会：《中国画像石全集·石刻线画》[第8卷]，2000年，第41页，图55）

图18　"宁懋"石室　美国波士顿美术馆藏（〔日〕曾布川宽、冈田健：《世界美术大全集》（第3卷），东京：小学馆，2000年，图66）

图19　"宁懋"墓志拓片　北魏（Wu Hung, *Monumentality in Early Chinese Art and Architecture*, California: Stanford University Press, 1995, p.264）

图20　"宁懋"石室外部后壁人物画像（线摹）　邹清泉绘

图21　属吏（壁画）北齐武平元年（570）山西太原王郭村娄睿墓（采自贺西林、李清泉：《中国墓室壁画史》，北京：高等教育出版社，2009年，第93页，图2-34）

图22　"孝子宁万寿""孝子弟宁双寿造"刻铭（*Bulletin of the Museum of Fine Arts*, 1942, 12, Vol, XL, p.99, Fig.3）

图23　"宁懋"石室左侧山墙外壁画像（线摹）　邹清泉绘

图24　"丁兰事木母"元谧石棺右帮（线摹）　邹清泉绘

图25　"子舜"（线刻画像）　孝子棺左帮（《洛阳北魏世俗石刻线画集》，第8页）

图26　"宁懋"石室右侧山墙外壁画像（线摹）　邹清泉绘

图27　"子董永"（线刻画像）　孝子棺右帮（Wu Hung, *Monu-mentality in Early Chinese Art and Architecture*, California: Stanford University

Press, 1995, p.267)

图 28 "宁懋"石室内部后壁画像（*Bulletin of The Museum of Fine Arts*, 1942, 12,Vol,xl. p.107）

图 29 "宁懋"石室内部后壁左侧《庖厨图》（线摹） 邹清泉 绘

图 30 "宁懋"石室内部后壁右侧《庖厨图》（线摹） 邹清泉 绘

图 31 "宁懋"石室内部左壁《牛车图》（线摹） 邹清泉 绘

图 32 纽约石榻鞍马图（线摹） 邹清泉 绘

图 33 纽约画像石榻图像示意（线摹） 邹清泉 补绘

图 34 纽约石榻郭巨画像（线摹） 邹清泉 绘

图 35 孝子棺郭巨画像局部

图 36 "孝孙将祖还舍来归时"纽约石榻画像（线摹） 邹清泉 绘

图 37 "此是董永看父助时"纽约石榻画像（线摹） 邹清泉 绘

图 38 孝子棺董永画像局部

图 39 董永 石榻画像 堪萨斯纳尔逊·阿特肯斯艺术博物馆藏

图 40 "丁兰侍木母食时"石刻画像（线摹） 邹清泉 绘

图 41 "此是蔡顺临尸灭火不起"石刻画像（线摹） 邹清泉 绘

图 42 孝子棺蔡顺画像局部

图 43 "此是王寄日用三生母食时"石刻画像（线摹） 邹清泉 绘

图 44 "不孝王寄"石榻画像 堪萨斯纳尔逊·阿特肯斯艺术博物馆藏

图 45 纽约石榻女墓主像（线摹） 邹清泉 绘

图 46 山东嘉祥武梁祠西壁画像（蒋英炬：《中国画像石全集·山东汉画像石》[第1卷]，济南：山东美术出版社，2000年，第29页，图49）

图 47 孝孙原穀 武梁祠东壁（蒋英炬：《中国画像石全集·山东汉画像石》[第1卷]，第30页，图50）

图 48 闵子骞画像 武梁祠西壁（朱锡禄：《武氏祠汉画像石中的故事》，济南：山东美术出版社，1996年，第25页）

图 49 泰安大汶口汉画像石墓门楣孝子画像（《文物》1989年第1期，

第 50 页，图 3）

图 50　骊姬计杀申生　嘉祥宋山一号墓二号画像石第三层（《文物》1979 年第 9 期，第 2 页，下图）

图 51　舜后母焚廪画像　嘉祥宋山一号墓四号画像石中层（《文物》1979 年第 9 期，第 3 页，下图）

图 52　闵子骞（线摹）　开封白沙镇出土　东汉（〔日〕黑田彰：《汉代孝子伝图考：和林格尔后汉壁画墓について》，图版 4）

图 53　和林格尔汉墓孝子画像分布图　东汉　内蒙古（〔日〕佐原康夫：汉代祠堂画像考，《东方学报》，1991 年，63 册，第 33 页，图 27）

图 54-1　乐浪彩箧　汉代　朝鲜平壤国家中央历史博物馆藏（〔美〕巫鸿：《重屏：中国绘画中的媒材与再现》，上海：上海人民出版社，2009 年，第 42 页，图 26）

图 54-2　乐浪彩箧局部（巫鸿：《重屏：中国绘画中的媒材与再现》，第 42 页，图 27）

图 55　佛像供养人绣　北魏　甘肃敦煌出土　田自秉 提供

图 56　阳明本《孝子传》（编辑委员会：《徐苹芳先生纪念文集》，上海：上海古籍出版社，2012 年，第 668 页，图 16）

图 57　"韩伯余母与丈和颜"（线刻画像）元谧石棺右帮　北魏正光五年（524）(Wu Hung, *Monumentality in Early Chinese Art and Architecture*, California: Stanford University Press, 1995, p.272)

图 58　固原漆棺郭巨画像（宁夏回族自治区固原博物馆，中日原州联合考古队：《原州古墓集成》，北京：文物出版社，1999 年，图版 18）

图 59　"孝子郭巨赐金一釜"（线刻画像）元谧石棺右帮　北魏正光五年（524）（《洛阳北魏世俗石刻线画集》，第 38 页）

图 60-1　子郭巨（线刻画像）孝子棺左帮（《洛阳北魏世俗石刻线画集》，第 7 页）

图 60-2　子郭巨（局部）（线描）田自秉 提供

图 61　郭巨　石榻画像　美国堪萨斯纳尔逊·阿特肯斯艺术博物馆藏（《六朝时代美术の研究》，前附图版第 45）

图 62　郭巨埋儿画像砖　河南邓县画像砖墓（〔日〕曾布川宽，冈田健：《世界美术大全集》[第 3 卷]，东京：小学馆，2000 年，第 77 页，图 96）

图 63　"孝孙原穀"（线刻画像）孝子棺左帮（Wu Hung, *Monumentality in Early Chinese Art and Architecture*, California：Stanford University Press, 1995, p.267）

图 64　"孝孙弃父深山"元谧石棺右帮（线描）　邹清泉 绘

图 65　石榻画像　美国堪萨斯纳尔逊·阿特肯斯艺术博物馆藏（《六朝时代美术の研究》，前附图版第 51）

图 66　石榻画像　美国堪萨斯纳尔逊·阿特肯斯艺术博物馆藏（《六朝时代美术の研究》，前附图版第 56）

图 67　"子蔡顺"（线刻画像）孝子棺右帮　美国堪萨斯纳尔逊·阿特肯斯艺术博物馆藏（Annette L.Juliano, *TENG-HSIEN：An Important six Dynasties Tomb*, witzerland：Artibus Asiae Publishers, 1980, Fig.126）

图 68　蔡顺　石榻画像　美国堪萨斯纳尔逊·阿特肯斯艺术博物馆藏（《六朝时代美术の研究》，前附图版第 48）

图 69-1　"老莱子年受百岁哭内"（线刻画像）元谧石棺左帮　北魏正光五年（524）（《洛阳北魏世俗石刻线画集》，第 33 页）

图 69-2　"老莱子年受百岁哭内"（线描）　邹清泉 绘

图 70　老莱子　石榻画像　美国堪萨斯纳尔逊·阿特肯斯艺术博物馆藏（《六朝时代美术の研究》，前附图版第 47）

图 71　"孝子闵子骞"（线摹）元谧石棺右帮　邹清泉 绘

图 72-1　"孝子伯奇耶父"（线刻画像）元谧石棺左帮（Wu Hung, *Monumentality in Early Chinese Art and Architecture*, California：Stanford University Press, 1995, p.272）

图 72-2 "孝子伯奇耶父"（线摹） 邹清泉 绘

图 72-3 "孝子伯奇母赫儿"（线刻画像）元谧石棺左帮

图 72-4 "孝子伯奇母赫儿"（线摹） 邹清泉 绘

图 73 伯奇图 洛阳古代艺术馆藏石围屏（线摹）(《美术史》，2003，154Vol.LII,No.2,p.213，fig.9)

图 74 屏风漆画 司马金龙墓出土（中国历代艺术编辑委员会：《中国历代艺术·绘画编》[上]，北京：人民美术出版社，1994 年，第 78 页，图 68)

图 75-1 "眉间志与父报酬"（线刻画像）元谧石棺右帮（Wu Hung, *Monumentality in Early Chinese Art and Architecture*, California：Stanford University Press，1995，p.273)

图 75-2 "眉间志与父报酬"（线描） 邹清泉 绘

图 76-1 "孝子董笃父赎身"（线刻画像）元谧石棺右帮（《洛阳北魏世俗石刻线画集》，第 34 页）

图 76-2 "孝子董笃父赎身"（线描） 邹清泉 绘

图 77-1 "尉"孝子棺线刻 堪萨斯纳尔逊·阿特肯斯艺术博物馆藏（采自李松、〔美〕安吉拉·法尔科·霍沃：《中国古代雕塑》，陈云倩等译，北京：外文出版社；纽黑文：耶鲁大学出版社，2003 年，第 121 页，图 2-20)

图 77-2 孝子棺"尉"画像（反相）(Wu Hung．*Monumentality in Early Chinese Art and Architecture*．California：Stanford University Press，1995，p.266)

图 78 石榻画像 堪萨斯纳尔逊·阿特肯斯艺术博物馆藏（《六朝时代美术の研究》，前附图版第 49)

图 79 洛阳古代艺术馆藏石围屏复原图 邹清泉 绘（《美术史》，平成十五年 [2003]．15Vol．LII No．2，第 212 页，图 8)

图 80 卢芹斋旧藏北魏石榻图像示意 邹清泉 绘

图 81 千秋万岁 河南邓县学庄画像砖（中国社会科学院考古研究

所:《汉唐与边疆考古研究》[第一辑],北京:科学出版社,1994年,第131页)

图 82 千秋万岁 北魏元谧墓志(《考古》1959年第5期,第257页,图7)

图 83 大同智家堡北魏墓石椁壁画中的羽人(《文物》2001年第7期,第43页,图7)

后 记

孝子画像是中国古代画像艺术中的一个独特门类，它从先秦出现后，一直延续至近代，具有自身发展演变的序列，并有时代与地域差异，同时旁涉极多，是很好的美术史研究个案，但多年以来，除少数考释文章外，未有整体或断代的专案研究。本书从美术史的角度出发，对中国古代孝子图表现盛期——北魏孝子画像作了专题研究，尤其对北魏中晚期"子贵母死"政治语境中孝子画像图像内涵与身份的转换着重作了探讨。

北魏距今已有1500多年历史，随着历史的远去，曾经鲜活的社会生活随之消散，真相也覆上厚厚的尘埃，要跨越漫长的时空，利用零星遗存来揭开历史的面纱，展现真实的面容，实非易事。对美术考古而言，大量隐没地下的实物资料有待发掘，随着新材料的不断出土，已有结论或者得以证实，或者得以修正，或者被推翻，在"最真实"的结论被最终确定之前，所有相关研究都仿佛渺漠溟朦中的灯盏，为继续的探研者点亮前进的道路。

在研究与写作中，尹吉男教授、贺西林教授、汤池教授、罗世平教授、郑岩教授、吴焯研究员、王睿研究员所提宝贵意见给笔者以深刻启发。此外，从中央美术学院金维诺教授、清华大学美术学院田自秉教授、吴淑生教授、中国社会科学院赵超研究员、四川社会科学院胡文和研究员、高等教育出版社彭治平编审、马俊华先生、文化艺术出版社副总编沈悦苓女士、文化部中国对外艺术展览中心孙凤女士、中央美术学院王选政先生，以及王赫赫先生、孙文刚先生处，笔者亦蒙嘉惠。

恩师贺西林教授于百忙之中为本书撰写序言！敬致谢忱！

邹清泉

2007年元月于小竹居

后记二

《北魏孝子画像研究》付梓以来,时觉阙落,但属于自己的时间似乎越来越少,只能在工作之余,尽可能地做些修订,《图像重组与主题再造——"宁懋"石室再研究》《北魏孝子石榻画像考辨》与《汉魏南北朝孝子画像的发现与研究》是新近完成的,前两者以专章补入,后者则一拆为二,重新调整了相关内容,同时,增加数幅线图,并对文字重加校订润色,还补充了相关史料,附录部分有较大调整,整体面貌已有改观。古云"盖为学之道,莫先于穷理;穷理之要,必在于读书;读书之法,莫贵于循序而致精",我虽以"居敬持志"为致精之本,却感于"学海无涯",又自觉鲁钝,故学先贤,"嘤其鸣矣,求其友声",敬请博识诸君教正。

邹清泉

2013 年 11 月 2 日晨于沁园